近代日本メディア議員列伝 9

西岡竹次郎の雄弁

苦学経験と「平等」の逆説

福間良明

創元社

西岡竹次郎の雄弁——苦学経験と「平等」の逆説　目次

凡例

引用にあたっては、現代においては不適切な表現もそのままに記している。あくまで資料としての正確性を期するためであり、他意のないことをご了承いただきたい。その他、資料の引用・表記に際しては、以下の基準に従っている。

①旧字体の漢字は、原則的に新字体（常用漢字）に改めている。仮名遣いは原則的に引用元の通りである。

②読者の読みやすさを考慮し、適宜、引用文中に濁点、句読点を補ったり省くなどしている。原文がカタカナ表記で長文のものについては、平仮名に置き換えている箇所もある。その他、極端な当て字や明らかな誤植等については、訂正を加えた。

③中略は（中略）で示している。また引用中の筆者による注釈は〔　〕内に示している。

④参照した研究書・研究論文については、（著者姓 刊行年：頁）として記載している。ただし、当時の史資料や年史等については、読者が出典を把握する便宜を考慮し、（書名・紙誌名・記事名：頁）として表記している。いずれも書誌情報の詳細は、巻末の参考文献一覧に記載している。なお、本文中で参考文献を表記している場合は、文末等の（　）内に頁数のみを表記している。

⑤『長崎民友新聞』は、『長崎民友』『民友新聞』などの題字を用いることもあったが、本書では煩瑣を避けるために、原則的に『長崎民友新聞』との表記で統一している。なお、戦後、一時的に本紙とは別に刊行されていた夕刊紙『夕刊ナガサキ』（一時的に『夕刊長崎民友』に改題、一九五三年八月三一日休刊）については、当時の紙名で表記している。

西岡竹次郎の雄弁——苦学経験と「平等」の逆説

序章

「西岡竹次郎の時代」をめぐる問い

西岡竹次郎肖像（『伝記』上）

而して此の議会の大改造はどうしても普通選挙に依るの外はない。勿論自分と雖も普通選挙が実施せらるれば直ちに理想的の議会が出来るとは思はぬけれども、先づ其の第一歩として、どうしても此の普通選挙を実施する事は、最も緊急なる事であると信ずるのである。（西岡竹次郎「先づ青年の団結より」『青年雄弁』一九二〇年一月号）

自治体を作るとか、独立国を作るとか、満洲国に合併するとか、左様な小刀細工はこの際やめて貰ひたい。全部を完全に我が有に帰して、上海方面と同様、先づ軍政府を布き、この度北支に出征したる将兵全部に、土地を分与することである。（西岡竹次郎『占拠したる土地を戦場の兵士に与へよ』一九三七年一一月）

「普選の闘士」

一九二〇年二月二日、原敬内閣の内相・床次竹二郎《とこなみたけじろう》は、衆議院各派交渉室で二十数名の青年たちに糾弾されていた。床次を取り囲んだのは、砲兵工廠犠牲職工連や青年改造連盟の幹部たちである。彼らは普通選挙法案の通過を阻み、解散・総選挙に持ち込もうとする原内閣を詰《なじ》り、警察や選挙を管轄する床次を追及した。「〔普選法案の〕通過を拒み若《も》しくは不法の解散を敢《あえ》てするに於《お》ては」「閣下ッ閣下は治安〔警察法〕第十七条を適用せぬと云ひ乍《なが》ら我等同志を獄裡に打込むとは何事でありますか」——彼らは口々にこう叫んだ。床次が顔を紅潮させ激怒していたことは言うまでもない（『東京朝日新聞』一九二〇年二月三日）。この一団の先頭で、指を突き付けながら床次を吊し上げたのが、当時二九歳の西岡竹次郎だった。

　同様の行動は、これにとどまらなかった。前年一一月三日には、青年改造連盟の常任委員七名とともに首相・政友会総裁の原敬に面会を求め、普通選挙実施に消極的な原を四〇分にわたり面罵《めんば》した。同日夕刻には、青年改造連盟関係者一〇〇名余を率いて、憲政会・加藤高明邸を訪れ、面会を強要した。彼らは普通選挙実施に対する旗幟《きし》を鮮明にしない加藤に対して、「加藤高明氏は日本の改造に対し誠意なき者と認め、氏の政界引退を警告す」との決議を携えていた。面会を拒まれた彼らは夜間にもかかわらず加藤邸の玄関前で「其麼《そんな》事《こと》で天下が取れるか」などと口々に叫び、罵倒《ばとう》演説を行った（『東京朝日新聞』一九一九年一一月四日・八日『万朝報』一九一九年一一月四日）。

　衆議院解散後間もない一九二〇年三月七日には、西岡竹次郎は青年改造連盟や小石川労働会関係者ら

普選運動者 議會に
床次内相へ膝詰談判

床次内相糾弾を報じた新聞記事（『東京朝日新聞』1920年2月3日）

六名とともに、小田原にある元老・山県有朋の別邸古稀庵《こきあん》を訪れた。ここでも彼らは面会を強要し、「衆議院の解散が国民を如何《いか》に憤《いきどお》らしめたるか」「政府の無為無策を怨《うら》むとの国民の訴を聞かれたし」などと綴った質問書を提出した。面会を断られた彼らが同地に居座ったため、小田原署は慌てて非番の巡査まで召集し、警戒にあたる事態となった（『東京日日新聞』一九二〇年三月八日）。大物政治家に向かって、臆することなく普通選挙実施を要求し、糾弾する。つねにその一団の先頭に立った西岡竹次郎は、「普選の闘士」として知られた存在だった。

ファシズムと開発

だが、西岡竹次郎の軌跡は、「普選」のリベラリズムに貫かれたわけではない。日中戦争が始まると、すでに代議士だった竹次郎は、「皇軍慰問」に積極的に取り組み、議員団の団長として上海や台湾、フィリピン等をたびたび訪れた。一九三七年一一月には『占拠したる土地を戦場の兵士に与へよ』と題したパンフレットを公表し、文字通り、中国戦線の占領地を末端兵士に分け与えることを主張した。現職代議士によるあまりに露骨な版図拡張要求だっただけに、東京憲兵隊の取り調べを受け、即日発禁処分を受ける事態となった。

一九三九年九月には阿部信行内閣の海軍政務次官に就いたほか、一九四〇年には近衛文麿らの「新体制運動」に共鳴し、既成政党の解体を唱えて「聖戦貫徹議員連盟」を結成した。

一九四〇年二月の第七五議会では、民政党代議士・斎藤隆夫が「反軍演説」を行い、戦争終結を見通せない政府の対中国政策を批判した。これにより斎藤は議会から除名されたが、その除名運動の急先鋒を担《にな》ったのが、西岡竹次郎である。

戦後は長崎県知事となり、「開発政治」に力を入れた。

戦前期の長崎市は西日本有数の大都市だったが、終戦後、軍需産業が廃《すた》れたのに伴い、経済力は著《いちじる》しく低下した。急傾斜地や丘陵地が多い長崎県は農業が振るわず、近県にもまして、厳しい食糧不足に直面した。鉄道や道路など陸上交通の整備も遅れており、食糧移入も容易ではなかった。

さらに、長崎は全国で最も離島が多い県だった。そのことは電力や通信が整備されず、海上交通が途絶えると、たちどころに食糧危機に直面する地域の多さを意味した。

それだけに、知事となった竹次郎は、「道路知事」との異名を取るほどに交通整備に力を入れ、また離島振興など、都市部以外の地域の開発にも熱心だった。一九五六年には大村火力発電所を誘致し、県内の安定的な電力供給をはかった。

これら以上に西岡県政を代表する政策は、長崎大干拓事業だった。一九五二年一〇月に発表されたこの計画は、諫早《いさはや》寄りの有明海を埋めて水田にすることで、食糧難の解消をはかるものだった。これは二一世紀に入ってからも、諫早湾干拓問題として、漁業や環境問題をめぐる軋轢《あつれき》を引き起こした。

かつての労働運動との近さやリベラルな「普選」の主張を考えれば、積極的な「皇軍慰問」や政党解体論、「反軍演説」の糾弾にのめり込む姿は、一貫性を欠くようにも見える。開発重視の県政も、必ずしもリベラルな政治理念と直結するものではない。むしろ、地元への利益誘導をめざす姿勢こそが透けて見える。これは西岡竹次郎の転向を意味するのか。それとも、「普選の闘士」と「ファシズム」「開発」には連続性があったのか。

貧困の苛烈さと「早稲田」「専門部」

西岡竹次郎を特徴づけるのは、政治姿勢の転変ばかりではない。少年期の貧しさも際立っていた。一八九〇年生まれの竹次郎は、生後間もなく西岡家に養子に出され、潮害に悩まされる熊本の寒村で幼少期を過ごした。病気がちだった養父は、竹次郎が二歳の頃に死没した。養母はリウマチを悪化させ、なけなしの収入源だった針仕事も困難になった。小学校低学年の竹次郎は、農家の子守りや行商、新聞・牛乳配達をして、養母と義妹を養わなければならなかった。当然ながら、義務教育の四年間さえ、満足に就学できなかった。養母の死に伴い、長崎市の実家に戻ったが、貧困の度合いにおいて、養家と大差なかった。

その後、新聞配達と牛乳配達をしながら、新設のミッション系私立中学に進んだが、幼少期からの過労がたたり、中途退学せねばならなかった。

では、貧困と苦学の経験は、政治家としての竹次郎の行動にどう関わっていたのか。そもそも、いかにして政治家に上り詰めることができたのか。

竹次郎は、中学中退にもかかわらず、一九一二年に早稲田大学に進学している。むろん高等教育に進むには、原則的に旧制中学の卒業資格を要する。帝国大学の実質的な予科である旧制高等学校は、正規の中学卒業の学歴が必要だった。では、なぜ竹次郎は、私立とはいえ、早稲田大学という高等教育機関に進み得たのか。

戦前期の私立大学には、高等予科を経て大学部に進むルートとは別に、専門部という課程があった。竹次郎が進んだのは、この専門部だった。高等教育史では、旧制高等学校や帝国大学、私立大学（大学部）に焦点が当てられがちで、ともすれば専門部の存在は見落とされやすい。だが、一般に私立大学の専門部は高等予科や大学部以上に学生数が多かった（天野 2013 上：403-404）。では、早稲田大学専門部という教育ルートは、竹次郎に何をもたらしたのか。そもそも、貧困に喘《あえ》ぎ、中学中退の学歴しか持たなかった竹次郎は、なぜそこに進学できたのか。

雄弁会と所属政党

早稲田大学専門部に入学した竹次郎は雄弁会に入り、学生弁士として頭角を現した。青年期の竹次郎が普選運動にのめり込んだのも、その延長だった。だとしても、なぜ竹次郎は演説につよい関心を抱いたのか。大正初期の政治・社会の状況は、そこにどう絡んでいたのか。

演説は聴衆に向けて語る以前に、書物その他を通じてさまざまな知識や思潮を吸収する必要がある。高等教育において大正教養主義が盛り上がりを見せていた時代状況を考えるならば、教養への憧れと弁論文化との結びつきもあったのか。竹次郎はいかなる経緯で演説に近づいたのか。

演説のスタイルも見過ごすべきではない。普選運動のなかで原敬や加藤高明といった大物政治家を面前で糾弾していたことを思えば、弁舌の苛烈さや尖ったパーソナリティを想像することは困難ではない。そこに、竹次郎のかつての貧困経験や五、六歳も若い同級生と過ごさざるを得なかった学生生活が関わっていたのかどうか。

所属政党についても、意外さを見出すことができる。一九二四年の総選挙で初当選した竹次郎は、当初は中立系だったが、ほどなくして政友会に入党した。だが、早稲田出身者の多くは、大隈重信の流れを汲む憲政会・民政党に所属した。竹次郎は、田川大吉郎、永井柳太郎、中野正剛《せいごう》らと在学時より近い関係にあり、普選運動もともに闘った。彼らはいずれも、早稲田大学や前身の東京専門学校の出身で、憲政会・民政党に所属していた。粛軍演説・反軍演説で知られる斎藤隆夫も、また同様である。竹次郎は、学歴・政治信条・人脈の点で明らかに彼らに近かったが、なぜか憲政会・民政党を選ばなかった。

弁論雑誌と地方紙

竹次郎のメディアとの関わりも興味深い。竹次郎は早稲田大学専門部法律科を修了後、弁論雑誌『青年雄弁』を立ち上げた。一九一六年のことである。当時、大日本雄弁会（のちの講談社）の『雄弁』が創刊されて六年ほどが経過していた。それに比べれば小規模だったとはいえ、『雄弁』を向こうに回してなぜ、竹次郎は類する弁論雑誌を創刊したのか。

代議士になって間もない一九二四年一一月には『長崎民友新聞』を創刊し、以後、社長・主筆を務めた。当時の長崎には、すでに政友本党系の『長崎日日新聞』や憲政会系の『長崎新聞』、独立系の『東洋日の出新聞』という三大紙が存在した。購読者獲得の困難が予想できたにもかかわらず、なぜ、竹次郎は新たな地方紙を立ち上げたのか。

むろん、それは地元長崎において支持基盤を作るためでもあっただろう。だが、その点を考慮すれば、『青年雄弁』との相違も垣間《かいま》見える。『青年雄弁』はあくまで弁論雑誌であるだけに、普通選挙や婦人参政権、あるいは青年の「生き方」など、理念的・思想的な主題が多く扱われた。それに対して、『長崎民友新聞』のような地方紙では、これらの主題ばかりではなく、むしろ地方の産業・経済・政治への関心に重きが置かれる。政党や地元政治家との結び付きがつよい場合は、なおさらである。普遍的な「理念」を帯びがちな弁論雑誌に比べると、地方紙はローカルな「実利」を避けては通れなかった。

では、竹次郎はこれら異質なメディアに、どう向き合っていたのか。それは竹次郎の「政治」と、どう関わっていたのか。

戦時体制下の『長崎民友新聞』の動きも、特徴的だった。

総動員体制のもとで既成政党が解体し、大政翼賛会が発足するのと軌を一にして、政党ごとに系列化されていた地方新聞は、内務省主導で府県ごとに統合が進められた。いわゆる一県一紙である。

すでに一九三〇年代末には、長崎地方紙の淘汰《とうた》が進んでおり、民政党系の『長崎日日新聞』と政友会系の『長崎民友新聞』が残っていた。両紙に加えて佐世保や島原の地方紙を統合し、県紙を発足させるのが、内務官僚の要請だったが、竹次郎はそれを頑《かたく》なに拒んだ。

戦後、多くの府県では、一県一紙体制がそのまま存続した。だが、長崎はその点でも異例であり、戦争が終わると早々に元の四紙に分裂した。『長崎日日新聞』と『長崎民友新聞』が再度統合され、現在の長崎県紙『長崎新聞』が発足するのは、竹次郎が死去した翌年の一九五九年のことである。

では、こうした動向に、竹次郎の政治やメディアをめぐる思いが、どう投影されていたのか。

「西岡竹次郎」という問い

本書は以上の問いを念頭に置きながら、日清戦争直前から戦後復興期に至る竹次郎の生涯を跡づけ、そこに浮かび上がる貧困、教育、メディア、政治の関わりを歴史社会学的に読み解いていく。

いまや西岡竹次郎は、忘れられた政治家であろう。むしろ、新自由クラブの立ち上げに関わり、文部大臣や参議院議長を務めた長男・西岡武夫のほうが、政治史に名をなしている。だが、あえて西岡竹次郎に着目することで見えてくるものは、決して小さくはない。

その一つは、圧倒的なまでの貧困から代議士・県知事に至る階層上昇を可能にした社会的要因である。新設のミッション系中学の中退を経て、早稲田大学に進学した竹次郎は、高等教育の学歴を有するとはいえ、県立名門中学から旧制高等学校、帝国大学という正系学歴軌道からは外れていた。また、早稲田のなかでも、高等予科から大学部というルートではなく、専門部という亜流に位置していた。そのゆえに、「早稲田大学学士」の称号は得ていない。だが、見方を変えれば、こうした傍系学歴ルートの存在があったがゆえに、極貧を脱して高等教育に足を踏み入れることが可能になったのではないか。旧制高等学校、帝国大学という正系学歴は、むしろ、こうした層を排除してきたのではないか。

第二の論点は、学生弁論部が隆盛した社会背景やその機能である。大学弁論部が学生たちを政治に接近させ、多くの政治家を輩出したことは、広く知られている。だが、そもそも、竹次郎が雄弁会に参加した大正初期に、なぜ弁論文化が盛り上がりを見せたのか。日露戦争後の社会状況や護憲運動がどう関わっていたのか。

人的ネットワーク形成をめぐる雄弁会の機能も、重要である。雄弁会への参加が、早稲田人脈を広げることにどうつながったのか。さらに学校横断的な人間関係や有力政治家との人脈形成は、いかにして可能になったのか。竹次郎が普選運動で政界要人に面会を強要し、面前で追及できたことも、これらを抜きに考えることはできない。旧制高校・帝国大学といった官学弁論部との相違もあったのかどうか。

第三の論点は、リベラリズムとファシズムと開発の接合である。「普選の闘士」として知られた竹次郎は、普通選挙法成立後には婦人参政権や労働組合法の実現に向けて尽力した。だが、前述のように、戦時期には「聖戦」「新体制」を叫び、斎藤隆夫の「反軍演説」を糾弾し、戦後は県知事として開発に力を入れた。では、労働運動への共感や選挙権拡大をめざす平等主義と、戦時ファシズムや開発政治は、どのようにつながっていたのか。それを問うことは、大正デモクラシーから総動員体制、そして戦後復興に移行した戦前・戦後の社会を捉《とら》え返すことにほかならない。

最後の第四の論点は、「ローカル」とメディアという問題系である。竹次郎は『青年雄弁』という弁論雑誌と『長崎民友新聞』という地方紙を立ち上げたわけだが、この二つのメディアを対比することで、地方紙と政治の関わりが、より鮮明に浮かび上がるだろう。地方紙は普遍的な政治理念をもっぱら扱うわけではなく、地方の政争や経済利益を多く論じる。政党支部や地元政治家との結び付きがつよい場合は、なおさらである。その点で、地方紙は全国紙との相違よりも、「理念」に重きを置く弁論雑誌との対照性が際立っている。

なおかつ、長崎は首都圏や関西圏から離れており、かつ、陸上交通がきわめて不便だったことを考えれば、中央から隔絶された地方のひとつであったことは疑えない。食糧生産や物流にはたびたび支障を来《きた》し、離島には電気・電話が届かない地区も多かった。そのことが、竹次郎にいかなる政治を構想させたのか。さらに、『長崎民友新聞』のような地方紙のありようをどう規定づけていたのか。

メディアとの関係が深い政治家は、決して少なくはない。東洋経済新報社の主幹・社長を務めた石橋湛山《たんざん》、『東京朝日新聞』『東方時論』で筆を振るった中野正剛、大阪毎日新聞社社長の経歴を持つ原敬らの名を思い起こすことは、容易である。だが、中央から隔絶された地方の新聞社主と政治の関係性は、またそれらとは異なるものではないだろうか。西岡竹次郎という「忘れられた政治家」に着目することの意義も、そこにある。

そして、以上の論点を貫くのは、「平等」を希求することの逆説である。貧困に喘いだ少年期、にもかかわらず高等教育に足を踏み入れた青年期、普通選挙運動や婦人参政権運動にのめり込み、労働運動に接近した雑誌主幹・政治家時代——これらに透けて見えるのは、「平等」の希求である。それを実現する政治活動を下支えしたのが、地元長崎で創刊した地方紙だった。だが、「平等」を志向した竹次郎は、同時に戦時ファシズムや戦後の開発政治を担った政治家でもあった。そこに「平等」の逆説が、どのように浮かび上がっているのか。西岡竹次郎という「忘れられた政治家」の生涯に着目することで、はじめてそのことが見えてくるだろう。

政治史と歴史社会学

西岡竹次郎の名は、今日、あまり知られていないとはいえ、政治史研究では言及が皆無なわけではない。伊東久智は『「院外青年」運動の研究』（二〇一九年）のなかで、大正期の帝国議会の周辺（院外）で活動した青年たちの活動を詳らかに論じている。西岡竹次郎についても、第二次大隈重信内閣期の丁未《ていび》倶楽部や第一次大戦後の普通選挙運動へのコミットメントについて、検討されている。

さらに伊東は、論文「明治・大正期における早稲田大学雄弁会」（『早稲田大学史記要』第四三巻、二〇一二年）において、当時の『早稲田学報』などを緻密《ちみつ》に掘り起こしながら、創設期から大正末期までの雄弁会の変遷を描き出している。雄弁会幹事を務めた竹次郎の活動にも言及がある。ちなみに、『早稲田大学雄弁会百年史』（二〇〇二年）が関係者の回想を集めたにとどまるのに対し、同論文は戦前期雄弁会の活動を詳細に整理した点で、貴重なものである。

また、西岡竹次郎は第二章でも述べるように、早稲田騒動（一九一七年）と呼ばれる学園紛争の主導者の一人だった。そこでの竹次郎の関与とその後の普通選挙運動とのつながりについても、伊東論文のなかで言及されている。

なお、研究書ではないが、雄弁会メンバーだった尾崎士郎は、当時の回想をふまえながら小説『早稲田大学』（一九五三年）を著しており、その主人公・東山松次郎は西岡竹次郎をモデルにしている。『早稲田大学百年史』（第二巻）も、大正期の雄弁会や早稲田騒動の記述のなかで、西岡竹次郎にふれている。

衆議院議員としての西岡竹次郎の行動に言及したものとしては、奥健太郎『昭和戦前期 立憲政友会の研究』（二〇〇四年）が挙げられる。これは文字通り、昭和戦前期における立憲政友会の盛衰に焦点を当て、派閥や人間関係の変化、中央と地方の関係性を緻密かつ包括的に掘り起こしたものである。政友会に入党し、解党を叫ぶまでの竹次郎の党内のポジショニングについても、同書を通してうかがうことができる。

だが、以上の研究はいずれも、西岡竹次郎の政治史的な側面に焦点を当てる一方、その貧困の生い立ちや中等教育・高等教育、メディアとの関わりを見渡すものではない。政治史研究であるがゆえに、それは当然のことではあるが、そのために格差・貧困の問題系や教育史・メディア史との関係性については削ぎ落とされている。また、普通選挙運動や政党政治史への関心が根底にあるため、長崎県知事時代への言及も見られない。逆に言えば、政治史研究のなかでは、西岡竹次郎はあくまで、普選運動の担い手や政友会党人派のひとりに過ぎなかった。

その点でやや例外的なのは、古川隆久『政治家の生き方』（文春新書、二〇〇四年）である。同書は犬養毅・尾崎行雄から鳩山一郎まで一二名の政治家を扱っているが、第三章のなかで永井柳太郎と西岡竹次郎を対比的に論じている。竹次郎の貧しい出自から戦後の県知事就任まで包括的に記述されているのが、特徴的である。だが、竹次郎に記述が割かれているのが一四頁にとどまることもあり、中等・高等教育や雄弁会、メディアとの関わりについては、詳細な分析に及んではいない。西岡竹次郎（および永井柳太郎）への評価についても、「普選賛成だったのに自由主義否定にはしったのは変節と感じられるかもしれないが、常に政治の「革新」の最先端を行こうとした点では一貫している」（110）と記されてはいるが、「普選賛成」と「自由主義否定」の連続性について、掘り下げて考察することも可能だろう。むろん、同書が政治史家の手による新書であり、かつ一二名もの政治家を扱うものである以上、竹次郎の軌跡をめぐる記述が限られるのは、やむを得ないことではある。

「時代」の読解

以上の研究に対して、本書は竹次郎の貧困経験や中等・高等教育体験、雄弁会経験をふまえながら、国政・県政をめぐる竹次郎の思想・行動やメディア（弁論雑誌・地方紙）との関わりを、歴史社会学的に読み解いていく。見方を変えれば、本書の関心は、政治家としての西岡竹次郎の評価にあるわけではない。少年期の凄惨《せいさん》な貧困から代議士・政務次官・県知事にまで「立身出世」を果たすうえで、教育や弁論、メディアがいかに機能したのか。そこにいかなる政治が紡ぎ出され、「平等」への希求やその逆説がどう透けて見えるのか。それを析出することが、本書の主題である。

なお、研究書ではないが、西岡竹次郎の生涯を最も詳らかに記述したものとして、西岡竹次郎伝記編纂会編『伝記 西岡竹次郎』（全三巻、一九六五―六八年、以下『伝記』と略記）が挙げられる。これは、竹次郎の死後、一〇坪ほどの倉庫にぎっしりと残されていた諸資料・記録・写真等をもとに、まとめられたものである（『年譜』）。それだけに、貧しかった生い立ちや養家・実家との関係、普選運動との関わり、その後の国政・県政・市政関係者との軋轢などが、詳しく描写されている。

とはいえ、西岡家に残された資料や竹次郎の回想に依拠していることもあり、一部には史的な正確性を欠く記述もある。一例を挙げると、『伝記』では、竹次郎が一九二四年に立ち上げた『長崎民友新聞』が以後、一貫して県内最大手紙であったことが強調されている。だが、当時の『日本新聞年鑑』『新聞総覧』などを突き合わせてみると、必ずしもそうとは言えず、その勢いに変動があったこと、『福岡日日新聞』の夕刊付録紙としてセット販売されていた時期が長かったことなども、浮かび上がる。何より、『伝記』は学術書でないこともあり、典拠が明記されていない箇所も少なくない。

それだけに、本来であれば、『伝記』で参照された資料群を改めて洗い出す必要がある。だが、『伝記』刊行からすでに六〇年ほどが経過した今日、これらの資料の所在は詳らかではない。

また、竹次郎が創刊した『青年雄弁』『長崎民友新聞』についても、残されているのはごく一部でしかない。『青年雄弁』は創刊号を含め、最初の二年分は国立国会図書館、長崎県立・市立図書館、早稲田大学その他でも見当たらない。第三―五巻については、断片的な所蔵があるほか、古書で出回っていたものを偶然入手することはできたが、それ以上のことは不可能に近い。『長崎民友新聞』にしても、一九四〇年一二月以前の紙面は、国会図書館や長崎県立図書館には残されていない。長崎県の公文書館（長崎県立長崎図書館郷土資料センター）には、戦前期の地元政治家・財界人が断片的にスクラップ保存した紙面が所蔵されているが（植木家文書など）、それらを閲覧するのが精一杯のところである。

さらに言えば、他の戦前長崎の地方紙にしても、十全に保存されているわけではない。たとえば、竹次郎と最も対立的な関係にあった『長崎新聞』（一九三五年頃に自然消滅、新聞統合後や戦後の同名紙とは別）の場合、竹次郎が普選運動を展開し、初めて総選挙に当選した大正後期については、所蔵が見当たらない。

したがって、西岡竹次郎研究にはどうしても、かなりの史料的制約がつきまとう。だが、本書の目的は先述のように、西岡竹次郎の思想や政治行動、あるいはその生涯を詳らかにすることにあるわけではない。竹次郎の軌跡を跡づけつつ、その背後にどのような時代の相が浮かび上がるのか。その析出をめざすものである。本書は、竹次郎の著述や『伝記』、現存する『青年雄弁』『長崎民友新聞』を、同時代の教育史・メディア史・思想史・政治史・地方史などと突き合わせ、その社会的文脈を読み解きながら、「西岡竹次郎の時代」を描写する。

「現代」への問い

竹次郎の生涯に透けて見える日清戦争期から戦後復興期までの歴史は、いまとなってはあまりに遠い過去のものでしかない。教育環境やメディア環境も、当時とは大きく異なっている。学生弁論部の文化にしても、かつてのような盛り上がりは見られない。

だが、その根底にある「貧困」の問題は、現代にも通じるものがある。病に伏せる養母を看病し、生計を支えた竹次郎の少年期は、今日の「ヤングケアラー」を想起させる。中等教育や高等教育に進むうえでの経済的な困難は、格差を背景に高校・大学無償化が言われる現状にも重なり合う。竹次郎の政治・メディア活動の背後にあった「平等」の希求は、決して過去のものではない。

それだけに、その「平等」がいかなる逆説を内包するのか。それが戦時ファシズムや大陸侵出に接続したように、現代社会において排外主義やある種の反知性主義に結びつくことがないと言い切れるのかどうか。

開発にしても、炭鉱閉山後に建設された福島第一原発の事故（二〇一一年）を思い起こすならば、地方の疲弊と開発の負の遺産は、現在進行形の問題である。西岡県政下の長崎大干拓構想と現代にも尾を引く諫早湾干拓問題を重ねて見ることもできるはずである。

その意味で、「西岡竹次郎の時代」への問いは、現代の問いでもある。竹次郎が貧困から脱却したプロセスから、今日の教育制度や社会のありようをどう問い直すことができるのか。格差の解消や「平等」を求める政治やメディアに、いかなる可能性と限界を見出すことができるのか。これらの問いを念頭に、以下、時系列的に「西岡竹次郎の時代」を描いていきたい。

第一章

貧困・苦学と「政治」への憧憬

新聞配達をしながら東山学院に通った中学時代
（1909年、『伝記』上）

この四月にも入学試験を行っているのは、未だ学制が整備せず、中学の資格を認められておらぬ中等学校や私塾がたくさんあり、また中学中退者や、独学で勉強した者が多かったのに、手を差し伸ばしたからだ。もし帝国大学が数少いエリートのみを対象とした学府と言えるなら、早稲田は甘んじて、それからはみだした非エリートはおろか、学問志望とあればその最底辺にも誘いの声をかけたのである。(『早稲田大学百年史』2：16)

1 「家族」という桎梏

市制発足と長崎の路地裏

西岡竹次郎は、一八九〇年五月二八日、長崎市銀屋町六五番地に牛島常次郎・マツの次男として生まれた。長男・耕太郎とは二〇歳も年が離れていた。

常次郎はもともと、福岡県瀬高《せたか》に居を構える旧柳川藩御用商人の一人息子であり、マツは同村の庄屋の長女だった。結婚当初は何不自由ない生活を送っていた。しかし、ほどなくして常次郎は他人の甘言に乗せられ、家財を失った。村に居られなくなった常次郎は、妻と六人の子ども（兄一人と姉五人）を残して出奔した。糊口に窮したマツは、やむを得ず、子どもたちとともに実家に身を寄せた。その後、噂を手掛かりにマツは長崎で常次郎を探し当て、再び同居することとなった。だが、常次郎には定まった職がなく、生活は困窮を極めていた。その頃に出生したのが、竹次郎だった（『伝記』上：3－6）。

当時の長崎は、市制施行（一八八九年四月）から間もない時期であった。市制が敷かれていたのは、全国でも三一市に過ぎず、九州では、福岡、久留米、佐賀、熊本、鹿児島のみだった。長崎では、上下水道や学校教育機関の整備、伝染病・衛生対策が進められ、近代都市へと転換しつつあった。産業面でも、鉄道敷設と港湾改良工事を通して、貿易港としての長崎港の充実がはかられていた。一八九八年には市域拡張が実現した。新たに編入された地域には、三菱長崎造船所の一帯も含まれ、長崎港を囲むすべて

西岡竹次郎生家付近（長崎市銀屋町、筆者撮影）
通りの先には現・西岡家菩提寺の大音寺がある

の地域が長崎市に組み込まれた。それに伴い、戸数は九六三八から一万六五五九に、人口は七万三九七四人から一一万三三〇七人に急増した（『新長崎市史』3：161-179）。

当時の牛島家は、こうした長崎市の発展から取り残された存在だった。生家は繁華街を外れた狭い袋小路の長屋であり、「路次裏で芋粥《いもがゆ》をすすり、紙袋や下駄の鼻緒づくりで生活の糧を求めていた人たち」が集まる一帯だったらしい（『伝記』上：4−5）。

牛島家の隣家には、西岡伊三次・カネ夫妻が暮らしていた。伊三次は郵便局勤務で、生活は豊かではなかった。配達業務などに携わる雇人・傭人といった身分だったのだろう。それでも牛島家よりは安定していた。牛島家は西岡家と親交があり、何かと頼りにしていた。そうしたことから、子どもがいなかった西岡夫妻に懇望され、竹次郎は出生後すぐに養子に出された。牛島家からすれば、そもそも養育が困難という事情もあった。

だが、養父・西岡伊三次は、竹次郎が二歳になる頃に病を得て、床に伏せがちとなった。末端の雇員等の身分で長期欠勤が認められるはずもなく、伊三次は郵便局を離職するしかなかった。西岡家は困窮に陥《おちい》り、やむを得ず、一八九二年に熊本県飽託《ほうたく》郡海路口《うじぐち》村（現・熊本市南区海路口町）に移住した。西岡家はもともと同村にルーツがあり、伊三次もそこで生まれていた。竹次郎が物心ついてくる年頃でもあり、親子関係に疑念を抱かせないためにも、養家を実家から離したいとの思いもあった。西岡家は牛島家に移転先を知らせぬまま、海を挟んだ他県の父祖伝来の地に、親戚を頼って移り住んだ。以後、両家の音信は途絶えることとなった。

困窮の加速

海路口村は、有明海を挟んで島原の対岸に位置する干拓地だった。幕末の肥後・細川藩の財政向上や困窮農民の救済を意図して、文久元年（一八六一年）に開発が進められた（『肥後藩干拓史概説』：38）。

しかし、海路口村の干拓は、藩の期待に沿うものとはならなかった。たびたび潮害に見舞われる土地であり、台風や豪雨のたびに高潮が田畑を覆い尽くした。「潮害と風害と地主の搾取に堪《た》え忍ぶよりは、むしろ流浪の惨苦をなめる方がましだ」として、ほぼすべての村民が夜逃げしたこともあったという（『伝記』上：8）。明治以降、多少の改善が見られたとはいえ、豪雨に対する脆弱性は変わらなかった。一九二七年九月の有明海台風では、高潮により計四・五キロに及ぶ防潮堤・河川堤防が一気に決壊し、村内の死者は一〇七名に及んだ。『天明村誌』（天明村は海路口村等を合併して発足）は、このときの様子を「唯々暴浪の狂暴を逞《たくま》しうして鋸《のこ》の刃の様に潮受堤防を破壊して人家田畑を瞬時にして流失壊滅埋没してしまつた」と記している（490）。

必然的に、農業生産性は低かった。明治後期（一九〇〇年頃）の一段あたりの収穫高は、平均して五俵、不作時は三俵ほどだった。それは、状況が改善した一九六〇年代半ばに比べて、四割弱から六割ほどに過ぎなかった。しかも、村の土地の三分の二は旧藩主や不在地主の所有であり、地元村民の土地は残る三分の一にとどまっていた。村民の大多数は、村内の多くを占める小作地を耕し、高率の小作料を不在地主に払わなければならなかった（『伝記』上：9）。

こうした寒村に移り住んだ西岡家の生活は、かつて以上に困窮を極めた。伊三次は、海路口村に移り住んで数カ月のうちに死去した。四一歳という働き盛りの年齢だった。養母カネは、不慣れな土地で近隣の女性たちに裁縫を教えたり、針仕事をするなどして生計を立てたが、暮らし向きは、当然ながら厳しかった。

さらにカネは、既婚男性と不義の関係になった。村の井戸掘り人夫だったとされる。「おカネさんの不義」は、僻村での格好の噂話《うわさ》となり、カネには好奇と非難の視線が向けられた。竹次郎は、しばしばカネから男性宅に使いに出されたが、本妻に見つかるたびに「また、この子はよびに来ちょる。やい、はよう帰らんか」と口汚く罵《ののし》られた（『伝記』上：11）。

やがて、カネは女児ノブを生んだ。海路口村に移って四年余りが経過した一八九六年のことである。竹次郎は、実母として疑わないカネと、周囲からは「不義の子」と目されがちな義妹とともに、家族生活を送ることとなった。

家族を養う小学生――「孝行竹次郎」

ノブが生まれた年に、竹次郎は海路口村小学校に入学した。だが、それから間もなく、カネがリウマチを患い、身体の自由が利かなくなった。竹次郎は当時、八歳だった。針仕事などのわずかな収入すらなくなり、一家の生活は破綻の危機に瀕《ひん》した。やむを得ず、小学生の竹次郎が働きに出て、家族三名の生計を支えることとなった。朝は二時頃に起床して、熊本市内まで野菜や魚の賃運びをし、帰りにはその収入の一部で糸、針、飴などを仕入れて行商をした。午後には農家の子守りをした。

当然ながら、小学校への通学はどうしても途絶えがちとなった。当時の義務教育は四年間だったが、それすらも満足に受けることができなかった。

それでも勉強好きな少年であり、子守りの乳児を背負いながら、教室の外で授業を聴いたり、読書に耽《ふけ》ることもあった。ときには、預かった子どもを柿の木に帯で括《くく》って、遊戯に夢中になった。遊びたい盛りの少年ならではのことだった。

カネは竹次郎を縄で縛って折檻《せっかん》することもたびたびだったが、母親思いだった竹次郎は、奉公先で珍しい食べ物が出されると、病床の養母に持って帰ることがつねだった。

逆境と戦って養母・義妹を養う竹次郎の姿は、村民の同情を引き寄せた。一〇歳の竹次郎は、駐在巡査の推薦で村役場の表彰を受けた。地元紙では「孝行少年」として竹次郎が表彰される経緯を、こう報じている。

養母カネがリウマチに罹《かか》りしより（中略）野菜及び行商などして生計をたて、専ら孝養を為すに於て到る処評判となれり。此外《このほか》使走りなどし、些少の利益を得ても徒《いたず》らにせず蓄《たくわえ》おきて消費せず、朝は行商勉学に励み、余事を家事に任じ、恰も腕白盛りの年頃に拘《かか》らず精励、近隣挙《こぞ》つて賞賛おく処を不知《しらず》。（原紙不詳、『伝記』上：17）

修身の教科書に載るようなこの美談は、県知事にも届いた。竹次郎は知事表彰を受けることとなり、それは『九州日報』（一九〇三年頃、掲載日不詳）でも報じられた。それをきっかけに、竹次郎の生活を助ける意味で、役所から煙草販売の権利が下付《かふ》された。苦労を重ねても展望が見えない状況が続いたなか、ようやく優良児として認められる自負が芽生えたことは、想像に難《かた》くない（『伝記』上：18『年譜』）。

実家との復縁

他方で、実家の牛島家はますます困窮の度合いを増していた。月三〇銭の家賃も滞りがちで、竹次郎が生まれた銀屋町の借家を引き払って、伊良林町に移った。姉タツは、滞納した家賃を埋め合わせるために、銀屋町に残って家主の手伝いに従事せざるを得なかった。

牛島家はその後も長崎市内を転々としたが、中川町に転居し小商店を開いた頃から、ようやく生活が落ち着くようになった。その間、竹次郎の消息がつかめない状況は変わらなかった。西岡家が熊本県に移住して、すでに一〇年ほどの歳月が経っていた。

ところが、一九〇三年頃になって、ようやく竹次郎の消息が判明した。牛島家は、焼芋を包んだ古新聞を何気なく見たところ、熊本県知事から竹次郎が表彰されたとの記事があった。そこで初めて、熊本の寒村で竹次郎が筆舌に尽くせぬ苦労をしながら、健気《けなげ》に養母や義妹の生活を支えていることを知った。それを機に、実兄・耕太郎が西岡家を訪れた。竹次郎は物心ついて初めて、実家とのつながりを持てることとなった。

それからほどなく、長く病臥していた養母カネが四七歳で死去した。竹次郎が一五歳のときのことである（『年譜』）。野辺送りを済ませた竹次郎は、八歳の義妹ノブとともに、長崎の牛島家に戻った。一三年ぶりの長崎への帰郷である。牛島家は、竹次郎が持ち帰った煙草販売の鑑札をもって、煙草屋を始めた。

牛島家に戻った竹次郎と実姉タツ
（1905 年、『伝記』上）

とはいえ、家族が二名増えた牛島家の生活は、楽ではなかった。竹次郎にしてみれば、義妹を連れての帰郷に負い目もあった。竹次郎は、昆布、落花生、ニッキなどの行商のほか、縁日で夜店を出店することもあった。三菱造船の職工や牧場の牧夫としても働いた。

夜間学校と日露戦争後の長崎

その一方で、竹次郎は一九〇五年頃から、磨屋《とぎや》町夜学校に通いはじめた。一五歳の頃である（『年譜』）。一八八七年創設の同校は、磨屋町尋常鶴鳴小学校に併設され、「学齢外の男子にして昼間職業の為修学の暇なき者の為読書算術習字等日常必須の知識を習得せしむる目的」で設けられた。要するに、義務教育を満足に受けられなかった勤労青少年男子のための補習学校である。当初は私立だったが、一八九一年に市立に移管された（『新長崎市史』3：209）。竹次郎が通った当時の修業年限は、本科三年、補習科一年とされていた（福田1997）。

すでに当時の長崎市の尋常小学校就学率は、九八パーセントに達していた（『新長崎市史』3：616）。竹次郎は、そこから零《こぼ》れ落ちる二パーセントのなかにいたのである。竹次郎は勤労の合間の通学を通して、何とか義務教育の埋め合わせをしようとした。

一九〇六年には、三菱工業予備学校にも通っている（『年譜』）。これは、「熟練の手腕を有し学術の素養に富める技士技工の養成」を目的に、一八九九年に三菱長崎造船所が設立したものである。三菱工業予備学校は、必ずしも社内教育機関の位置づけにとどまるのではなく、長崎に工業系の教育機関がなかったことから、社外にも門戸を開いていた。受験料や授業料が無料だったこともあり、入学定員五〇名の枠に対して、志願者が殺到した。同校は、多くの技術者を輩出し、長崎の実質的な公共教育機関として機能した（『新長崎市史』3：452）。竹次郎はそこで、技士の夢を抱いたのかもしれない。

この頃から、竹次郎の胸中に立身出世願望が芽生えてきた。「おれは六十才まで生きて大臣になってみたい」と従弟《いとこ》に語っていたとの逸話もある（『伝記』上：22）。海路口村にいた頃に比べれば、多少なりとも「成功」を実感できたこともあったのだろう。

折しも、当時は日露戦争終結から間もない時期だった。佐世保から出撃した東郷艦隊がバルチック艦隊を沈めた際には、市内は高揚感に包まれた。にもかかわらず、講和条約で賠償金を取れないことが判明すると、『鎮西日報《ちんぜい》』『長崎新報』『九州日之出新聞』『長崎新聞』の地元四紙は、講和反対の論陣を張った。講和支持を唱えたのは、鈴木天眼主宰の『東洋日の出新聞』一紙に限られた。

東京では日比谷焼き討ち事件が起こり、講和条約反対を唱える三万の群衆が国民新聞社、外務省、内相官邸、警察署等を襲撃した。この動きは、横浜、神戸等にも広がった。長崎でも、講和反対を訴える『鎮西日報』など四紙が、長崎市新大工町の舞鶴座で日露講和反対市民大会を開き、五〇〇〇人を超える市民が集まった（『長崎新聞社史』：105）。

労働争議も頻発していた。日露戦争は国家財政の悪化を招き、政府は各種の増税を行った。一九〇八年には株価が前年一月以来の低落を記録し、戦後不況が深刻化した。そうしたなか、呉海軍工廠、東京砲兵工廠、大阪砲兵工廠、足尾銅山などで争議が生じ、一九〇七年だけで六〇件に及んでいる。長崎でも、三菱造船所で大規模なストライキが起こった（『新長崎市史』3：656　有馬 1999：44・336）。

こうした状況を、一〇代後半の竹次郎がどう受け止めたのかはわからないが、日露戦争の高揚感とその後の社会問題の続発を通じて、政治に目を向けはじめたことは、想像に難くない。そこに、熊本県知事表彰以降のささやかな「成功」が折り重なって、政治家への立身出世を夢見るようになったのだろう。

2　中学進学と弁論への目覚め

東山学院への編入学

竹次郎の勉学への意欲はますます高まり、中学進学の願望も芽生えるようになった。だが、実父・常次郎はそれに終始反対した。竹次郎が寝床にランプを入れて読書をしていると「おい、竹次郎！　火事になってお前が焼け死ぬのは、かまわんが、庄八郎〔実弟・倉成庄八郎　のちに長崎民友新聞社副社長、代議士一期〕をどうするのか。どうしても勉強したいなら、この家を出ていけ！」と言い放ったという（『伝記』上：25)。

だが、一九〇七年一二月に常次郎が死去したことで、竹次郎の勉学をめぐる障壁は小さくなった。翌年、竹次郎はようやく私立中学校に進学することができた。長崎市東山手にあるプロテスタント系の東《とう》山《ざん》学院である。

東山学院の発足は、その二〇余年前にさかのぼる。オランダ改革派宣教師・フルベッキは長崎在留中に私塾を開き、神学教育と英語教授を行った。一八六九年にフルベッキが東京・開成学校に招かれ、一〇年にわたって滞在した長崎を離れると、宣教師で神学博士のヘンリー・スタウトがこれを引継ぎ、自宅で地元青年たちに教育を施した。それを発展させて、一八八七年に開校されたのが、東山学院である。スチイル紀念学校（Steal Memorial College）とも称された。

当初は普通学部と神学部の二科に分かれ、普通部が予科二年、本科四年、神学部は三年の修学期間となっていた。英語のほかにドイツ語も扱われ、当時の高等中学校に相当する教育を行った。敷地は東山手のイギリス領事館跡の一角を充て、講堂、教室、雨天体操場、寄宿舎などが設けられた。資金集めは難航したが、オランダ改革派教会外国伝道局長のウィリアム・ヘンリー・スチイルが夭折した愛児を偲んで私財五〇〇〇円を寄贈した。スチイル紀念学校の名称は、それに由来する。

東山学院では、英語教育をはじめとする普通教育が行われたとはいえ、当初は神学教育に重きが置かれていた。普通部は神学部に学生を供給する様相を呈しており、一時は普通部卒業生の三分の一が神学部にて修学を続けていた。ともすれば普通教育が主で神学教育が従となりがちな他のミッション・スクールに比べると、東山学院の神学教育の比重は著しく高かった（『東山五拾年史』：132）。

東山学院時代（1910 年頃、『伝記』上）

明治中期とミッション・スクールの経営難

しかし、学院発足から一〇年を経た一八九七年六月、神学部は廃止され、東京の明治学院神学部に吸収された。その背景には、キリスト教を排撃する国粋主義の動きがあった。一八九一年には、第一高等中学校講師でキリスト者の内村鑑三が教育勅語への奉拝を拒み、その職を追われた。哲学者・井上哲次郎は『教育ト宗教ノ衝突』

（一八九三年）のなかで、内村鑑三不敬事件を取り上げ、キリスト教を反国体的な宗教であるとして、激しく批判した。一八九九年八月には、文部省訓令第一二号が公布され、学校内の宗教教育・儀式が禁止された（高瀬 2021）。フルベッキや東山学院につながりの深い明治学院は、宗教教育を維持すべく、一時、中学校の資格を返上するに至った。東山学院の神学部廃止も、こうした流れを受けたものだった（『明治学院百五十年史』：142『東山五拾年史』：131－132・148－150）。

鉄道整備の影響もあった。日清戦争後、鉄道敷設が進むようになると、東京の明治学院神学部が全国各地に伝道者を送り込めるようになった。東山学院では神学部再開をめざす動きもあったが、九州南西部に位置し、東京に比べればはるかに不便な長崎から伝道者を送り込む必要性は、高くはなかった（『東山五拾年史』：149）。

普通部と神学部の反目も見られた。普通部から神学部に進む生徒も少なくなかった一方、英語習得を目的に入学した多くの普通部生徒は、神学部生徒をしばしば軽蔑し、ときに校規を破ることもあった（同前：118）。これらも相俟《あいま》って、東山学院は普通部のみのミッション・スクールとなった。

だが、それでもなお、東山学院の学校経営は安定しなかった。ことに中途退学者の多さが目立っていた。第一学年から第二学年に上がるまでに生徒数が四割減になる年も、珍しくはなかった（同前：136・153）。その最大の要因は、中等教育の学制に準拠していなかったことである。

神学部が廃止されたことで、東山学院は旧制専門学校のような高等教育機関ではなく、中等教育を主とする学校となった。だが、設備その他の点で、文部省の中学校資格を満たしていなかった。そのこと

東山学院（撮影年不詳、『明治学院百五十年史』）

は卒業生にとって、旧制高校をはじめとする高等教育進学への障害となった。上級学校に進もうとする生徒は、中途退学して、正規の中学校に編入学するしかなかった。もっとも、専門学校に相当する姉妹校・明治学院神学部に進む道はあったが、伝道の道を志すのでなければ、現実的な進路選択とはなり得なかった（同前：155）。

そのことは、徴兵猶予《ゆうよ》の問題にもつながった。文部省の学制に則《のっと》った中等・高等教育機関の在学者は、徴兵年齢に達しても、それが猶予される措置が設けられていた。正規の中等教育機関ではない東山学院は、必然的にその対象から外れていた。そのことも、中途退学の多さや入学者の伸び悩みにつながった（同前：133）。

こうしたなか、学院長がスタウトからピイタルスに変わると、東山学院は中学校令に準じた中等教育機関としての認可をめざすようになった。そのために、運動場や講堂、教室、理化学器械標本室などの拡充をはかり、修学年限や教育課程も中学令に準拠した。その結果、一九〇七年三月、文部省告示第五十五号および徴兵令第十三条により、官公立中学校の学科程度と同等以上の学校教育機関として認定された（同前：152 - 159・179）。

これにより、翌一九〇八年から入学志願者が急増した。竹次郎が東山学院に入学したのは、まさに、東山学院が正規の私立中学としてのスタートを切った時期であった。

新規認可の私立中学と中等教育の拡大

当時の中等教育進学率（男子）は一三・九パーセント（一九一〇年）に過ぎなかったが、それでも日清戦争前に比べて、旧制中学生徒数は六倍近い伸びを見せていた。多くは公立だったが、私立も全体の二割ほどを占めていた（『日本の成長と教育』：39『学制百年史資料編』：272）。長崎でも、私立中学の認可が進みつつあった。東山学院に隣接するミッション系の鎮西学院が正規の中学校として認可されたのも、一九〇八年二月のことだった（『鎮西学院百年史』：165）。

とはいえ、竹次郎が東山学院に入学した経緯の詳細は、判然としない。尋常小学校も満足に通うことができず、また磨屋町夜学校の全課程を修了した形跡もないことを考えれば、当時の竹次郎が中学入学に必要な初等教育修了（尋常小学校四年、高等小学校二年の計六年）の資格を有していたようには見えない。実姉タツの回想によれば、竹次郎は東山学院の入学試験を受けたものの、いったんは入学資格を満たさないので許可されなかった。しかし、学院長の取り計らいで「大学を出たシッカリした保証人が居るなら、無試験で入学させてもよい」ということになり、入学が認められたという（『伝記』上：24）。

しかも竹次郎は、一年次生として入学したのではなく、二年次生に編入された（『年譜』）。その理由もいまとなっては不明である。入学時点で満一七歳に達しており、周囲より四、五歳年長だったことや磨屋町夜学校の在籍歴が、何らかの形で考慮されたのだろうか。

ただ、ひとつ言えることは、当時の東山学院が拡大策をとっていたことである。東山学院は、正規中学としての認可を得るにとどまるのではなく、校舎の拡張・整備を積極的に進めつつあった。一九一〇年、隣接する鎮西学院が新築間もない本館を火災で焼失すると、東山学院はこれを併合し、キャンパス拡大をはかった。鎮西学院側の同意が得られず、この計画は流れたが、東山学院は別途、校舎の新設・建て替えを進め、従来の三倍の規模となった。生徒数も、正規中学としての認可後一〇年の間に、二〇〇名から五〇〇名に急増した（『東山五拾年史』：200－202）。

とはいえ、東山学院は長崎県内の中学校のなかでは、あくまで最後発の存在でしかなかった。長崎にはすでに、県立の長崎中学校、佐世保中学校、島原中学校などがあったが、これらはきわめて難関だった。なかでも長崎中学は、志願倍率が四倍以上にのぼった（『新長崎市史』3：622）。当然ながら、優秀層はこれらに流れる傾向があった。むろん、中等学校進学率が一三パーセント程度ということを考えれば、これら県立難関校に限らず、中学進学者は明らかに学歴エリートではあった。だが、そのなかでも、最優秀以外の層を広く集めていたのが、東山学院をはじめとする新設私立中学だった。初等教育修了の経歴が判然としない竹次郎が、東山学院二年次への編入が認められたのも、こうした事情と無縁ではなかっただろう。

塗炭の苦学

東山学院に進んでも、生活の苦しさには変わりはなかった。学費捻出に加えて、日中は授業に出なけ

牛乳配達に従事した中学時代（1910年頃、『伝記』上）

ればならず、金銭的にも時間的にも切り詰めた生活を送らねばならなかった。

東山学院時代の日常は、早朝三時からの『東洋日の出新聞』の配達で始まった。『東洋日の出新聞』（一九〇二年創刊）は、アジア主義に立ちつつも、日露戦争後のポーツマス講和条約を支持し、独自の論陣を張った鈴木天眼主宰の独立系地方紙である。当時は自転車もろくにない時代であり、雨の日であろうと雪の日であろうと、素足にワラジ履きで契約者宅を一軒一軒回らなければならなかった。真冬は、夜明け前に霜を踏んで走るだけに、足に皹《あかぎれ》が生じ、裂けて血がにじんでいたという（『伝記』上：26）。

だが、労働はそれだけでは終わらなかった。さらに吉岡牧場という牛乳製造販売店でも働いた。竹次郎は搾乳から出荷、配達、販売まで手広く仕事を任された。大浦町のジャパン・ホテルへの大量売り込みにも成功し、商才を発揮した。店主に仕事ぶりを見込まれ、娘と結婚させて牛乳店経営を任せようとする話もあった。当然ながら、吉岡牧場での仕事は、新聞配達後の牛乳配達だけではなく、夕刻以降にも及ぶことが多かったと思われる。東山学院寄宿舎での同窓生は「西岡さんは、朝は三時頃から出かけ、夜はおそく帰って来ていた」との回想は、それを示唆している（同前：25－26・29）。

そのことは、予復習の時間を制約するばかりではなかった。いかに若いとはいえ、体力的な負荷は大きかった。授業中は頻繁に睡魔に襲われた。先の同窓生も「学科を勉強する時間は殆んどなかったようである。昼間、教室でも居眠りすることが多かった」と語っていた（同前：26）。

それでも学業成績は中位程度だったらしい。さまざまな制約のなかで、相当に努力したのだろう。とはいえ、数学はかなり苦手で苦労していた（同前：25－26）。数学は言うまでもなく、知識と理解を積み上げていくものであるだけに、一度、授業理解を欠くと、次の単元の習得に著しい支障を来す。予復習を満足にできず、授業中に居眠ってしまうとなると、真っ先に成績に響くのが、数学のような学科だった。

弁論と読書

英語も数学と同様に積み上げを要する科目ではあるが、のちに英国留学することを考えれば、東山学院時代の竹次郎は、英語は比較的得意だったのだろう。もともと東山学院は、神学部と普通部に分かれていた当時から英語教育に力を入れており、語学習得の目的で入学する者も少なくなかった。中学校の認定を受けた後も、初年次よりアメリカ人教師が英語教育に携わるなど、ミッション・スクールの強みを生かした語学指導が行われていた（『東山五拾年史』：210）。

ただ、学業よりも熱を入れたのは、弁論部の活動だった。幼少の頃よりさまざまな労働に従事し、通常であれば中学卒業の年齢で遠回りをして入学しただけに、社会や政治、労働、不平等に関する問題には、人一倍敏感で、同級生よりはるかに理解が深かった。他の生徒があまり知らない政治問題を論じた竹次郎は、校内では「弁士」として畏敬され、教師からは「早熟な中学生」と目されていた。

中学二年次、したがって、竹次郎が編入学した年の校内の弁論大会では、「グラッドストーンの雄弁」と題して、四度にわたり首相を務めた一九世紀イギリスの政治家・グラッドストンを論じた。これは竹次郎にとって初めての演説だった。弁士の大多数は五年生、四年生といった上級生であり、下級生は竹次郎ひとりだったが、受賞三名に名を連ねた。周囲からは「グラッドストーン」の綽名《あだな》をつけられるほど、印象深い演説だった。学院長のエ・ピイタルスからも絶賛され、「洋行もさせるから、卒業したら東京の神学校に行つてはどうか、牧師にならないか」との話も受けたという（『私の雄弁修業時代』：190-191）。

グラッドストンについては、当時すでに、徳富蘆花（健次郎）編訳『グラッドストン伝』（民友社、一八九二年）や近松守太郎『グラッドストーン』（世界歴史譚第一六編、博文館、一九〇〇年）、平瀬竜吉『グラッドストン言行録』（古川金水堂、一九〇七年）といった書物が出されていた。これらに感銘を受けての演説だったのだろうが、中学下級生にしては、かなり大人びた主題選定だった。

裏を返せば、演説には一定以上の読書量を要した。演説は、学校の勉強をするだけでできるようなものではなく、また新聞を読むだけで深みを出すことも難しい。多くの書物にふれることは、弁論を試みるうえで避けられない。後年ではあるが、竹次郎は早稲田大学雄弁会時代のことを回想しながら、こう語っている。

一つの演説をやるためには、私に限らず、何人もずゐぶん、苦心した。書物も読んだ。余儀なく読まされた。ガラになく図書館に通つて、余儀なく新刊書を待ち受けて読む、といふ調子であつた。また、字引とも首引きをなさねばならず、英語の勉強の援《たす》けには預かつて力あつたと思つて居る。

（「私の雄弁修業時代」：192）

中学時代なので、手にする英書には限りがあったものの、弁論に目覚めたことは、政治や社会に関する書物をむさぼり読むことにつながった。

とはいえ、前述のように、竹次郎は苦学生活を送っていただけに、書籍代の捻出は容易ではなかった。そこで竹次郎は貸本屋に無理を言って二階の三畳間を借りて、友人とともに下宿し、その店の本をすべて読破した（同前：191）。

また、弁論は「書く」ことにも密接に結びついていた。そもそも、演説には多くの場合、事前に原稿をまとめる必要があった。その延長で、下宿の友人と社会問題について議論し、新聞に投書することもあった。それはときには、竹次郎自ら配達する新聞にも掲載された（「私の雄弁修業時代」：191）。

その意味で、弁論部や弁論大会での活動は、さまざまな本を読み、何がしかの文章を書くという行為を竹次郎に促した。

弁論文化の広がり

とはいえ、なぜ竹次郎は弁論に出会うことができたのか。そこには、日露戦争前後の社会状況が関わっていた。

日比谷焼討事件から三カ月を経た一九〇五年一二月、桂太郎内閣は総辞職し、翌月（一九〇六年一月）に第一次西園寺公望《きんもち》内閣が成立した。政友会系の西園寺内閣は、戦争直後の好景気を背景に、鉄道拡張、港湾修築、河川改修、学校開設といった積極政策を展開した。だが、そもそも戦費の公債償還という課題を抱えていたうえに、戦後不況による国家財政の行き詰まりに見舞われ、他方で陸軍の師団増設要求、のちの八八艦隊（戦艦八、巡洋戦艦八）構想につながる海軍の拡張要求に直面していた。そのことは、戦時からの増税の継続に直結した。第一次西園寺内閣は、成立直後に、戦時の時限立法だった非常特別税の延長を実施し、一九〇八年三月の第二四議会では、酒造税・砂糖消費税の増徴や石油消費税の新設をはじめとする増税法案を成立させた（有馬 1999：42－44）。

このことは、戦時の過重負担に耐えてきた国民の不満を高めた。『東洋日の出新聞』主宰のジャーナリスト・鈴木天眼は、藩閥政治や政府の軍事偏重、国民負担を増大させる財政政策をつよく批判した（高橋 2019：152）。天眼は一九〇八年五月の第一〇回衆議院議員選挙に長崎市区（一名区）から出馬し、次点の浅田重三郎（政友会）の得票を一・七倍以上も上回る大差で当選した（『東洋日の出新聞』一九〇八年五月一七日）。

竹次郎も、この選挙にはつよい関心を抱いた。東山学院に入学したてながら、『東洋日の出新聞』の配達をしていた竹次郎は、「正は、遂に、邪を屈す。黄金糞土の如し」という文言と鈴木天眼の名前をザラ紙に書いて戸板に貼り、落選した政友会・浅田重三郎宅前に立てかけた（「私の学生時代」：146）。日露戦争後の政治の行き詰まりは、竹次郎の政治への関心を掻《か》き立てた。

他方で、弁論文化の広がりがあったことも、見落とすべきではない。一九〇一年一二月、東京専門学校（早稲田大学の前身）の生徒二八五名を含む「総数一千百有余」の学生が足尾銅山鉱毒被害の視察に赴いたことをきっかけに、学生鉱毒救済会（翌年に青年修養会へと改称）を組織し、路傍演説会をはじめとする一大キャンペーンを展開した。この運動を主に担ったのは、永井柳太郎や菊池茂ら東京専門学校の学生たちであり、これを機に、一九〇二年一二月、早稲田大学で雄弁会が発足した。一九〇九年以降、雄弁会は夏期休暇を利用して地方巡回公演を行い、一九一三年までにほぼ全県を回っていた（伊東2012：55・65－66）。

時を同じくして、東京帝国大学でも弁論熱の盛り上がりが見られた。旧制第一高等学校から東京帝大に進んだ鶴見祐輔は、スター弁士として知られていた。一九〇九年一一月には、東京帝大で緑会弁論部が発足した。この発会演説会開催に向けて奔走したのが、当時、東京帝国大学法科大学の首席書記の職にあった野間清治である。その際の演説記録をもとに、翌年二月に雑誌『雄弁』が刊行された。大日本雄弁会講談社の源流である。

こうしたなか、弁論への関心は、中学生にも広がっていた。進学志望の中学生に読まれていた雑誌『中学世界』（博文館）でも、一九〇七年から一九〇九年にかけて弁論関連の記事が多く見られ、とくに、旧制高校、帝大、早稲田等の学生弁士の活躍が紹介されていた（井上2001：88－89）。『雄弁』（一九一一年二月号）では、「上は東大、京大及各高等学校私立大学を始め、下中学に至る迄、殆んど皆弁論部の設けあらざるなし」という状況が紹介されていた（214）。

東山学院に弁論部が設立され、竹次郎が弁論につよい関心を抱いた背景には、このような若者文化の潮流があったのである。

キリスト教との出会いと中途退学

東山学院での生活は、竹次郎にキリスト教への関心をも植えつけた。もともと東山学院がミッション・スクールだったこともあるが、漢文教師の草野芳槌の影響が大きかった。竹次郎在籍時に東山学院の幹事職も勤めた草野は、敬虔《けいけん》なクリスチャンであり、のちに東京神学社で神学を学んでいる。その後、佐賀県唐津教会に勤務したのち、再び東山学院に復職し、教頭を務めた（『東山五拾年史』：269－276『中等教育諸学校職員録 大正一一年』）。竹次郎は草野に傾倒し、早稲田に進んだのちも、相談の手紙を出すこともあった。

草野に出会った竹次郎は、日曜日には聖書を持って、必ず教会に出かけたという。寄宿舎の同室生の回想によれば、「西岡はきっと洗礼を受け、クリスチャンになったにちがいない」と噂されていた。実際に竹次郎が洗礼を受けたかどうかは定かではないが、竹次郎は晩年に至るまで聖書を座右に置いていた（『伝記』上：26－28）。のみならず、後年、小学生だった長男・武夫に聖書を読むように勧め、武夫も新約・旧約聖書のほか遠藤周作や犬養道子の著作に親しむようになったという（『鎮西学院一一〇年の歩み』：141）。幼少期から不遇に耐えながら、「孝行竹次郎」と表彰されるほどに真面目に生きてきたことが、宗教的なヒューマニズムに共感する素地となったのだろう。

しかしながら、竹次郎は卒業を迎えることなく、東山学院を二年余りで退学した。その理由ははっきりしないが、『伝記』では同盟休校事件が引き金になったと示唆されている。体育教師による生徒の殴打が生徒たちの憤激を招き、竹次郎はストライキを主導しただけなく、生徒有志で当該教師宅を訪れ、強硬に謝罪を要求した（『伝記』上：30－31）。苦労を重ねつつも中学にまで進学し得た自負と、同級生より五、六歳も年長であったことが、「正義」を突き詰める尖鋭的な性格と生徒たちを動員する指導力につながったのかもしれない。

事件後、草野は竹次郎に過重処分が降りかからないよう各所に働きかけたようだが、『伝記』では放校処分もしくは諭旨退学処分があったと推測されている。

神学と普通教育の軋轢

もっとも、これは東山学院というミッション・スクールの構造的な問題とも言えなくはない。前述のように、当時の東山学院は、学制上の中学校として認可されて時を経ていなかった。それはすなわち、神学教育路線と普通教育路線の対立が尾を引いていることを暗示する。中学校として認可された以上、教育の比重は必然的に普通教育に置かれることとなり、そのことは志願者・入学者の増大、ひいては学校の規模拡大を可能にした。だが、学院創設以来の神学教育に愛着を抱く教職員や生徒もいないわけではなかった。彼らからすれば、普通教育路線は、神学教育を軽視する邪《よこしま》な姿勢にほかならなかった。学院長が神学部再開を模索するスタウトからピイタルスに変わり、通常の中学校への転換が進む過程について、『東山五拾年史』はこう記している。

明治三十八年（一九〇五年）スタウト博士退隠後は、東山精神の体得せらるゝこと以前の如くならざるものあるは理の当然だ。況《いわ》んや東山学院神学部は既《すで》に廃止せられ、東山学院普通部の課程は改正され、普通の中学校として其の存続の決定せられし暁に於ておや《ママ》である。この時は実に東山精神の危機であつた。(230)

もっとも、こうした状況は、東山学院に固有なものではないだろう。それは、神学系の学校が学制上の中等教育機関に転じようとすれば、どうしても避けがたく生じる軋轢であった。「東山精神の危機」をめぐる苛立ちが累積して生じたのが、五年生以下三学年の生徒によるストライキ事件（一九〇五年）である。直接的には学生処分問題に起因するものだったが、学院長ピイタルスやそれに近い教師への反感が根底にあった。生徒たちは院長に対し、「彼の教育方針の非人格的、律法機械的な主義と実行に対して、彼の校長としての不適任を指摘して辞任を迫」った。また、他の教師については、その科目の勉学に励み、彼らにあえて難問をぶつけることで「彼らの無能を暴露」しようとした。

それが功を奏したのか、弾劾された教師のなかには、自らの学力不足を認めて退任する者もあったという(『東山五拾年史』:263)。

とはいえ、院長自ら辞任しない限り、本質的な改善は見込めない。そのことに生徒たちは絶望し、退学を選ぶ者が続出した。四年生のうち、夏季休暇後に帰校したのは、三分の一以下だった。その後も退学者が続出し、次年度に五年生に進級した者は一人もおらず、卒業生を一切輩出しなかった(同前:263)。

竹次郎が東山学院に入学したのは、その三年後ではあったが、事件の記憶が生々しい上級生も少なくなかった。のちに竹次郎が主導した同盟休校も、その基層には、数年前より続く教職員上層部と生徒たちの反目があった。体育教師の殴打事件がきっかけとなって、その苛立ちが急速に沸点に達したのが、この事件だった。

ちなみに、『伝記』(上巻)では、「体操の先生に対する排斥闘争の主導者という履歴をもつ竹次郎が、平穏第一のミッション・スクールの教師たちに好感をもって扱われようとは思われない」(31)とあるが、むしろ、竹次郎に不快感を抱いたのは「ミッション」よりも普通教育に重きを置こうとする教師たちであり、神学教育を重視する教師は竹次郎を陰ながら支えていたように思われる。

前述のように、竹次郎は毎週教会に通うなど、キリスト教に深い関心を有していた。のちに教会牧師を務めた草野芳槌も、陰ながら竹次郎を支えていた。そのことを考えると、竹次郎に相容れなかったのは、相対的に神学教育を軽んじ、普通教育の実績を挙げようとする教師たちだったのではないだろうか。

竹次郎の東山学院退学が、草野の一時退職（東京神学社への入校）直後の一九一〇年九月であることも、それを物語る。

竹次郎が同盟休校を主導したのは、その生い立ちに起因する尖鋭的な正義感や、周囲の生徒よりはるかに年長であるがゆえの指導力もあっただろう。だが、それと同時に、学制上の中学校に転換しようとするミッション・スクール内部の軋轢も、そこには絡んでいたのである。

3 「半島流浪」から早稲田大学専門部へ

二度目の中退と「半島という新天地」

一九一〇年九月に東山学院を中途退学した竹次郎は、船蔵町の岩田牛乳店の牧舎に住み込み、牛乳配達や牧夫の仕事で生計を立てた。だが、中学の学業を全うしたい気持ちが強かったのだろう。翌一九一一年四月には、鎮西学院の中学部四年生に編入した。鎮西学院は北米メソジスト教会の流れを汲むミッション・スクールで、一八八一年に創設された。キャンパスは長崎市東山手に位置しており、東山学院に隣接していた。学制上の中学校として認可されたのも、東山学院とほぼ同時期だった（『鎮西学院百年史』：164）。

だが、鎮西学院も編入から二カ月ほどで退学せざるを得なかった。竹次郎は、すでに東山学院を退学した頃から体調を崩していた。少年期からの積年の肉体の酷使によるものだった。喀血《かっけつ》した竹次郎は、東山学院入学時に保証人となった林医師の診察を受け、結核と診断された。当時、肺結核は「不治の病」とされただけに、竹次郎の絶望感は察して余りある。

とはいえ、まだしも軽度の症状ではあったのだろう。鎮西学院退学から間もなく、竹次郎は遠縁の親戚を頼って、朝鮮半島の鎮南浦《ちんなんぽ》に渡った。親戚はその地で酒類の販売を営んでおり、竹次郎は早朝から庭掃除やガラス拭き、店内の整頓などを手伝った。その働きぶりが認められたのか、そのまた親戚の世話で、新義州駅の駅夫に採用された。

だが、それから間もなく、竹次郎は新義州税関に職を変えた。駅業務に当たっていた頃、偶然、税関に勤務する東山学院時代の知人に出会った。旧交を温めるうちに、新義州税関に欠員があったことから、竹次郎はそこに移ることとなった。一九一一年七月頃のことである。身分は受付係の雇員だったが、日給六〇銭なので、月に一五円以上の収入になった。下宿代を差し引いても、一〇円近いゆとりができた。竹次郎は、実家・牛島家に同居する義妹ノブに毎月五円ほど仕送りをした。ソロバンが苦手な竹次郎にとって、当初は税関の仕事に苦労したが、毎晩練習して人並みに使えるようになり、上司の受けも良くなった。

竹次郎のこうした歩みは、日本の朝鮮半島進出と軌を一にしていた。日露戦争中の一九〇四年八月、日本は韓国と第一次日韓協約を結び、日本人顧問の派遣などを通して、韓国の財政・外交に介入した。日露戦争後の一九〇五年一一月には、第二次日韓協約によって韓国の外交権を掌握し、さらに漢城（ソ

朝鮮・新義州税関時代（1911年頃、『伝記』上）

ウル）に韓国統監府を設置して、初代統監・伊藤博文による統監政治を開始した。韓国は一九〇七年六月、ハーグ万国平和会議に皇帝の密使を送り、抗議しようとしたが、受け入れられなかった（ハーグ密使事件）。これを機に、日本政府は韓国皇帝・高宗《コジョン》を退位させ、第三次日韓協約を結んだ。韓国は軍隊の解散を強いられ、内政権も奪われた。韓国では反日武装闘争が活発化し、一九〇九年一〇月には民族運動家の安重根《アンジュングン》によって伊藤博文が暗殺された。翌一九一〇年八月、日本は韓国併合条約の調印を強行し、朝鮮半島を植民地化した。以後、統監府から改組された総督府のもとで、地税整理や土地調査事業が進められ、日本人地主の土地所有者が増大した。

奇しくも、竹次郎が朝鮮半島に渡ったのは、韓国併合の翌年である。すでに三次にわたる日韓協約締結の過程で、多くの日本人が日露戦争後の不況に喘ぐ日本列島を離れ、朝鮮半島に生活拠点を移していた。それが大日本帝国の版図に組み込まれるようになると、半島に「新天地」を求める動きは、さらに加速した。若い竹次郎が、生活苦から抜け出せない長崎を離れて、九州とは目と鼻の先の新植民地で現状打破をめざしたのも、そのゆえだった。そこには、帝国日本の縮図ともいうべきものが投影されていた。

上京の選択

病も快方に向かったのか、竹次郎は仕事熱心であり、周囲の評価は高かった。とはいえ、中学中退の学歴では、下級官吏に相当する判任官になるのも、さほど容易ではなかった（文官任用令、一八九九年）。そのためにも、中学卒業かそれ以上の学歴取得を求める気持ちが燻《くす》ぶっていた。

その一方で、キリスト教への関心は持続していた。毎週日曜日には欠かさず、新義州の教会に通った。そのことは結果的に、竹次郎に新たな進路を選び取らせることにつながった。

教会には、地域のインテリ層が多く集《つど》っていた。竹次郎はそこで、営林署の事務官と知り合いになった。その事務官は、竹次郎の意欲や人柄を見込んで、「是非、上京して勉強するがよい」と東京での進学をつよく奨めた（『伝記』上：35）。そのことが、学業継続の願望を抱く竹次郎の背中を押すこととなった。

とはいえ、長崎とは異なり、東京には特段の伝手《つて》もなかった。その状態で上京したところで、展望が開ける見込みはほとんどない。そうしたなか、熱心な女性信者から東京の新聞社勤務の実兄を紹介された。その世話によって、竹次郎は上京の足掛かりを得ることができた。一九一二年三月、竹次郎は東京に移り、勉学の道を模索することとなった。

ここに浮かび上がるのは、竹次郎にとってのキリスト教人脈の意味合いである。教会で会う程度なので、全人格的な影響を受けるほどの付き合いではなかっただろう。だが、それでも教会の参加者の多くは、近代的な価値観や進取の気性を有する知識階層だった。そのゆえに、彼らは苦労を重ねた働き者の若き竹次郎に、高等教育の必要性を説き、そのための現実味のある方途を示すことができた。これにより、上京や進学は、竹次郎のなかで「遠く儚《はかな》い夢」から「実現すべき目標」へと、引き寄せられることとなった。逆に言えば、こうした人々に出会うことを可能にしたのが、教会という場であった。

いわば植民地にあぶれ出てきたような低階層の出自の竹次郎は、知識層とのゆるやかな人間関係を築くなかで、学歴取得や階層上昇に向けた助言や支援を受けることができた。そうした人的ネットワーク形成を可能にしたのが、キリスト教会だった。

早稲田への進学

上京した当初は、長崎時代と同じく、新聞配達や牛乳配達で生計を立てた。朝鮮での税関勤務は、雇員とはいえ、まだしも安定性と経済的なゆとりがあった。それを擲《なげう》っての上京生活だった。

一九一二年九月、竹次郎は早稲田大学専門部法律科に入学した。当時の早稲田大学は「大学」を名乗ってはいたが、帝国大学とは位置づけが異なっていた。財政基盤が弱かった明治期の日本では、帝国大学や旧制高等学校といった高等教育機関の数は抑えられていた。高等教育機関の拡充が進むのは、第一次大戦後の好況で財政の安定性が見られるようになってからである。一九一八年に日本政府は大学令を公布し、官立大学・高等学校・専門学校が増設されたほか、多くの私立専門学校が大学へと昇格した。だが、竹次郎が早稲田に入学した一九一二年当時は、大学令以前の時代だった。当時の早稲田大学は、あくまで専門学校令（一九〇三年）に基づく高等教育機関という位置づけであった。

早稲田大学大学部各科の卒業生には、「早稲田大学政学士」「早稲田大学文学士」などの称号が授与された（『早稲田大学一覧 大正二年』：76－77）。だが、それは帝国大学卒業生に与えられる学士呼称とは異なり、あくまで早稲田大学という教育機関が出しているものに過ぎなかった。帝国大学予科に相当する旧制高等学校が三年課程なのに対し、早稲田大学の高等予科が一年半（四学期）であることを考えれば、帝国大学での学士と早稲田大学学士が同等のものとは言い難かった（『早稲田大学百年史』2：70・108－109）。

早稲田大学大学部（三年課程）に進むには、原則的に同大学高等予科を卒《お》える必要があった。中学すら卒業していない竹次郎は、大学卒業以上の年齢であるにもかかわらず、大学部への入学資格はなく、中卒学力の認定試験を経て、高等予科からスタートしなければならなかった。

早稲田大学専門部時代（1912年頃、『伝記』上）

学費の負担も小さくなかった。高等予科（四学期合計）で六〇円、大学部で一五〇円（毎年度五〇円）を必要とした（『早稲田大学一覧 大正二年』：80・133）。経済基盤に乏しい竹次郎にとって、それほどの学費負担をしながら四年半を過ごすことは、現実的ではなかった。

そこで竹次郎が選択したのは、専門部という進路だった。高等予科も専門部も、ともに中学卒業もしくは同程度の学力を有することを入学資格としていたが、前者が「大学部各科ニ入ルモノ、階梯《かいてい》トナシ」と定められていたのに対し、後者は「直チニ専門学ヲ修メントスルモノ」のために設けられていた。修学期間は三年であり、学費も年度あたり三五円、三カ年で一〇五円に抑えられていた。予科を含めると四年半で二一〇円を要する大学部の半分の額である（同前：69－70・80）。

専門部の「開放性」

とはいえ、専門部は高等予科と同じく、原則的に中卒学歴が入学資格の要件だった。中学を中途退学した竹次郎は、それを満たしてはいなかった。だが、当時の専門部は、中卒学歴がなくとも「同程度ノ学力」があれば、第二種生（別科生）として出願可能だった。

正規の中卒資格を有する者は第一種生（本科生）として、専門部に無試験で入学できたのに対し、中卒資格のない第二種生は、中学卒業程度の学力認定試験が課された。試験科目は、倫理、国語、漢文、内外歴史、内外地理、数学、英語と広範囲に及んだ（『早稲田大学一覧 大正二年』：69・72－74）。とはいえ、それは難関だった専門学校入学者検定試験（専検）とは異なり、きわめて平易なものだった。早稲田大学発行の講義録を修了し、その試験（在宅）に合格した者にも、専門部入学の道が開かれていた（『早稲田大学百年史』2：17）。その意味で、第一種生はもとより、第二種生にとっても、専門部の敷居は低かった。

もっとも、当時は、大学部に連なる高等予科も、さほど学力面でのハードルは高くはなかった。『早稲田大学一覧 大正二年』には、高等予科に関して「入学志願者予定人員ヲ超過スルトキハ選抜試験ヲ行フコトアルヘシ」（128）と規定されていた。それはすなわち、中学卒相当の学歴を有している志願者は、原則的に無試験で受け入れる方針だったことを示している。高等小学校卒もしくは中学退学の者には、中学卒業程度学力認定試験が課されたが、試験科目は専門部の場合と同様で、難易度が低い点も同じだった。高等小学校卒業ののち高等予科に入った木村毅《き》（一九一七年大学部文科卒）の回想によれば、試験日までに全科目の勉強は間に合わず、幾何・代数・算術に至ってはすべて誤答だったにもかかわらず、合格通知が届いた。間違いではないかと思い、大学に問い合わせたところ、「英文学科だから数学のできぬのは差支えない。入学して、ついて来られる可能性ありと認めた者は、みな合格させた」との返事だったという（『早稲田大学百年史』2：18）。

これに対し、官立高等学校（旧制）の場合、高等小学校卒業者や中学中退者などには実質的に門戸を閉ざしており、入試もきわめて難関で、受験競争は熾烈《しれつ》をきわめた。旧制高等学校の入試倍率は、一八九五年の時点では一・五倍程度だったが、一九〇六年にもなると三・五倍に跳ね上がった。そのうち、浪人合格者は四五パーセントにのぼった。中学校の増設は中学卒業者数の増加を生み、それは必然的に上級学校たる高等学校の志願者増につながった。合格できず浪人する者も累積され、旧制高校はますます難関になった（竹内 1999：100）。

それに対して、早稲田をはじめとした当時の私立の高等教育機関は、意欲と学費・下宿代を賄《まかな》う経済力さえあれば、かりに正規の中学卒学歴を持たなくとも、入学は困難ではなかった。『早稲田大学百年史』（第二巻）は、当時の入学政策に関して、「未だ学制が整備せず、中学の資格を認められておらぬ中

当時の早稲田大学正門（『早稲田大学百年史』2）

等学校や私塾がたくさんあり、また中学中退者や、独学で勉強した者が多かったのに、手を差し伸ばした」「帝国大学が数少いエリートのみを対象とした学府と言えるなら、早稲田は甘んじて、それからはみだした非エリートはおろか、学問志望とあればその最底辺にも誘いの声をかけた」と記している（16）。そのなかでも、専門部は修学期間の短さ、ひいては学費の安さという点で、竹次郎のような中学卒業資格のない苦学生にも、まだ手が届きやすいものだった。

かといって、大学部と専門部で教学内容が大きく隔たっていたわけではない。たしかに、当時の大学部は「二種以上ノ外国語ニヨリ参考書ヲ解読スル力ヲ養ハシム」とされていたのに対し、専門部は「専ラ邦語ヲ以テ教授ス」と定められていた（『早稲田大学百年史』2：57）。しかしながら、大学部と専門部で合併して授業が行われることも多く、教学内容の重なりは大きかった。当時の『早稲田大学一覧 大正二年』に掲載されている大学部法学科と専門部法律科のカリキュラムを比較対照しても、「名著研究」「外国法」「外国語（独語・英語）」が専門部に見られない程度で、それ以外については両者の教学内容は重なり合っていた（91−113）。

上述のような「早稲田大学学士」の称号は、大学部でなければ授与されなかったが、それを除けば、三年間という短い期間で大学部なみの教学を受けることができたのが、専門部だった。そこから、日本社会党委員長を務めた鈴木茂三郎《もさぶろう》（一九一五年、政治経済科卒）や労農派経済学者の猪俣津南雄《いのまたつなお》（一九一三年、政治経済科卒）らが輩出された（『早稲田大学百年史』2：17－18）。竹次郎は二二歳という大学部卒業に近い年齢で、この早稲田大学専門部の門をくぐることとなった。

「苦学」という博打《ばくち》

明治から大正に移り変わろうとする当時、東京への「苦学」が地方青年のあいだでブームになっていた。生活の糧《かて》をどのように探すか、下宿の見つけ方、勉学と仕事の両立等々、苦学生活の指南書は多く出されていた。手元にあるものだけでも、『東京苦学成功案内』（帝国少年会出版部、一九〇九年）、『独立自活東京苦学の栞《しおり》』（山岡商会出版部、一九〇九年）、『実地東京苦学案内』（学静舎、一九一一年）、『東京最近苦学良法』（南總堂書店、一九一五年）などが目につくところである。

とはいえ、東京での「苦学」には、多大な苦労と挫折がつきものだった。『独立自活東京苦学の栞』は「自立自活の傍、勉強しやうと云ふのは、余程困難な事である」として、以下のように記している。

苦学とは、余の説明する迄もなく、己が鉄石の如《ごと》き、大丈夫の、身体を資となし、幾多の辛惨をなめ、種々の誘惑と戦ひつゝ独立独行以て、己が志す目的に向つて、一意専心学業を励む意である。

然るに只口で云へば、さも容易の様であるが、却々《なかなか》尋常一様のものではない。(中略)之れ迄幾多地方有為の青年が苦学を志し東京に出て多くは惰落《だらく》の淵に沈み、又は中途病魔の為に倒れて、其《その》目的を達せず空しく終るものが甚だ多い。之れは要するに苦学の方法のよからざると、意志の薄弱身体の健康でない事や、世人が此《この》苦学生に対して甚だ同情心が薄らいできた等の原因である。(1―2)

学業を継続しつつ、生活費や学費を稼ぐだけの体力と気力、「惰落の淵」に沈まないだけの意志の堅牢さの必要性が説かれている。

何より「苦学」の成否を決定づけるのは、生計の手段だった。同書で挙げられている「自活の方法」は、以下の通りである。

一、新聞配達夫　二、牛乳配達夫　三、車掌運転手　四、電車掃除夫　五、人力車夫　六、新聞売子　七、行商人　八、電車会社の配電夫及注入夫　九、おでん屋　十、諸官署の官吏　十一、警視庁巡査　十二、写字生　十三、食客

その多くが過重な負担を伴うものだったことは否めない。新聞や牛乳の配達は、たとえ厳冬であろうと早朝の戸外を自らの脚で駆けねばならなかった。しかも、販売店の雇われであれば、実入りは限られた。一定数を自ら仕入れ、販売・配達をすべて行うのであれば、利益はそれなりに見込まれたが、それ

はそれで、経営の不安定さや販路開拓の労を伴った。その他、人力車曳《ひ》きや配電、清掃などにしても、身体的な負荷や勤務時間の制約、実入りの少なさの点で、大同小異だった。ちなみに、上記のような「自活の方法」やその困難については、『独立自活東京苦学の栞』のみならず、どの類書でも同様のことが指摘されていた。

竹次郎は、幼少の頃から行商や新聞・牛乳配達をして、自活のみならず養母・義妹を養ってきただけに、学業のかたわらこれらの仕事に取り組むことには、不安や抵抗を感じなかっただろう。だが、かつて過労から結核にかかったことを考えれば、過重な身体の酷使は避けたいところではあった。

キリスト教人脈と書生

上京直後は新聞配達や牛乳配達をしていた竹次郎だが、早稲田入学と時を同じくして、政治家・田川大吉郎の書生として寄寓することとなった。先の「自活の方法」の表記で言えば、「食客」にあたる。『独立自活東京苦学の栞』では、これについて「弁護士、軍人、学者、富豪、華族、政治家、医者等の玄関番である」「車夫とか新聞配達と比べたなれば丸で殿様の様なものであるが、しかし自由は束縛されて気苦労は容易の事でない。然し心懸け一つで随分勉強は出来得る。殊《こと》に主人の信用が厚くなれば通学さして呉れる内《うち》も少くない」「食住は無論先方の負担で外《ほか》に小使として二三円は給せらる」と記されている（49–50）。寄寓先での生活がつねに見張られる息苦しさはあるが、来客取次などの手伝いをすれば、食住が保証され、修学支援も期待できる。竹次郎は、こうした生活に身を置くこととなった。

田川大吉郎（『明治学院百五十年史』）

竹次郎が書生として身を寄せた田川大吉郎は、長崎・大村出身の政治家である。一八六九年生まれなので、竹次郎のおよそ二〇歳年長にあたる。早稲田大学の前身である東京専門学校を卒業したあと『郵便報知新聞』に入社、その後、文才を認められて『都新聞』の主筆に迎えられた。一九〇八年五月の第一〇回総選挙で衆議院議員に当選し、同時に東京市助役も務めている。犬養毅や尾崎行雄とも親交があり、立憲国民党や憲政会、革新倶楽部に所属した。助役時代の東京市長も尾崎だった（遠藤1998・2004）。

竹次郎は、田川の紹介で『都新聞』に校正係として入社した。夜勤が多く、勤務が明け方に及ぶことも多かったが、紀行文の大家としても知られる記者・遅《ち》塚《づか》麗水《れいすい》らとの交流が生まれ、文章修行になったという（『伝記』上：48）。無一文で上京した竹次郎は、田川の書生となり、校正の仕事を斡旋してもらうことで、自活の途を得たのである。

それにしても、竹次郎はどのような経緯で政治家・田川とのつながりを得たのか。むろん、同郷であることや早稲田のつながりは、関係していただろう。だが、それだけであれば、竹次郎を書生として採用する積極的な理由には乏しい。衆議院議員で東京市助役も務める田川のもとには、ほかにも書生希望の長崎出身者が訪ねてくることは多かっただろう。同郷に限らず他府県出身の優秀な青年も少なくなかったものと思われる。苦学生にとって「名士の玄関は登竜門」だった（「農村青年の苦学成功熱」：27）。

かつてであれば「世間で名の知られて居る程の人は、大抵、一人や二人の書生を、玄関に置いた」ものだが、大正初期にもなると、日露戦争後の景気悪化のためか、「一般に世の中がせち辛くなつて来たために、生活に余裕が無くなつて来たところから、大抵の名士でも、玄関番なんぞ、置かなく」なる傾向があった（同前：27）。田川家の書生の「競争倍率」は、それなりに高かったはずである。

にもかかわらず、なぜ竹次郎は田川家の書生となり得たのか。まじめで努力家の人柄もあっただろうが、それに加えて、キリスト教への関心の深さも関わっていたように思われる。田川は、東京専門学校時代に番町《ばんちょう》教会で洗礼を受けた敬虔なクリスチャンだった。田川は日本基督教団富士見町教会の長老を一八九八年から三七年間にわたって務めたほか、一九二五年には明治学院総理（学院長）に就いた（遠藤1998）。東山学院は明治学院の系列下にあり、のちに吸収されている。それは竹次郎が田川の書生を務めたあとのことではあるが、キリスト教信仰が田川と竹次郎を近づけたことも想像できよう。上京や早稲田進学という人生の重要な局面において、キリスト教人脈は竹次郎に決定的な足掛かりをもたらしたのである。

第二章

雄弁会と大正期の「政治の季節」

野外演説会で普選を訴える竹次郎（1919年２月、『伝記』上）

大正維新は、王政維新以来幕府に代りて君民の間に介在し政権を私して横暴を極めつゝある閥族官僚の政治を倒し、民衆政治の実をあげ、今尚ほ残存せる階級制度と現在の資本主義制度とを打破し、民衆解放の理想を行ふ事にあらねばならぬ。而して之を断行せんが為には、先づ其の第一歩として普通選挙を実現せねばならぬ。（西岡竹次郎「大正維新論」『青年雄弁』一九二〇年三月号）

1　雄弁会と「政治参加」

早稲田雄弁会の隆盛

早稲田大学専門部に入学した竹次郎が熱を入れたのは、雄弁会の活動だった。東山学院時代の弁論熱は、ここでさらに掻き立てられることとなった。

前述のように、早稲田大学雄弁会は、足尾銅山鉱毒事件をめぐる学生救済運動をきっかけに、一九〇二年一二月に発足した。その目的は、「政治、法律、教育、宗教殆んど凡ての部面に於て雄弁の最も必要なるを感じ、之が要求に応ぜんとする為に弁舌の練習」をすることとされた（『早稲田大学雄弁会の設立』：516－517）。会則はとくに設けず、会員の制限もなく、演説をしたい者は毎週の例会の場で申し込めばよかった。雄弁会は幹事を核としつつ、参加したい者が参加するという自由と不文律に依拠する集まりだった（『早稲田大学百年史』2：535）。

第一回の例会は大講堂で開催され、来会者三〇〇余名、演題は十数番に及んだ。以後、例会のほか公開演説会、各大学・専門学校との連合演説会、擬国会（国会を模した政治討論会）などが行われた。

例会は毎週金曜の夜に開かれ、毎回一〇名程度の学生弁士がそれぞれのテーマで弁じた。招待弁士として、教員や名士が招かれることもあった。演題は、「拓殖会社設置の可否」といった時事的・政治的なテーマも多かったが、なかには「実業熱と英雄論」「宗教と人生」「道徳思想の現状」など抽象的なものも少なくなかった（伊東 2012：55－60）。

雄弁会例会の特徴は、学生聴衆の野次の凄《すさ》まじさにあった。竹次郎ものちに、「演説を聞きにというよりも、やじるために来たという感じであった。徹底的に、叩き伏せるように、やじる。たいがいの者は、やじり倒される」と回想している（『雄弁会百年史』：98）。この激しい野次は、「壇下の雄弁」と称された。聴衆には学生ばかりでなく、地域の人々も多く混じっていた。「遠慮のない、元気な時事問題が聞けたから」という理由もあったが、闘争的な野次の応酬を目の当たりにしながら、格闘技観戦のような高揚感を楽しんでいたのだろう（同前：98）。

そこで鍛えられた弁舌の晴れの舞台が、年に一度の公開演説会だった。例会登壇者の選りすぐりが弁を振るう場であり、そのための「決戦演説会」が開かれることもあった。第一回公開演説会は、一九〇四年一月三一日に神田錦輝館《きんきかん》で開催された。一〇銭の入場料を取ったにもかかわらず、九〇〇名近い聴衆が集まった。当時、大学部政治経済学科二年の永井柳太郎（のちに早稲田大学教授を経て拓務大臣・逓信大臣等を歴任）は「保護政策とは何の謂《いい》ぞや」という演題で堂々と弁じ、大隈重信から「うまい、うまい、実にうまい、吾が校にも又この学生あるか」と絶賛された（『早稲田大学百年史』：535－536）。

弁論文化の「横のつながり」

他校との連合演説会も、それに比肩する晴れ舞台だった。各大学・専門学校・高等学校から選抜された学生弁士が一堂に集い、その弁舌を競った。『万朝報』記者・渡邊貴知郎も「雄弁練習時代の思ひ出」

(『雄弁』一九二〇年一一月号)のなかで、早稲田大学から都下大学専門学校連合演説会の弁士に選出されたときのことを振り返りながら、「此の連合会に選出される弁士は各校のチャンピオン、レースで、誇りを感じたものだつた」と回想している(119)。

学生弁士たちは、そのための努力を積み重ねていた。渡邊は同じ文章のなかで、「僕は雨の日も、風の日も、戸山の原に声の練習を始めた。そして毎金曜日の雄弁会の例会には必らず壇上に立つた」と記している(同前:119)。マイクなどのない時代である。弁士にとって、その内容とともに、声の張りや太さも求められた。風雨に負けず戸外で大声を発する鍛錬を積む姿には、運動部に通じる側面もあった。冬場には、柔剣道よろしく寒稽古が行われた(『雄弁』一九一五年二月号:212)。

連合演説会は、弁士の技量が可視化されるばかりではなく、各校の演説スタイルの相違が浮かび上がる場でもあった。実際の社会問題・政治問題を淡々と語る傾向の慶應義塾、文学的な情緒に富む第一高等学校に比べれば、早稲田は悲憤慷慨《ひふんこうがい》調の激越さと「壇下の雄弁」が際立っていた(伊東2012:60)。こうした差異を確認し合うなかで、各校の演説スタイルは再構築され、強固なものとなった。

同時に、連合演説会は、学校横断的なつながりをも生み出した。丁未《ていび》倶楽部は、その代表的なものである。丁未倶楽部は、一九〇七年一二月、『万朝報』記者・円城寺天山(清)の主唱で発足した学生団体である。結成の中心は早稲田大学雄弁会のメンバーたちであったが、各大学・専門学校の弁論部学生が集うインターカレッジな集団へと発展し、一九一〇年頃には、「目下会員二百余名殆ど東都の各大学及専門学校学生を網羅せり」と言われていた(伊東2019:48-49「丁未倶楽部懇親会」:161)。連合演説会

都下各大学専門学校連合演説会にて（撮影年不詳、『伝記』上）
竹次郎は前より２列目、右から３人目

が丁未倶楽部のような「横のつながり」を生み出し、そのことが連合演説会をはじめとする学生弁論ブームを加熱した。後年ではあるが、雑誌『雄弁』（一九二七年四月号）での以下の記述は、こうした様相を如実に示している。

> 丁未倶楽部の出現によつて、各学校の弁論熱をあふり立て、やがてそれが連合演説会の勃興となり、もはや今日では全国的になつてるぢやないか。導火線は誰が何と言つたつて丁未倶楽部であることはいなめまいぢやないか。（「適齢に達した丁未倶楽部の歓交会」：302）

丁未倶楽部と連合演説会の相互作用が、そこには浮かび上がる。

大学部と専門部の見えない軋轢

竹次郎は、こうした学生弁論界のなかで、早々に頭角を現した。二個師団増設問題（一九一二年）が紛糾した際には、竹次郎は雄弁会で反対論の演説をし、賞をもらっている。専門部一年生の頃である。

第一高等学校で開催された都下大学連合雄弁大会では、「大きな講堂で、立錐《りっすい》の余地なき聴衆を前に、一時間に及ぶ大熱弁を振るい、満堂の一高学徒に、酔えるが如く、大感動を与えた」と後年の手記に記している。同志社大学主催の全国官公私立大学雄弁大会、慶應義塾主催の都下大学雄弁大会にも、弁士として登壇した（『雄弁会百年史』：99－100）。

このような活躍は、弁論雑誌でも注目された。雑誌『雄弁』（一九一五年二月号）では、入学早々に「専法一年の快男児」として目を引く存在だったことが記されている（212）。同年八月号では、「早稲田新進論客」のひとりとして「精悍の気に充ち満ちた小男。彼の容貌の小気味よき如く演説も歯切れがよい、現代的才子の典型である。彼の弁には熱もあり、充分の弥次性もある」と評されていた（148）。丁未倶楽部にも主要メンバーとして名を連ねたほか、一九一五年には、のちに早稲田大学評議員となった丹尾《にお》磯之助らとともに雄弁会幹事を務めた（伊東2012：58）。

専門部学生が雄弁会で幹事を務めることは、当時としては珍しかった。伊東久智「明治・大正期における早稲田大学雄弁会」（二〇一二年）にまとめられている幹事・主要例会出席者のリストを見る限り、大学内所属が判明している者のなかでは、専門部学生の幹事は西岡や丹尾が最初である。そこには、大学部と専門部のヒエラルヒーもかすかに垣間見える。

実際に、擬国会では、両者の対立が顕在化することもあった。のちに衆議院議員を務めた粟山《もみやま》博（一九一一年卒業）の回想によれば、雄弁会の擬国会では、総理大臣役は大学部学生という不文律があったところ、専門部学生が立候補したことで揉《も》めたことがあった。それも一度ではなく、ときに乱闘騒ぎになることもあったという（『雄弁会百年史』：95）。

こうした状況を考えれば、専門部学生でありながら、雄弁会幹事に上り詰めた竹次郎は、会内で高く評価されていたことがうかがえる。

寄宿舎と「梓会」

一九一四年二月、竹次郎は早稲田の寄宿舎に移った。寄寓していた田川大吉郎宅は、なるだけ早く出たい希望を持っていたようである。田川の書生となって約一カ月後には、東山学院で薫陶《くんとう》を受けた草野芳槌に、その旨の手紙を出している（『年譜』）。

後年の文章でも田川を「理想と実行力の併有者」と評するなど、田川への敬愛の念は変わらなかった（「晴れの舞台の人たるべき田川氏のことゞも」：62・65）。だが、田川は謹厳実直で、冷淡な印象があったらしい。『都新聞』主筆と衆議院議員、東京市助役を同時並行で務めながら、どれも精力的に仕事をこなしていた田川は、他人にも高い要求水準を課すように見られがちだった。会合の際には、無駄に人と交わることなく、暇を見つけては書物を開き、早々に帰宅しがちだったことも、近寄り難さを醸していた。曲がったことには我慢できず、徹底的に筋を通す気性の激しさもあった（「君の欠点長所に就て」：43）。もしかしたら、竹次郎はそこに息苦しさを覚えたのかもしれない。

だが、それよりもむしろ、寄宿舎が弁論文化と密接に結びついていたことのほうが重要である。一九〇四年二月に建てられた早稲田大学寄宿舎には、舎生会修養部という弁論クラブがあった。いわば寄宿舎内雄弁会ともいうべきものであり、これと大学雄弁会を掛け持ちする者も多かった。これはすなわち、伊東久智が指摘するように、「彼らは雄弁会を離れても寝食・行動をともにし、かつ演説の修練に励んでいた」ことを意味していた（伊東 2012：63）。

それを考えれば、竹次郎が寄宿舎に移ったのは、雄弁会の活動以外の時間もすべて弁論に充《あ》てたいという思いによるものだった。「早稲田の寄宿舎は、一高の寮の如く、人生鍛錬のよき道場であった」という後年の回想も、それを念頭に置いてのものだった（『雄弁会百年史』：99）。

他方で、他流試合たる連合演説会に出場できる者は限られていた。早稲田には「壇下の雄弁」に鍛えられた学生弁士が多士済々《たしせいせい》であっただけに、雄弁会幹事は誰をいつ、どの連合演説会に派遣するか、頭を悩ませねばならなかった。「在学中、せめて、一回位は、どこかの大学〔で開催される連合演説会〕に出演したい、また、させろという、希望」を無碍《むげ》にはできなかった（同前：99）。

そこで竹次郎は、寄宿舎内に、大学雄弁会とは別の独立した弁論団体「梓会《あずさ》」を立ち上げた。東京専門学校の創設に尽力した小野梓にちなんだものである。発会式には、永井柳太郎、大山郁夫、内ケ崎作三郎ら早稲田大学教授の出席もあった（「私の雄弁修業時代」：192）。梓会は、独自に毎週の例会や毎月の演説会を行うばかりではなく、連合演説会にも招待を受けて、代表弁士を派遣した（『雄弁会百年史』：99）。寄宿舎の学生弁士たちにしてみれば、雄弁会とは別に梓会ができたことは、連合演説会への出場枠が増えたことを意味していたのである。のちに『人生劇場』などで人気作家となる尾崎士郎も、梓会派遣弁士のひとりだった。

大正と「政治の季節」

それにしても、雄弁会はじめ各大学・専門学校で、なぜここまで弁論文化の盛り上がりが見られたのか。そこには、「政治の季節」とともに始まった大正という時代の存在があった。

一九〇五年末に第一次桂太郎内閣が退陣して以降、政友会総裁の西園寺公望と官僚閥の代表である桂太郎が交互に政権を担当した（桂園時代）。その時代は、日露戦争後の財政再建が急務であった一方、戦費公債の償還や鉄道・港湾・河川整備、学校の拡充も急がねばならなかった。それに加えて、陸軍はロシアへの備えを念頭に、師団増設を要求した。海軍もまた、国際的な建艦競争を念頭に、八八艦隊（戦艦八、巡洋戦艦八）の拡張計画を立案した。必然的に増税は避けられなかった。

こうしたなか、第二次西園寺内閣は、陸軍二個師団増設問題で紛糾した。陸相・上原勇作は、前年の閣議で「実施見込み」という曖昧《あいまい》な決着となっていた朝鮮への二個師団新設について、改めて閣議に要望を提出し、その実施を強硬に求めた。しかし、行財政整理を掲げる西園寺内閣は、それを拒んだ。上原は天皇に上奏のうえ辞職し、陸軍は後任陸相を出さなかったために、一九一二年一二月、第二次西園寺内閣は総辞職した。

このことは、陸軍に対する国民的な反感につながった。後継首班の銓衡《せんこう》中には、東京で記者・弁護士らが憲政振作会を立ち上げ、二個師団増設反対を決議した。一二月一四日には、犬養毅、尾崎行雄、岡崎邦輔ら議員やジャーナリストなどが集まって、憲政擁護会が結成された。頑なに師団増設を求める陸軍の動きは、重税に耐えていた国民の苦労を顧みない横暴さのあらわれとして、人々に受け止められた

（有馬 1999　村瀬 2021）。

第三次桂内閣の発足は、さらに人々の憤りを掻き立てた。天皇に最も近い位置で仕える内大臣兼侍従長が宮中を出て、内閣を組織するのは、前例がなかった。したがって、内大臣兼侍従長だった桂による組閣は、宮中・府中（行政府）の別を乱すとの非難を招いた。また、桂が陸軍大将でもあり、山県有朋を総帥とする陸軍閥に近いと目されていたことも、国民感情の悪化につながった。桂に組閣の大命が降下した二日後の一二月一九日には、歌舞伎座に三〇〇〇名の聴衆を集めて、第一回憲政擁護大会が開かれた。

以後、年末から年明けにかけて、「閥族打破・憲政擁護」を掲げる反対運動が全国的な盛り上がりを見せ、政党関係者、実業家、ジャーナリストのみならず、学生や一般民衆まで巻き込むに至った。いわゆる第一次護憲運動である。

これに対し、桂は大正天皇に働きかけて詔勅を乱発したほか、いったん議会を休会とし、新党構想を発表することで乗り切ろうとした。だが、政友会の切り崩しは成功せず、二月五日に議会が再開されると、護憲派は桂内閣弾劾決議案を上程した（小林 2006：287）。「玉座を以て胸壁となし、詔勅を以て弾丸に代へて」という尾崎行雄の有名な弾劾演説は、このときのものである。二月一〇日には、桂系と見られていた『国民新聞』『報知新聞』の社屋が群衆に襲撃され、交番も焼かれた。帝国議会は数万人に取り囲まれ、桂はついに政権継続を断念し、二月一一日に内閣は総辞職した（大正政変）。

憲政擁護運動が盛り上がりを見せるなか、丁未倶楽部のような学生運動団体もその一翼を担った。当時、大阪府立高等医学校（大阪医科大学の前身）に在学していた小林浩吉は、東西各大学連合演説会の会場の高揚感を、以下のように回想している。

折りしも桂内閣の秕政百出、横暴限りなく人心大《おおい》に動揺しつゝありし際なりければ、僕の論旨漸く進んで当時の政治家に及ぶや、数千の聴衆拍手歓呼して之を迎へ、しばしば鳴りも止まざるの慨を示した。然るに、専横なる警察官は〔別の弁士に続いて〕又しても、僕の演説に中止を命じた。スワこそと満場の聴衆は総立ちとなり、足踏み鳴らして、言論の自由、警官の横暴を唱へて止《や》まず。司会者及び多数警察官の制止により漸くにして事なきを得たのであつた。（「一昔を顧みて」：105）

竹次郎が雄弁会で二個師団増設反対を論じ、賞を得たことも、そのような動向を物語っていた。桂内閣批判に、弁士と聴衆が興奮する。警官による制止がかえって火に油を注ぎ、会場は熱狂の渦に包まれる。かくして、大正期の「政治の季節」が学生弁論文化を高揚させ、また逆に、学生弁士たちが「政治の季節」を盛り上げる状況が生まれていたのである。

大隈伯後援会

二カ月で倒れた第三次桂内閣の後継首班には、薩派・海軍のリーダーたる山本権兵衛が指名された。山本内閣は、首相、陸海相、外相以外の全閣僚に政友会員を充て、文官任用令の改正や軍務大臣現役武官制廃止などの諸改革を実現させた。だが、一九一四年一月、独シーメンス社や英ビッカース社と日本海軍をめぐる大規模な贈収賄が発覚したことから、議会が紛糾し、二月には内閣弾劾国民大会が暴動化した。山本内閣はそれでも強硬な姿勢を貫いたが、貴族院による予算案否決により、三月二四日、総辞職に追い込まれた。

続く第二次大隈重信内閣の成立（一九一四年四月）は、雄弁会の活動をさらに活発化させた。大隈は、一九〇七年に憲政本党総理の座を追われて以降、政界を引退し、さまざまな文化活動を行った。それまでは政治との兼ね合いを気にして、自らが創設した早稲田大学（および前身の東京専門学校）の要職に就かなかったが、下野後の一九〇七年四月、総長に就任した。そのほかにも、南極探検後援会、日本自動車倶楽部、帝国飛行協会、大日本文明協会など、多くの学協会のトップに就いた。早稲田大学の全国巡回講演をはじめとする講演活動にも精力的に取り組み、自ら経営する『新日本』『報知新聞』や早稲田出身者の多い新聞・雑誌の取材にも気さくに応じた。これらエネルギッシュな言論活動を通して、大隈は国民的な人気を獲得していた（真辺 2021：43－44）。

桂新党の流れを汲む立憲同志会と中正会を与党とする第二次大隈内閣は、政友会絶対多数の状況打破のために、一九一五年三月、第一二回総選挙に打って出た。大隈は遊説途中の各駅で「車窓演説」を行ったり、演説レコードを各地に配布するなどして、人気を博した。

この大隈ブームをさらに盛り上げたのが、一九一四年六月に創設された大隈伯後援会である。これは早稲田大学の校友・学生や丁未倶楽部のメンバーを中心に結成されたもので、総選挙では大々的な全国

大隈重信の車窓演説（『早稲田大学百年史』2）

早大総長・大隈重信とともに（1913年、『伝記』上）後列左から２人目

遊説を行った。

「早稲田に西岡あり」と知られていた竹次郎も、各地に派遣された。群馬県前橋市の柳座では、「賢明なる判断に訴う」と題し、一〇〇分にわたって政友会批判の熱弁を振るい、聴衆を熱狂させた（『伝記』上：52）。栃木県足利市の足利座では、代議士・戸叶薫雄の応援演説を一時間半にわたって行った。質素な身なりの竹次郎が演壇を降りると、戸叶は楽屋で手を握って感謝し、「演説と〔竹次郎が着ていた〕この紋付は釣り合はん。失礼だが、私のこの紋付をあなたに差上げるわけには行くまいか」と、着用していた上質の羽《は》二重《ぶたえ》の紋服を手渡したという（「私の雄弁修業時代」：193）。

大隈人気と大隈伯後援会の盛り上がりが、竹次郎をはじめとする雄弁会弁士に活躍の場を与え、竹次郎はますます「弁界の麒《き》麟児《りんじ》」として名を知られるようになった（『伝記』上：53）。

第一次大戦下の久留米連隊

学生弁士として順風満帆だった竹次郎だが、その活動を一時中断せねばならない事態が生じた。軍への召集である。

本来であれば、国公私立学校在籍者には、徴兵令や文部省令でもって、徴兵年齢に達してもそれが延期される猶予措置がとられていた（文部省令第三四号「公立私立学校認定ニ関スル規則」一八九九年）。だが、正規中学卒業資格を有していない専門部第二種学生は、その特典の対象外となっていた。第二種生（別科生）だった竹次郎は、一九一四年八月に二四歳で召集され、久留米連隊で軍務に就いた（『年譜』）。

折しも、欧州ではサラエボ事件をきっかけに、前月末に第一次世界大戦が勃発していた。日本は日英同盟を理由に参戦し、ドイツ租借地の青島《チンタオ》や独領南洋諸島を占領、翌一九一五年一月には中国（袁世凱政府）に対し、対華二十一か条要求を突き付けた。第十八師団（久留米）は、青島戦に動員された部隊である。

竹次郎は、輸送を担う輜重《しちょう》兵卒として入隊したが、青島攻略には従軍せず、三カ月ほどの訓練を受けて除隊となった。おそらく、教育召集だったのだろう。『伝記』によれば、「在隊中は真面目に勤務し、上官から一回だって叱られたことはなかった」という（『伝記』上：51）。それの当否は確かめるべくもないが、幼少期より行商や新聞・牛乳配達に勤《いそ》しんできたことを考えれば、軍務をそつなくこなし、上官から見れば気が利く存在だったのだろう。

富裕層や知識層の出身者に比べれば、農民など貧しい出自の者は、軍隊の「つらさ」を感じる度合いが相対的に低かった。太平洋戦争期のことではあるが、下士官候補者の教官を務めていた村上兵衛は、彼らをいたわるつもりで「おまえたち、演習は辛いだろうな」と言ったとき、「なあに、田植の辛さに較べりや、演習なんて鼻歌まじりですよ、教官殿」と言下に返されたという（「戦中派はこう考える」：

久留米連隊での集合写真（1914 年、『伝記』上）

31）。静岡の貧しい農家の二男で海軍に末端兵士として入隊した渡辺清も、「肩にのめりこむ背負子《しょいこ》もなければ、泥くさい地下足袋もなく、その上なによりも食うことの心配がなかった」海軍生活について、当初は「世の中にもこんないいところがあったのかと、真実、喜んだ」ことを回想している（「私の戦争責任」：53 − 54）。こうした心性が、軍務への精励や「皇軍の一員」としての自負を導き、さらには戦地での暴虐行為につながったことは、岩手県農村文化懇談会編『戦没農民兵士の手紙』（一九六一年）などからもうかがえる。

とはいえ、大正デモクラシーの時代であり、二個師団増設を批判した当時の竹次郎が、後年の農民兵と同じような軍隊観を有していたわけではない。それでも、社会経験に乏しい学生あがりの兵士などに比べれば、まだしも兵営で器用に立ち回ることができたことは想像される。同時に、竹次郎の出自と同じく困窮層の兵士たちと触れ合うことも少なくなかっただろう。短期間だったとはいえ、臨戦態勢の軍隊で「上官に一回だって叱られたことはなかった」生活を過ごした経験が、後年の竹次郎の思想や活動に影響を与えたのかどうか。それについては、のちの章で見ていくことにしたい。

メディアとしての『雄弁』

久留米連隊を除隊した竹次郎は、前にもまして弁論や政治運動に熱中した。雄弁会幹事となり、また、大隈伯後援会で地方遊説に力を入れたのも、除隊後のことである。

大学が選挙運動の拠点になることを懸念して、文部省から大学に抗議がなされることもしばしばだったという。それに対し竹次郎は、「学校に迷惑をかけては」との思いから、大学に退学届を出して、選挙の応援を行い、それが終わったら復学する、ということを繰り返していた（「私の学生時代」：147）。三年課程の専門部の卒業に四年を要したのも、そのゆえであろう。

一九一六年には、卒後間近だったにもかかわらず、寄宿舎改革運動を主導した。寄宿舎総代だった竹次郎は、舎長・矢沢千太郎の管理方針を厳しく批判し、強硬に寄宿舎自治を要求した（「寄宿舎のころの話」：297『早稲田百年史』2：1148－1153）。竹次郎は退舎を命じられてもそれを拒み、業《ごう》を煮やした学校当局は、保証人だった田川大吉郎に竹次郎の引き取りを求めたという。竹次郎はそれにも応じなかったために、田川は竹次郎の保証人を降りると言い出し、やむなく雄弁会で親交のあった永井柳太郎（当時、早稲田大学教授）が身元引受を申し出る一幕もあった（「私の雄弁修業時代」：192－193）。

普通選挙運動にも肩入れし始めていた。すでに入隊前の一九一四年四月には、東京府内の大学・専門学校の学生を糾合して、普通選挙実現をめざす青年急進党を組織し、党首として神田の青年会館で青年大会を開催した（「私の雄弁修業時代」：194『伝記』上：114）。一九一六年一月には、東京七大学の弁論部に働きかけて議会革新青年会を結成し、議会に押しかけて代議士を詰問したこともあった（『年譜』）。

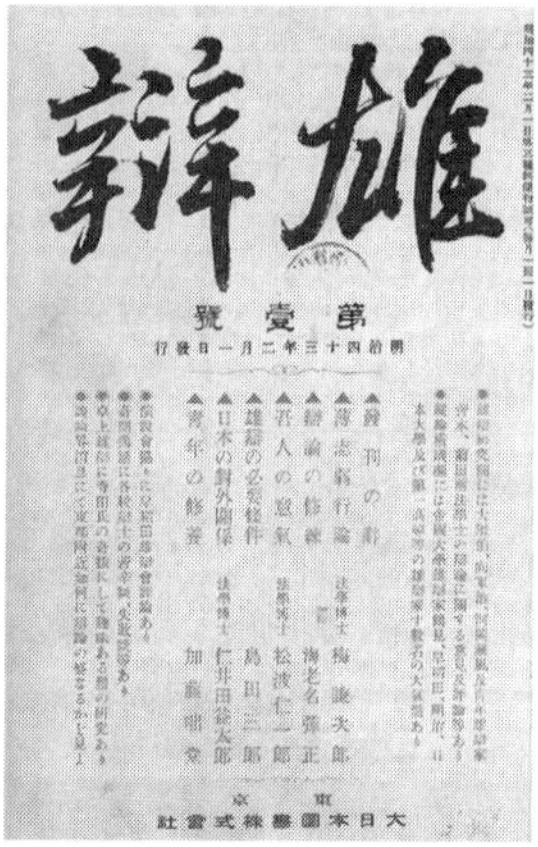

雑誌『雄弁』創刊号（1910年2月、『講談社の90年』）

ただ、学校横断的な弁論熱、運動熱の盛り上がりは、竹次郎のみで、あるいは早稲田雄弁会のみでなし得るものでもなかった。そこでは、雑誌『雄弁』の存在も大きかった。

前述のように、一九〇九年一一月一四日に、東京帝国大学で緑会弁論部が発足した。その演説会を記録する雑誌メディアとして、法科大学首席書記の野間清治によって、雑誌『雄弁』は創刊された。一九一〇年二月のことである。大隈重信、海老名弾正、前田多門のほか、法科大学生・鶴見祐輔や第一高等学校生徒・森戸辰男といった、後年の著名政治家の演説稿が収められた。この創刊号は、三刷計一万四〇〇〇部に達する大ヒットとなった（『講談社の90年』：40）。のちの大日本雄弁会講談社、今日の講談社の源流である。

その後、『雄弁』は緑会弁論部ばかりではなく、国立私立を問わず、さまざまな大学・高等学校の演説原稿や評論を取り上げるようになった。学校横断的な連合演説会の記録も多く掲載されたほか、各校の著名学生弁士の紹介も積極的になされた。さらに、「如何なる信念の下に弁論を修練するか」といったテーマのもとに、各大学・専門学校・高等学校の弁論部員に自由記述のアンケートを取り、その回答を所属学校や氏名を明記のうえ、掲載した（『雄弁』一九二〇年一二月号－一九二一年二月号）。むろん、それは首都圏の学校に限らず、仙台の第二高等学校や神宮皇學館、富山薬学専門学校など、全国各地の高等教育機関に及んでいた。

こうした誌面構成は、弁論文化の「想像の共同体」を生み出した。前述のような学校横断的、さらには地域横断的な連合演説会が可能になったのも、『雄弁』という弁論雑誌が学校間・地域間の「つながり」を可視化させ、読者たちの弁論文化への参加感覚を醸成したためであった。大阪府立高等医学校在学中に弁論に熱中した小林浩吉は、雑誌『雄弁』について、「僕が数年間の演説生活中、常に座右を離れなかつたものは、実に此の我が敬愛する雑誌雄弁であつた。此の雄弁誌によりて当時東西に活躍せる青年論客の説を聞き、之を模範とし、之を旅伴とし、或は又之を好指針として進み来ると共に、可及的多くの演説会に出席したものである」と回想している（「一昔を顧みて」：106）。雑誌『雄弁』は、読者がさまざまな「紙の演説」に触れることを可能にし、それを契機に連合演説会へ足を運ばせるものとして機能したのである。

弁論文化と「修養」「教養」

当時の『雄弁』を眺めてみると、演題の幅広さも浮かび上がる。むろん、「誤れる支那外交政策」（服部宇之吉、一九一五年一月号）、「欧洲大戦と日本人」（鶴見祐輔、一九一五年一月号）、「欧洲戦争と社会問題」（安部磯雄、一九一六年一月号）といった政治的なタイトルは多く目につく。だが、それればかりではなく、内省的な主題も散見された。『雄弁』（一九一六年九月号）では、「日本アルプスの曙光《しょこう》」（和泉彪）が掲載されているが、そこでは「成程国民の一半は物質生活に自己を実現することを知つて居る。然し其れ以上の高き所に自己の域あるを知らぬ」とあり、近代的な自我のありようが論じられられている（132）。

その他、「基督教《キリスト》の青年訓」（山室軍平、一九一五年一月号）、「聖徳太子を賛美す」（一九一五年八月号）、「生命と生命の接触」「高き理想に生きよ」（ともに一九一六年六月号）などが目につく。

その背後には、学生弁士たちの人格主義的な関心があった。『雄弁』（一九二〇年一二月号）の特集「如何なる信念の下に弁論を修練するか」では、「人格の完成と胆力養成」（東京外国語学校・湯山昇）、「自己の独異の思想と人格を人類の世界に織り込まんが為めに弁論を修練いたします」（日本大学・種村栄稔）といった記述がある（130 – 131）。

こうした傾向は、宗教系の高等教育機関との親和性にもつながった。曹洞宗大学（現・駒澤大学）の村尾実英は、弁論に取り組む目的について、こう記している。

私の弁論修練の信念は単なる雄弁の為めの雄弁に非ずして、弁舌を通して自己の最善と信ずる思想を発表するにあり。而て《しかし》其思想は自己の全人格を透《ママ》してのものたる事勿論なり。今少し具体的に云へば自《みず》ら信愛奉行《ほうこう》する処の仏陀の大精神を社会に宣伝し、自他共に仏陀の大慈悲に浴せんとするにあり。（『雄弁』一九二〇年一二月号：135 – 136）。

同様の記述は、ほかにも見られた。天台宗大学（現・大正大学）の森照応は「釈尊の如く一切の現象に対して障礙物《しょうがい》なく八正《はっしょう》の道程を開通せんとの思想と信念とが吾人過去数年に亘っての弁論修練の信念である」と綴っていた（『雄弁』一九二一年一月号：201）。弁論文化の背後にある修養主義や人格主義の存在がうかがえる。

弁論文化と人格主義の結びつきを可能にするうえでは、学生文化における教養主義も無視することはできないだろう。「人文系の古典（思想・哲学・文学・歴史など）の読書を通して人格を磨かなければならない」という教養主義の規範は、明治末期以降、高等教育の学校文化として広がりを見せていた。ヒエラルヒー最上位の官立の旧制高等学校や帝国大学が、その中心地ではあったが、それればかりではなく、私立大学・専門学校にもかなりの程度、浸透していた。大正後期でも高等教育進学率は二パーセントほどでしかなく、「エリートであるがゆえに人格を磨き、社会に貢献しなければならない」という自負が、そこにはあった。そうしたなか、阿部次郎『三太郎の日記』や西田幾多郎『善の研究』、カント『純粋理性批判』などが、学生たちのあいだで広く読まれた（竹内 2003・2018）。

ちなみに教養主義は、内省的なものばかりではなく、社会改良との親和性も高かった。第一次大戦後の不況とそれに伴う米騒動、小作争議、労働争議の頻発を背景に、学生たちはマルクス主義や社会民主主義の文献に親しむようになり、しばしば社会運動にも参加した。そこには、内省的教養からマルクス主義的教養への変化をうかがうことができるが、難解な古典を繙《ひもと》きながら、自らを磨き上げようとする志向は一貫している（竹内 2003）。

当然ながら、弁論と社会改良の相性はよかった。東京農業大学・石黒成男は、弁論修練の目的として、「「百姓の頭を耕す百姓」になる目的で農村社会問題を専心研究してゐます」と語り（『雄弁』一九二〇年一二月号：132）、拓殖大学・熊野御堂健児は「弱い者の側に立つて特権階級と闘かはねばならぬ。此が吾々青年の最高の道徳であります」と記している（『雄弁』一九二一年一月号：204）。実際に、東京帝大の緑会弁論部は東大新人会の源流となり、早稲田大学雄弁会のメンバーはのちに建設者同盟の中核をなした。いずれも社会主義に近い思想運動団体である（有馬 1999：26・207－208）。

弁論は、読書を要するものでもあった。前述のように、竹次郎は「一つの演説をやるためには、私に限らず、何人もずゐぶん、苦心した。書物も読んだ」「字引とも首引きをなさねばならず」などと往時を回想していた。それを物語るかのように、東京高等商業学校の姫井旭一は「経済生活の一考察」と題した論説のなかで、ショーペンハウェルやマルサスに言及し、早稲田大学学生・野田武夫による「人間生活の中心生命」は、マルクスの唯物論のほか、トルストイの文明批判にふれていた。いずれも、のちに竹次郎が創刊した『青年雄弁』（一九二〇年二月号）に収められたものである。読書と人格主義、社会改良志向が結びついた弁論文化には、学生教養文化とのゆるやかな接点も浮かび上がっていた。

2 「声」から「紙」へ――『青年雄弁』の創刊

後発の弁論雑誌

一九一六年七月、竹次郎は早稲田大学専門部法律科を卒業した。すでに二六歳になっていた。その二カ月後には、前述の月刊『青年雄弁』を創刊し、社長と主筆を兼務した（『伝記』上：86）。

タイトルからも想像できるように、『青年雄弁』は弁論雑誌であった。創刊号（同年一〇月号）は二〇〇頁ほどで、その後もおおむね一四〇－二二〇頁ほどを維持していた。創刊の趣旨文には、その目的が以下のように記されている。

この世界の一大変局に際し、青年の士気振興を図ると共に、帝国の将来に対して重大なる使命を担へる青年諸君のために、大いに進路を開いて、自由なる論壇たらんとして、本誌は生れたのであります。

満天下の青年、学生諸君よ！　諸君は来って政治と言はず、経済と言はず、或は宗教に、或は哲学に、文芸に、社会問題に、諸君の抱懐せる力ある識見を充分に吐露し給へ。「青年雄弁」は諸君のこの熱火の如き言論を天下に紹介すべく門戸を開放して居ります。（『伝記』上：87　創刊号の所蔵先は不詳）

『青年雄弁』は、天下国家の命題や弁論の動向紹介に重きを置く雑誌だった。それを裏打ちするように、創刊号では、田川大吉郎「自惚心、依頼心」、大隈重信「学問の弊に心せよ」、大山郁夫「青年と政治教育」、尾崎行雄「演説に信念なし」など、著名な政治家・知識人の論説・演説記録のほか、「早稲田実業弁士短評」「仙台一中弁論部のぞき」「日本大学地方講演会」など、各地の大学、中学校、実業学校等の活動紹介が掲載されていた。

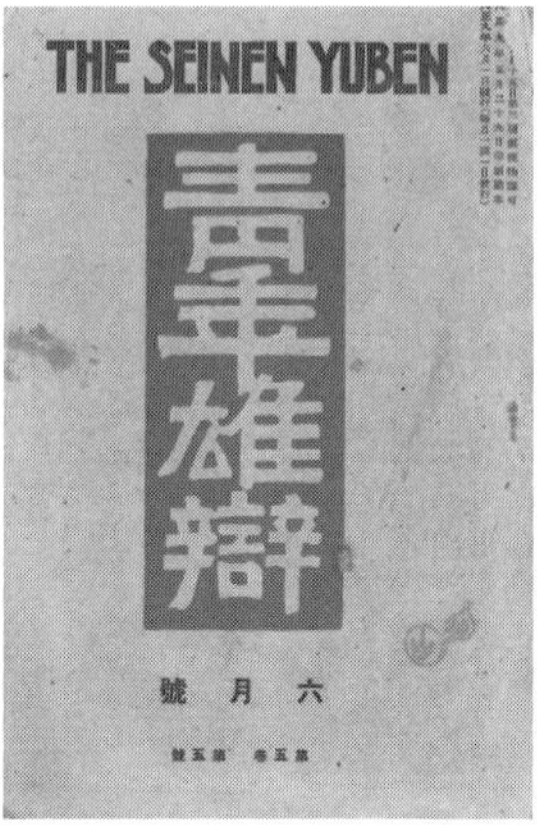

『青年雄弁』1920年6月号

こうした誌面構成は、明らかに大日本雄弁会の『雄弁』に類似していた。すでに六年前に創刊された『雄弁』は、ときに分量が四五〇ページに及び、付録までつけることもあるなど、雑誌としての充実度と安定性を増しつつあった。一九一四年新年号は、三刷まで増刷するほどの売れ行きだった（『講談社の90年』：54・64）。それを考えれば、『青年雄弁』は明らかな後発雑誌だった。

ちなみに、『雄弁』編集元の大日本雄弁会は、一九一五年二月には創刊五周年を記念して、「関東関西学生連合大演説会」を開催し、学生弁士三〇名のほか、尾崎行雄（当時、司法相）や松波仁一郎（東京帝大教授）も演説を行った。また、創業者の野間清治は、講談社を別に立ち上げ、『講談倶楽部』（一九一一年創刊）や『少年倶楽部』（一九一四年創刊）も発行していた。竹次郎が創刊した『青年雄弁』は、勢いのある野間清治の出版グループに対抗しなければならなかった。

政界・学界との人的ネットワーク

そうした状況への対応のためか、『青年雄弁』は顧問や賛助員に錚々《そうそう》たる政治家・学者・ジャーナリストらをそろえていた。顧問には、大隈重信、高田早苗（文部大臣、早稲田大学初代学長）、鎌田栄吉（慶應義塾大学学長）、天野為之（早稲田大学学長）、木下友三郎（明治大学学長）、田川大吉郎（司法省参政官）、永井柳太郎（早稲田大学教授）、田中穂積（早稲田大学理事）などの名が連なっている。賛助員として名が挙がっているのは、大山郁夫（早稲田大学教授）、吉野作造（東京帝国大学教授）、上島長久（報知新聞主筆）、箕浦勝人（逓信大臣）、河野広中（農商務大臣）、石川半山（万朝報主筆）、与謝野晶子（歌人）らである（『伝記』上：88－91）。

むろん、そこに早稲田人脈の存在を見出すことは容易である。早稲田の職にある者も少なくなく、また、前述した通り、田川大吉郎は前身の東京専門学校の出身である。それ以外でも、坪内逍遥、中野正剛の名も賛助員に見ることができる。坪内は、高田早苗や天野為之らとともに、早稲田大学初期の経営・教学を担った文学者だったし、中野正剛は早稲田出身のジャーナリストである。『雄弁』の野間清治は、東京帝大法科大学書記だったこともあり、創刊にあたって、帝大人脈を活用できたが、対する竹次郎の『青年雄弁』の強みは早稲田人脈だった。

とはいえ、専門部を卒業して早々の竹次郎に、なぜそのようなことができたのか。さらに言えば、顧問や賛助員は早稲田人脈のみで固められていたわけではない。吉野作造など帝国大学教授もおり、また、慶應・明治のほか日本大学、専修大学、法政大学、中央大学の関係者も名を連ねている。現職閣僚をはじめとした政治家も、少なからず見られる。

それが可能になった理由としては、やはり、かつての学生弁士としての活躍があげられよう。雄弁会や連合演説会での活動は、そこに顔を出す各大学の教授陣や政治家、ＯＢのジャーナリストらとも親交を深めることにつながった。大隈伯後援会などで、選挙応援演説にたびたび呼ばれていたことは、必然的に政治家との人脈をもたらした。代議士・戸叶薫雄が竹次郎の応援演説に感激して、着ていた羽織を贈ったことは、その好例である。当時は第二次大隈内閣期だっただけに、総選挙の応援演説は、閣僚やその関係者と知り合う機会ともなった。それもあって、竹次郎は政党本部にもかなり自由に出入りするようになっていた（『伝記』上：51）。

このことは、年賀状の多さに直結した。寄宿舎で正月を迎えた際、たいていの学生は届いた年賀状が二、三枚だったところ、竹次郎の場合は四〇〇枚超に及んだという（「寄宿舎のころの話」：294）。そこで築いた人脈が、『青年雄弁』の顧問層、ひいては執筆陣の充実につながった。『雄弁』に六年遅れの後発ながら、新たに弁論雑誌を立ち上げ、その後も定期刊行を維持できた背景には、そうした弁論ネットワークの存在が大きかった。

当然ながら、このことは資金面の支援とも無関係ではなかった。早稲田の寄宿舎時代の旧友・工藤直太郎（宗教学者、のちに早稲田大学教授）は、『武蔵野のほとりで』（一九六一年）のなかで、「尾崎愕堂《がくどう》〔行雄〕とか犬養木堂《ぼくどう》〔毅〕などは西岡君のパトロンで、〔『青年雄弁』発行の〕資金の方もその方面から出ていたのではないかと思う」と記している（62）。竹次郎の後年の回想も、このことを裏付ける。それによれば、経営面の心配をした尾崎行雄、田川大吉郎、永井柳太郎らは加賀財界人・横山章に働きかけ、竹次郎への一〇〇〇円の寄付を引き出していた（「続知事放談 五」）。永井柳太郎は、のちに竹次郎に対し、「君に対する吾々の気持は、あたかも、将来の横綱を夢見て後援していた」と語っていたという（同前）。

先の回想で、竹次郎は「いるだけの金は、だまっていても集まつたものだ」とも記している。青年弁士としての活躍と政界有力者との人的ネットワークが、竹次郎の弁論誌経営を支えていた。

他方で、弁論雑誌刊行それ自体も、政界・学界関係者との人脈をさらに広く、濃くすることにつながった。一九一八年一〇月号には、田川大吉郎、尾崎行雄のほか、本田恒之（憲政会幹事長）、横田千之助（政友会幹事長）、安部磯雄（早稲田大学教授）、斎藤隆夫らが寄稿していた。一九二〇年一月号では、永井柳太郎に加えて、長谷川如是閑、江木翼《えぎたすく》（貴族院議員）、石川半山らが執筆している。弁論雑誌刊行と人脈の広がりの相互作用を見ることができよう。

『雄弁』との類似と差異

とはいえ、『青年雄弁』は後発であるがゆえに、『雄弁』の二番煎じに見えるのは、避けがたかった。尾崎行雄や犬養毅、永井柳太郎ら著名な政治家・演説家は両誌の常連執筆者だった。大学・専門学校などの動向紹介の点でも、さほど変わるところはなかった。

他方で、雑誌としての規模は、やはり『雄弁』のほうがはるかに大きかった。前述のように、『雄弁』が三〇〇頁からときに四五〇頁にも及ぶことがあったのに対し、『青年雄弁』はせいぜい二〇〇頁前後の分量だった。『青年雄弁』の発行部数は判然としないが、現在、所蔵されているのは三館のみ（早稲田大学図書館、日本近代文学館、国立国会図書館）であり、かつ第三巻から第五巻までが断片的に保存されているに過ぎない。創刊号をはじめ第二巻までは所蔵が見当たらない（ただし第二巻九号については、早稲田大学歴史館に保存されているが、閲覧不可とされている）。それを考えれば、同誌の流通範囲は限られていたのだろう。ときに一万部を超え、増刷されることもあった『雄弁』に比べれば、小規模な雑誌だった。

その意味で、『青年雄弁』は『雄弁』を小ぶりにした雑誌ではあったが、後者に比して特徴的な点もないではなかった。そのひとつは、農村青年や工員層への着目である。たとえば、一九二〇年六月号には、農村青年会員による「農村改造の急務と青年の使命」や職工（電信工事）の「労働者と人間」といった演説記録が収められていた。同年九月号でも、農村青年の筆になる「我等青年奮起の秋《とき》」や純労会（労働運動団体）所属会員による「西伯利亜《シベリア》問題と労働者」が掲載されていた。実際に、一九二〇年二月号では、「記者より読者に」と題した告知のなかで、各大学・専門学校の演説会や人物評のほか、地方青年会（団）の動向紹介や演説記録の投稿を呼びかけている。こうした編集部の意向もあって、農村青年や工場労働者の手記・発言記録が、たびたび収められた。

農村の雄弁文化

それに比べれば、当時の『雄弁』では、農村青年・労働者の扱いは、あまり目立たない。ある農村青年は「野間主幹に呈して吾等青年の心事を訴ふ」と題した文章のなかで、そのことへの不満を以下のようにぶつけている。

抑《そもそ》も我国の教育は、進歩したりとは雖《いえど》も猶《なお》、学窓を潜《くぐ》らざるの青年多く、而して是等の「学生以外の青年」は目今《もっこん》、社会より如何なる待遇を受けつゝあるか。私は帝国大学の門を潜らない、私は早稲田大学の門を潜らない、私は明治、慶應、日本、法政、何《いず》れの学校にも入学した事がない、従て是等の学校の学生として、楽しき「学生時代」の課程を経るに由なく、而して何々学士などゝ云ふ肩書名称は、私は生れ乍らにして（――而して死する迄）之を得るに由なきの身でございます。（中略）我等学生以外の青年は、抑も何を以て世に出づる事が出来ませうや。（中略）

此意味に於て私は、足下《そっか》が雄弁大会を催すが如き場合に於ても、単に学生演説会としなくて、普《あま》ねく各方面の青年を糾合し、時には全国各団体青年連合大雄弁会と云ふが如きを開催せられむ事を切望します。（『雄弁』一九一五年九月号：231－233）

『雄弁』がこの文章を掲載したことを考えると、「学生以外の青年」を扱わないという批判に真摯に向き合おうとしたのだろう。だが、その後も『雄弁』は総じて、帝国大学や私立大学の弁論部動向紹介や政界・学界人の寄稿を中心に据えていた。連合演説会の企画も、前述の「関東関西学生連合大演説会」など、おもに大学・専門学校・高等学校を対象としていた。もっとも、『雄弁』（一九二六年二月号）では、特集「出でよ麒麟児！誌上公開演説会」のなかで、農村青年団員の寄稿が収められてはいるが、それもやや後年のことであり、かつ例外的なものだった。むしろ、そこで取りこぼしがちな大衆層や地方青年層をターゲットにしたのが、講談社の『講談倶楽部』や『少年倶楽部』だった。

それに対して、『青年雄弁』は連合演説会を企画するにしても、農村青年への呼びかけがたびたび見

地方青年団等の連合演説会募集広告（『青年雄弁』1919年2月号）

られた。一九一九年二月号には、各県の中等学校・青年団より各一名の弁士を募り、月に一回のペースで連合大演説会を開催する旨の広告が掲載されている。これらの演説会には、尾崎行雄、安部磯雄、後藤新平、新渡戸稲造、田川大吉郎ら顧問のなかから数名が派遣されることになっていた。

「学生以外の青年」にも目を向けていたのは、竹次郎のライフコースとも無縁ではない。早稲田の雄弁会で活躍したとはいえ、養家や実家のすさまじい困窮を考えれば、そこに至るプロセスは偶然や奇跡の産物であり、竹次郎が大学はおろか中学にさえ進めない「学生以外の青年」で終わったとしても、不思議ではなかった。

そのゆえか、『青年雄弁』は「学生以外の青年」の鬱屈が吐き出される場でもあった。『青年雄弁』には「相談の相談」欄が設けられ、「苦学」をめぐる相談と編集部の回答が掲載されていた。一九一八年六月号の同欄では、家計の都合で中学に進めず、やむを得ず陸軍砲兵工科学校に進んだものの、下士官より上の展望が開けないことから、「将来大活躍をなすの基礎を築かん」と苦学して中央大学専門部への進学を望む投書が掲載されていた（121－122）。

同年八月号の同欄では、高等小学校卒業後、農作業に勤しみつつ、「夜は終日の労を忘るゝ為に青年雄弁、新時代、大観、其他二三も高尚なる書物を繙くのを楽しみ」とする一九歳の青年が、「日本の否世界の雄弁家」となるために何が必要なのか、相談する文章が掲載されていた(135)。「学生以外の青年」をもターゲットにしていた『青年雄弁』は、上級学校に進めなかった青年の鬱屈や出世欲を受け止めるメディアでもあったのである。

ちなみに、『青年雄弁』は「我が国唯一の弁論機関」を標榜《ひょうぼう》し、その文言を裏表紙の上端部に明記していた。『雄弁』という大手誌の存在を思えば、誇大な惹句《じゃっく》にも見える。だが、『青年雄弁』が高等教育機関の学生ばかりではなく、農村青年・工場青年をも見据えていたことを考えれば、じつは同誌の方向性を端的に示す表現でもあった。

3　「普選の闘士」の誕生

普選運動へのコミットメント

『青年雄弁』の編集と並行して竹次郎が力を入れたのは、従来から取り組んでいた普通選挙運動だった。

納税要件を撤廃し、国民に平等に選挙権を与えることをめざす動きは、すでに明治中期より、大井憲太郎ら東洋自由党の主張に見られた。だが、「いまだ十分な教育を受けていない民衆に選挙権を与えると、彼らの甘心を買おうと過激な言動をなす扇動者が当選し、国政を危機に陥れかねない」との懸念は根強かった。納税要件が課されたのは、そのための歯止めだった。

とはいえ、義務教育（国民皆学）や徴兵制（国民皆兵）が制度化されていた以上、政治参加を一部の国民に限るべきではないという普選論は、つねに一定の説得力を持っていた。そうしたなか、国民の政治理解がいつになったら普選に耐え得るほど高まるのかが焦点となり、時期尚早論と即時断行論とが対立する状況が続いた。

二〇世紀に入る頃になると、中村太八郎らの普通選挙期成同盟会が運動の中心となった。彼らは請願書提出や演説会の開催だけでなく、社会主義者や労働組合運動家にも接近し、運動を盛り上げた。一九一一年には超党派の議員の支持を得て、衆議院で普通選挙法案が通過した。だが、結果的に貴族院の反対で、法案成立はならなかった。さらに大逆事件の影響などで、普通選挙期成同盟会はいったん解体に追い込まれた（季武 2021：139－140）。

しかし、大正期に入ると教育水準も向上し、地方のインテリ青年や労働者らは選挙権拡大をつよく求めるようになった。早稲田在学中の竹次郎が青年改造連盟や議会革新青年会、青年急進党の組織化を通じて、普選運動にのめり込んだのも、そうした時期だった。竹次郎は、一九一九年一月に本格的な活動を再開した普通選挙期成同盟会の幹事にも就いている。同年二月には、全国学生同盟会などとともに一八の大学・専門学校の学生約三〇〇〇人を集めて、大規模な普選促進示威行列を決行した。若き雄弁家の竹次郎は、名実ともに普選運動のリーダー的存在になっていた（伊東 2019：180）。

『青年雄弁』も、大々的に普選即時断行の論陣を張った。一九二〇年二月号の巻頭には、竹次郎自身が「青年雄弁時論――議論より実際運動へ」を寄せており、「直ちに普通選挙の実現に向つて全力を尽し、普通選挙を通して我々青年自ら政権を握り、かくて現代の資本主義の社会制度を根本的に大改造する事に依つて、新文明建設の大業を成就せねばならぬ」と論じた(5)。同号はさらに、「今期議会に於て普通選挙を実現する方法如何」と題した特集を設け、第五高等学校、東京帝国大学、明治大学、慶應義塾大学、早稲田大学の学生の論説を掲載していた。

当時は、シベリア出兵や米騒動の影響で寺内正毅内閣が倒れ、その後を承《う》けた原敬内閣の時代だった。原はもともと軍閥・官僚閥と妥協的な政治家と目されていたが、言論界や国民の予想に反し、陸・海・外相を除く全ポストを政友会党員が占めた。政党が主導権を持つ内閣が成立したことに、人々は「デモクラシー」への期待感を高めた。

だが、原内閣や政友会は、普通選挙の実現には否定的だった。一九一七年のロシア革命は、日本の共産主義・社会主義を活発化させた。さらに、第一次大戦後の急激な不況のもと、小作争議や労働争議が頻発していた。普通選挙の実現は、共産主義や社会主義といった危険思想に政治が毒される結果をもたらしかねない。こうした危機感が、原を中心とする政友会には見られた。

とはいえ、原内閣は選挙権拡大の必要性も認識していた。原内閣は、組閣後初めての議会にあたる第四一議会において、改正選挙法を提出し、一九一九年三月に成立させた。それによって、納税資格は一〇円から三円に引き下げられ、有権者数は一四六万人から二八六万人へと倍増した。その恩恵にあずかったのは、小地主層であり、労働者層や小作層は相変わらず選挙の外部に置かれていた。

選挙区制にも変更が加えられた。それまでは、人口三万以上の市を独立選挙区とし、他は全県一区か

全国青年大会で普選を訴える竹次郎（1919年日比谷公園にて、『伝記』上）

らなる大選挙区制が採られていたが、改正選挙法では小選挙区制（定員二の選挙区を含む）が導入された。寄生地主化の進行や「改造」思想の広がりによって動揺しつつあった従来の地方名望家秩序の再編・強化を意図した制度変更だった（季武2021 有馬1999）。

もっとも、普通選挙に消極的だった点では、野党・憲政会の主流派も同じだった。憲政会は、第二次大隈内閣の与党だった立憲同志会を中心に、中正会、公友倶楽部の議員の多くを糾合して、一九一六年一〇月に発足した。総裁には、第二次大隈内閣で外相を務め、副総理格だった加藤高明が就いた。加藤をはじめとする幹部層は、普選断行には容易に踏み込まなかった。一九一九年一月の政務調査会では、選挙権資格を直接国税二円以上の納入者に引き下げる案の承認にとどまっていた。納税資格三円と小選挙区制を骨子とする原政友会内閣の改正選挙法案は、これに対抗するものだった。とはいえ、成人有権者を制限する点で、両者は大同小異でしかなかった。

それに対し、馬場恒吾《つねご》、鈴木文治、中野正剛、永井柳太郎らは普通選挙に及び腰の党幹部に批判的であり、国民党その他の議員を巻き込んで新政党を結成する構えも見せていた。そうしたことから憲政会は、第四二議会さなかの一九二〇年一月になってようやく、「独立の生計を営む者」（独立生計条項）との条件つきながら、普選論に転換した。加藤高明が普選論に傾きはじめたのも、一九一九年秋頃と見られる（奈良岡 2006：216－218　櫻井 2013：255）。

言うまでもなく加藤は、一九二五年三月に第五〇議会で、護憲三派内閣の首班として普通選挙法を成立させたことで知られる。だが、その姿勢は決して早い時期からのものではなかった。

政党要人の糾弾

普通選挙に消極的な原政友会内閣や憲政会主流派に対し、竹次郎が批判の矛先を向けたのは当然だった。竹次郎が司会を務めた青年改造連盟の発会式（一九一九年一一月二日、日比谷公園）では、「普通選挙法案に反対する政党政派を民衆の仇敵たる事を宣言す」との声明が読み上げられた。それを実行に移すべく、竹次郎を含む改造連盟代表者たちは、翌日に原首相に面会し、普通選挙実現を要求している（『東京朝日新聞』一九一九年一一月四日『青年雄弁』一九二〇年一月号：127）。一一月七日の夜には、竹次郎を先頭に青年改造連盟関係者一〇〇名あまりが憲政会総裁・加藤高明邸に押しかけ、「加藤高明氏は日本の改造に対し誠意なきものと認め、氏の政界引退を警告す」との決議を突き付けた（『東京朝日新聞』一九一九年一一月八日）。同月一九日には憲政会本部で、安達謙蔵や浜口雄《お》幸《さち》ら党幹部に普選実現を要求している（『年譜』）。

一二月二五日に憲政会代議員会が開かれた際には、竹次郎をはじめとする青年改造連盟関係者は、数百名の労働者・学生らとともに会場に押しかけ、「普選即時実施の賛否」について署名のうえ回答させ

衆議院各派交渉室で床次内相を糾弾する竹次郎（『青年雄弁』1920 年 3 月号）

た。幹部の手前、「賛成」と言えず、「漸進」などと苦しい表記をすると、取り巻く群衆に野次られた。「反対」を記載した場合には、「馬鹿野郎ッ」「此度《こんど》は落選だぞ」との罵声が飛び交った（『読売新聞』一九一九年一二月二六日）。

翌一九二〇年二月二日には、衆議院各派交渉室に青年改造連盟や小石川労働会の関係者二十数名が押しかけ、内相・床次竹二郎を糾弾した。その先頭に立って、床次を指差しながら詰問したのは、竹次郎だった（『東京朝日新聞』一九二〇年二月三日）。

青年改造連盟は、政党要人の糾弾だけではなく、各地への遊説も積極的に展開した。幹部である竹次郎も、九州遊説班員として、一九一九年一一月末から翌月初旬にかけて巡回演説を行った。その数は、下関、門司、福岡、鹿児島、大牟田、熊本、佐賀、長崎、佐世保、八幡の一〇都市に及んだ。郷里・長崎の大正館では聴衆三五〇〇名が押しかけ、入場できない者が場外にあふれた。演説会は一七時半から二三時五〇分、計六時間余りに及び、竹次郎も二時間にわたり弁を振るった（『青年改造連盟九州遊説日記』：152－155）。

一九二〇年二月一日には、両国国技館で連盟主催の「普選促進全国青年大会」を開催し、竹次郎も演壇に立った。来場者は三万にのぼり、その後、二重橋から議会前、芝公園へとデモを行った（『東京朝日新聞』一九二〇年二月二日)。先の床次への糾弾も、その勢いを駆ってのものだった。

　これらの活動は、しばしばメディアで大きく取り上げられた。『万朝報』(一九一九年一一月四日)は「首相は辛《や》つと会い　加藤子〔加藤高明子爵〕は会わぬ　改造連盟委員の訪問」という見出しで扱い、『読売新聞』(一二月二六日)は「代議士一人々々に普選賛否の強談」「数百の労働者、憲政会に押寄せ反対者を罵倒す」と報じている。竹次郎らが衆議院各派交渉室で床次内相を吊し上げたことも、翌日の『東京朝日新聞』(一九二〇年二月三日)において、写真入りで大きく扱われた。竹次郎らの行動に、記者やカメラマンが同行していたことの証左である。

『青年雄弁』がこうした動きを大々的に報じたのは、言うまでもない。青年改造連盟の発足については「日比谷原頭の大獅子吼《だいししく》　盛大なりし青年改造連盟発会式」との見出しで紹介したほか、「青年改造連盟九州遊説日記」と題した記録も五ページにわたって掲載されていた(一九二〇年新年号)。『青年雄弁』(一九二〇年三月号)の口絵には、床次を糾弾する竹次郎らの写真が収められていた。『東京朝日新聞』(一九二〇年二月三日)に掲載されたものの転載だった。

　そこには一つのサイクルを見ることができる。連盟を結成し、集団で有力政治家を詰問することが、メディアの注目を引き、その結果、都内や地方の演説会が盛況を博する。その盛況ぶりがメディアで取り上げられることで、他の演説会でも多くの集客が可能となり、そのことが、また新たに有力政治家を詰問する際の社会的インパクトを増大させる。その意味で、これら一連の動きはメディア・イベントとして、相乗効果を生み出そうとするものであった。

高田馬場の「露国革命」――早稲田騒動

政党要人を突き上げる竹次郎の激越さは、早稲田大学の学園紛争にも如実にあらわれていた。

第二次大隈内閣に学長・高田早苗が文部大臣として入閣したことに伴い、天野為之が学長に就任したが、一九一六年一〇月に大隈内閣が退陣すると、天野を排し、高田を学長に復帰させようとする動きがあらわれた。これに対し、学生や卒業生たちが天野に肩入れして反対運動を展開したのが、早稲田騒動の発端である。一九一七年六月末から九月末にかけてのことである。

天野派は、東洋経済新報社の石橋湛山のもとに結集した（『湛山回想』：143）。竹次郎もそれに呼応し、『青年雄弁』で「早稲田大学改革号」を刊行（一九一七年九月号）するなど、天野派の闘士として名を馳せた（『伝記』上：62）。この事件を機に早稲田大学を中退した尾崎士郎は、のちの小説『早稲田大学』において、早稲田騒動を扱っている。そこでは西岡竹次郎（作中では東山松次郎）が主人公として描かれていた。

高田早苗の学長復職の動きが石橋や竹次郎の耳に入った時期は、ちょうど夏休みで、キャンパスは閑散としていた。すでに『青年雄弁』を立ち上げていた竹次郎は、大学周辺の洋装店で角帽を買い占めたうえ、街中の「無頼漢や車夫・浮浪者」に学生の格好をさせ、在京の早稲田の学生とともに、さかんにデモやアジ演説を行ったという。『早稲田大学百年史』（第二巻）は、彼らが「高田へは勿論のこと、それを支持する諸教授・大学当局に、攻撃・悪罵・讒謗《ざんぼう》の限りを尽してやまなかった」と記している（920）。早稲田大学側の不愉快さは措《お》くとしても、竹次郎の「暗躍」ぶりがうかがえる。

九月中旬には、天野派学生・校友が大学を占拠する事態となった。それを主導したのも、竹次郎だった。九月一一日の夜、早稲田劇場で高田派弾劾の演説会が開かれ、立錐の余地のないほどの学生であふれていた。竹次郎は演台に立ち、「吾人は早稲田大学現幹部を辞任せしめ、且《か》つ坂本三郎、市島謙吉、田中唯一郎三氏が早稲田大学との関係を絶対に絶つに至るまでは同盟休校す」と宣言した（『都新聞』一九一七年九月一二日）。

演説と校歌の合唱が繰り返され、会場は興奮状態にあった。その演説会が終わりに近づいた頃、竹次郎が突如、弁士を遮り、「諸君、これから大講堂に行って、更に演説を続けよう」と叫んだ。それをきっかけに、数千の聴衆が竹次郎を先頭にして、大講堂を占拠した（「一代の風雲児」：69『湛山回想』：153）。石橋湛山は、のちにこれを回想して、「それは勢いにあおられて、とっさの間に起った事で、止めようにも、どうにもならなかった」と記している（『湛山回想』：153）。

この行動に大学当局は驚愕し、理事はもちろん、職員も大学構内から退避した。結果的に、竹次郎をはじめとする天野派は一時、大学を占拠する事態となった。構内には「R・W（レヴォルーション・ワセダ）」と染め抜いた赤旗も数旗掲げられた（『早稲田大学百年史』2：941）。

このことは、「早大学生の同盟休校　早稲田劇場に現理事反対の叫び」（『都新聞』一九一七年九月一二日）などの見出しで、各紙で大きく報じられた。『東京日日新聞』（一九一七年九月一三日）は、このときの早稲田構内の模様を以下のように記している。

早大は乱れに乱れて阿鼻地獄の如し。統治者の威望は踏まれ蹂られたり。勝ほこれる学生団は日々に、刻々に、多きを加へ行きて、昨暁遂に講堂を占拠し、宛然《さながら》籠城軍の如く、四方に号令して親《みづ》から露国の革命者を以て任ず。〔ルビは原文通り〕

当時は、ロシア二月革命によりロマノフ朝が倒され、ケレンスキー臨時政府が樹立されて、まだ数カ月しか経過していなかった。その衝撃もあって、早稲田騒動を主導した石橋湛山や竹次郎には、「露国の革命者」が重ねられていた。

早稲田騒動下の天野派本部（『早稲田大学百年史』2）

ちなみに、このとき警官を率いて対応にあたったのが、警視庁第一方面監察官だった正力松太郎だった。実力行使をもって弾圧するのではなく、総じて穏便に対処したことは、石橋湛山と正力双方の回想でも記述されている（『湛山回想』：155『伝記 正力松太郎』：54－61）。

天野派は大学の民主化、天野学長の留任、免職教授（永井柳太郎など）の復職、放校学生の復学などを要求したが、大学側は廃校を示唆したこともあり、結果的に占拠学生たちは撤退した（『湛山回想』：156－157）。大学側も、任期満了した天野の退任の一方で、当面の間は学長を置かず理事制とし、また理事の入れ替えも行うことで決着を見た（『早稲田大学百年史』2：982）。

石橋湛山の回想によれば、徹底抗戦を主張する竹次郎は、運動の収束に不満だったようだが（同前：157）、早稲田騒動での演説や煽動ぶりは、弁士としての竹次郎の名をさらに高めることにつながった。

労働運動との近接性

早稲田騒動の戦闘性にも通じる竹次郎の普選運動には、労働運動との近接性も見られた。青年改造連盟には、常任委員の竹次郎のほか、加藤勘十《かんじゅう》も名を連ねていた。加藤は日本大学専門部法科（中退）、同大弁論部を経て、八幡製鉄所争議（一九二〇年）はじめ鉱山争議等を指導し、のちに日本社会主義同盟や日本労農党の結成に動いた労働運動家である（『加藤勘十の事ども』）。一九二〇年二月に、衆議院各派交渉室で内相・床次竹二郎を糾弾した際には、小石川労働会長・芳川哲のほか、砲兵工廠犠牲職工連の関係者も同行していた（『東京朝日新聞』一九二〇年二月三日）。

竹次郎自身も、労働運動家や革命家に一定の共感を抱いていた。青年雄弁社は、一九二〇年八月から翌年七月にかけて「革命家評伝叢書」（全一二巻）の刊行を企画していた。実際に刊行された形跡はないが、そこでは、レーニン、幸徳秋水、マルクス、クロポトキン、大塩平八郎などが扱われることになっていた。そのうち、竹次郎は、ドイツの社会主義者ヴィルヘルム・リープクネヒト、全ドイツ労働者同盟を結成したフェルディナンド・ラサール、慶安事件（一六五一年）で倒幕をはかった由井正雪それぞれについて、著書をまとめることになっていた。「革命家評伝叢書」の企画趣旨文には「社会改造」「革命」への希求が以下のように述べられている。

青年雄弁社刊「革命家評伝叢書」広告（『青年雄弁』1920年7月号）

社会改造の熱烈なる要求が、一般民衆から叫ばれる様になつて来た。正に新社会は創造されんとしつゝある。民衆に靴の紐を結ばせた資産階級は今や彼等の前にひざまづく時が来た。民衆は真理に飢えてゐる。その真理を成就せんとする者は、実に熱火の如くに燃えてゐる社会改造家である。波瀾重畳《ちょうじょう》たる社会改造家の一生を新しき社会の為めの新しき民衆に披見《ひけん》せんとして、我々は茲《ここ》に革命家評伝叢書を刊行して、新社会建設に熱意ある諸君の座右におかれんことを望む次第である。（『青年雄弁』一九二〇年七月号：表2）

『青年雄弁』の社長・主筆を務めていたことを考えれば、これは明らかに竹次郎自身の意図と見るべきだろう。選挙権の「平等」を求める普選運動は、労働者たちが革命や社会改造を通じて「平等」を求めることと、表裏一体をなしていた。首相・原敬や内相・床次竹二郎、最大野党党首・加藤高明に対し、徒党を組んで面前で罵倒し、糾弾する姿は、まさに「革命家」を彷彿《ほうふつ》させるものだった。

「穏健さ」のラディカリズム

もっとも、竹次郎の普選運動は労働運動ばかりではなく、日本主義や革新右翼とも接点があった。立憲青年党を立ち上げた橋本徹馬は、青年改造連盟に加わり、竹次郎や加藤勘十らとともに、床次糾弾にも同行しているが（「日比谷原頭の大獅子吼」：127）、橋本の立憲青年党は国粋主義者・五百木《いおき》良三らの国民義会に近い関係にあった（有馬 1999：142）。

一九一九年末に青年改造連盟が佐世保で遊説を行った際には、感銘を受けた朝日平吾が竹次郎らに執拗に同行をせがみ、その後、熊本まで行動をともにした。さらに約二カ月後には、何の前触れもなく竹次郎宅を訪れ、半年ほど居候した（「私の雄弁修業時代」：195）。朝日平吾は、一九一六年の第二次満蒙独立運動に加わり、玄洋社人脈につながるほか、北一輝の影響も受けていた（中島 2009：81）。一九二一年九月には安田財閥総帥の安田善次郎を刺殺し、自殺を遂げた。

ちなみに、朝日平吾は竹次郎と同じく、一八九〇年の生まれである。出身は佐賀だが、一五歳の春に家出し、牛乳や新聞の配達をしながら、長崎・鎮西学院に通った。その後、同校を中退し、早稲田商科、日本大学法科に進むものの、いずれも退学している（筒井 2023：66 – 69）。その生い立ちは、竹次郎のそれとも相応に重なるところがあった。

だが、竹次郎は左右の直接行動主義に接近し、「革命」「改造」を希求しつつも、穏健な議会主義を重んじていた。竹次郎は「先づ青年の団結より」（『青年雄弁』一九二〇年一月号）のなかで、「極端なる過激主義乃至《ないし》は無政府主義の思想」との距離感を、以下のように記している。

近時一般労働者や学生の一部の者の間には極端なる過激主義乃至は無政府主義の思想を抱ける者もあるやうであるが、自分はどうしても此の現在の議会政治を完成する事に依つて改造を行つて行かうと思ふ者である。（中略）若し国民の不満が議会の壇上に於て遺憾《いかん》なく吐露せらるゝやうにならば、階級制度の撤廃の如きは直《ただ》ちに行はれ得ると自分は信ずる。たとへば家族制度の撤廃とか土地の国有とか云ふやうな如何なる大問題と雖も議会に於て行へない事は決してない。必ず行ひ得ると自分は確信するのである。（中略）而して此の議会の大改造はどうしても普通選挙に依るの外はない。（49－50）

この当時の普選運動は、労働運動から国粋主義までをも包含し得るものだった。そのなかで、竹次郎は無政府主義や国家改造ではなく、「議会政治の完成」を通じた変革をめざした。それは「階級制度の撤廃」「土地の国有」「家族制度の撤廃」をも導き得る点で、直接行動主義が目標とするところとも、さほど遠くはなかった。その「議会政治の完成」のために必要としたのが、普通選挙の実現だった。

議会政治に立脚しようとした竹次郎の思想は、その点で穏健なものではあった。だが、その穏健さを突き詰めた先には、政党要人を指差しながら完膚《かんぷ》なきまでに糾弾するラディカルさが導かれていた。

「平等」の理念と生活人感覚

以上のような竹次郎の行動を貫いていたのは、「平等」の希求だった。前述のように、『青年雄弁』は、帝国大学や私立大学、専門学校の学生のような学歴エリートだけではなく、上級学校に進めなかった農村青年をも包摂しようとした。その情念は、竹次郎の普選運動にも通じていた。

普選運動は、政治参加が財産を有する者に限られる状況を打開しようとするものだった。階級打破をめざす労働運動や弱者救済を掲げる右翼思想が普選運動に接近したのも、そのゆえである。普選運動は、「平等」を求める「弱者」の情念を糾合する形で盛り上がりを見せた。竹次郎は普選期成同盟会や青年改造連盟の活動を通して、「平等」をめざす運動にのめり込んでいった。

もっとも、当時の普選運動は総じて成人男子に重きを置いており、女性の政治参加には、さほど焦点が当たらなかった。しかしながら、竹次郎はそれに無関心だったわけではない。『青年雄弁』一九一九年一月号の特集「選挙権問題」では、婦人参政権の必要性を論じた成瀬仁蔵「婦人参政権の理想」や田川大吉郎「婦人にまでも」を掲載している。実際、次章でもふれるように、のちに代議士となった竹次郎は、婦人参政権実現の論陣を張った。

不平等を問いただす竹次郎の行動の根底に、それまでのライフコースが関わっていたことは、想像に難くない。幼少期より貧困に耐えながら養母や義妹の生活を支え、それでもなお「苦学」を厭《いと》わなかった竹次郎にとって、社会の不平等は憎悪の対象だった。そうした状況を打破するために、『青年雄弁』という活字メディアを通じて、可能な限り農村青年・工場青年の声を可視化させ、また普通選挙によって彼らの思いを反映できる政治をめざした。竹次郎にとって、普選は単なる抽象的な政治理念ではなく、格差と貧困に喘いだ生い立ちに根差す叫びのようなものでもあった。政党要人を臆することなく、徹底的に糾弾する激しさも、そこに起因していた。

折しも、第一次大戦後の不況が本格化し、労働争議や米騒動が頻発していた。一九一八年の米騒動は、寺内正毅内閣の退陣にもつながった。竹次郎が「普選の闘士」として運動に熱を入れていたのは、そうした時期だった。

とはいえ、クーデターや暴力革命による国家転覆から距離をとっていたことも見落とすべきではない。そこには、少年期から行商等々を重ね、困苦のなかで着実に生計を営んできた生活感覚もあったのかもしれない。

日々の生活に追われる下層の人々にとって重要なのは、「今日明日の生活」であり「目先の実利」であった。抽象的で難解な「理念」を振りかざすインテリ層とは、明らかに異質な存在だった。かりに一時的に、ラディカルな変革に高揚したとしても、その後の生計の安定が見込めるわけではない。幼少期から地道な労働を積み重ね、牛乳店の跡継ぎを期待されるほどの商売人感覚を持つ竹次郎にとって、直接行動による「革命」は実現性と展望を欠いたものでしかなかった。

裏を返せば、普選運動は右派から左派に至るまで、多様な社会改造の欲望を糾合することができ、かつ、十全な現実性を帯びたものだった。「たとへ血を流すやうな過激的手段をとろうとする人達でも兎《と》にも角《かく》にも此の第一の関門である普通選挙だけはどうしても実現しなければならないと云ふ事は認めざるを得まいと自分は確信するのである」という記述に、そのことはあらわれていた（「先づ青年の団結より」：50）。

普選運動の挫折

だが、このときの普選運動は、結果的に実を結ばなかった。前述のように、原内閣は有権者資格を直接国税三円にまで引き下げるとともに、小選挙区制を導入した。それは、小地主層の政治参加を促し、地方名望家層の意向を反映しやすい政治を可能にした。

政友会の積極政策も、彼らの支持を厚くした。原内閣は四大政策として、「教育施設の改善充実」「国防の充実」のほか、「交通機関の整備」「産業及び通商貿易の振興」を掲げた。鉄道政策では幹線のみならず地方線の充実がはかられ、国道・府県道といった道路の整備も進んだ。そのことは、地方の産業振興ひいては利益誘導に接続し、地方名望家を中心とした政友会の党勢拡大につながった（成田2007：90－91　有馬1999：160・163）。

そうしたなか、一九二〇年二月、第四二議会に憲政会・国民党・新政会が納税要件を撤廃する普通選挙法案を衆議院に上程した。三党を合わせれば衆議院で一七二名となり、政友会の一六五を上回る。衆院可決の見込みは十分にあった。だが、前年に原内閣が納税要件を三円に引き下げて以降、選挙は行われていなかった。改正してから一度も選挙をせずに選挙法を再改正することは、立法権の濫用につながりかねない。こうしたことから、原は解散して、総選挙に打って出た（清水2021：268）。

第一四回総選挙（一九二〇年五月）の結果は、普通選挙実現を求める数万規模の国民大会が何度も開催されたにもかかわらず、政友会の圧勝となった。政友会は前回議席を一二〇近く上回る二七八議席を獲得した。野党第一党だった憲政会は議席を一〇近く減らし、一〇九議席にとどまった（『院内会派編衆議院の部』：267－268）。政友会内閣による選挙法改正と地方利益誘導が、この選挙結果につながった。

政友会は衆議院の絶対多数を形成し、普選尚早論が選挙で認められた形となった。普通選挙法案の早期成立が見込めなくなったことで、普選運動は急速に衰退した。労働団体も、これを機に普選運動に関心を示さなくなった。普選運動は、多様な政治的立場を糾合するものではなくなり、そこに集っていた政派はさまざまに分裂していった。

当然ながら、このことは竹次郎に大きな失意と挫折をもたらすこととなった。

4　英国への「転進」と「帰還」

留学と普選熱の持続

竹次郎は、失意から逃れるかのように、一九二一年八月、イギリスに渡った。総選挙での原政友会の大勝から一年三カ月ほどが経過していた。渡英の目的は「議会政治や社会政策の実態を知ること」「未来の国会議員としての高度な常識と人間的教養を身につけること」「英国の総選挙を現実に視て、やがて自分が日本で出馬する際に必要な宣伝その他の方法を体得すること」にあった（『伝記』上：149－150）。東山学院での初めての演説で取り上げた元英国首相・グラッドストンへの憧憬もあっただろう。

留学資金の出所は、判然としない。ただ、渡英前の別宴では松本君平が発起人を務め、石川半山らがスピーチをしていた（『東京朝日新聞』一九二一年七月二七日）。松本は『新聞学』（一八九九年）の著書で知られ、普選運動に力を入れた代議士である。石川半山は『報知新聞』『万朝報』の主筆を務め、中村太八郎らの普通選挙期成同盟会の結成に加わっている。おそらくは、彼らのように普通選挙運動に深く関わった政治家・ジャーナリストの援助で、渡英することになったのだろう。旧友の工藤直太郎も、後年の回想で「両政治家〔尾崎行雄と犬養毅〕とも西岡君の将来に嘱望し、西岡君の洋行の費用も相当援助したときいている」と語るなど、護憲派の大物政治家からの支援があったことを示唆している（『武蔵野のほとりで』：62）。前述のように、竹次郎は「いるだけの金は、だまっていても集ま」るほど、政界や普選運動の関係者の期待を集める存在だった（「続知事放談 五」）。

竹次郎を乗せた日本郵船所属クライスト号は、八月四日、神戸港を出港した。同乗者には、ＩＬＯ（国際労働機関）日本代表の松本圭一、京都帝国大学総長を務めた沢柳政太郎、仏教学者・佐々木月樵《げっしょう》（のちに大谷大学学長）、貴族院議員・木内重四郎、新潟県・長崎県で知事を歴任した渡辺勝三郎らがいた。

船内では長期に及ぶ航海の無聊《ぶりょう》を慰める目的もあり、乗船者による講演が行われた。竹次郎は、佐々木月樵「古代仏教劇について」のあとに続いて登壇した。「如何にすべきか、如何になすべきか」という演題のもとで扱われたのは、普通選挙の問題だった。竹次郎は「制限選挙を解放して普選を行い、政治の刷新を図ることこそ日本政界の進むべき道ではあるまいか」と二時間にわたって弁じた（『伝記』上：151－152）。普通選挙運動が下火になって一年以上が経過してもなお、その実現に向けた情念に変化はなかった。

だが、その演説にすべての聴衆が説得性を感じたわけではなかった。渡欧する同乗者の多くは政界・官界・学界のエリート層であり、一般大衆への選挙権拡大に懸念を抱くむきもあった。貴族院議員の木内重四郎は、そのひとりだった。木内は、演説を終えて自室に戻ろうとする竹次郎に声をかけ、「話の筋も、よく分る。だが、普通選挙は、日本には向かない。まだ、早すぎる。この考え方は君の心得違いだ。こういう間違つた思想を、君の様な前途ある青年が持つておることは、君のためにも国のためにも、残念なことだ。（中略）どうだ、この普選の考えだけは、思い止《とど》まらないか」と、延々五時間にわたって忠告した。

立場は違えど、竹次郎のことを思っての助言であり、謝意を示しつつ受け流すのが、「大人の対応」ではあるだろう。だが、竹次郎の反応はそうではなかった。木内の誠意には感じ入りつつも、正面から木内への反論を試みた。竹次郎は乗員乗客のすべてに対し、普通選挙の是非を問う投票を実施した。結果は九割が賛成票を投じ、竹次郎はさらに自信を深めた（「新春放談 一二」）。

日本人名士との交流

クライスト号は、およそ二カ月を経て、ロンドンに到着した。宿所は、ロンドンから六〇キロほど離れた農村家屋だった。離日前に、イギリスに派遣されていた万朝報編集局長に手配を依頼していた。雄弁会や普通選挙運動で築いたネットワークが、ここでも生きていた（「新春放談 一二」）。

イギリス滞在中には、地方選が実施されるたびに現地に赴き、選挙制度や選挙民と政治家のつながり、宣伝・広報のあり方について、知見を広げた（『伝記』上：159）。イギリスではすでに一九一八年に男子普通選挙が導入されており、女子の一部にも選挙権が認められていた。その選挙実態への関心も高かったのだろう。

だが、それ以上に留学の「成果」として挙げられるのは、人的ネットワークの形成であった。竹次郎はロンドン市内の「日本人クラブ」にたびたび足を運んだが、そこには吉田茂や緒方竹虎（のちの朝日新聞社主筆・副社長、情報局総裁）なども出入りしており、彼らの知遇を得ることにつながった（『伝記』上：155）。在英中だった緒方は、駐英大使・林権助から電話で「日本からえらい豪傑が来た。一緒に飯を食うかい、君も来ないか」と誘われた。緒方はタキシードを着込んで大使館に出向いてみると、その「豪傑」が竹次郎だった（「新春放談 一二」）。

ロンドンにて（『伝記』上）

イギリスのような先進国には、政財官界の（将来的な）有力者が留学目的や企業・官庁からの派遣で滞在していた。留学は海外の制度・文化を学ぶだけではなく、日本人有力者の凝縮されたコミュニティに足を踏み入れることをも、可能にしていたのである。

その点では、渡欧の船内も同様だった。各界の有力者が多く同船していた一方、ラジオもない船内は、総じて無聊だった。そうしたなか、竹次郎は貴族院議員の木内をはじめ、同船の名士たちとたびたび言葉を交わした。ロンドン到着後には、船内で知り合った名士たちに挨拶状を送っている。欧洲航路の客船は、日本人名士の知遇を得る機会をもたらしていた（『伝記』上：155）。

船内で普選の是非について議論した木内重四郎とは、下船後も交流があった。木内は駐英大使を通じて竹次郎を呼び出し、「君の様な覇気《はき》のある、人を惹《ひ》きつける魅力を持つておる者が、外交官になる事は、国のため必要だ」と、代議士ではなく外交官になることを、つよく勧めた（「新春放談 一三」）。竹次郎がそれを受けることはなかったが、船内ではじめて会った木内との親交がうかがえる。イギリス留学は、客船での移動も含めて、普選運動の範囲を超えた人的ネットワークの形成につながっていた。

関東大震災と帰国

竹次郎の留学中、日本では衝撃的な出来事が相次いだ。第一四回総選挙で大勝し、普選運動を一気に失速させた首相・原敬は、一九二一年一一月四日、中岡艮一《こんいち》によって東京駅乗車口で刺殺された。普通選挙法案を葬ったことに加えて、満鉄疑獄・アヘン疑獄が起きたことで、原の政治は財閥・政商を利する多数党の横暴とみなされた。その約ひと月前の九月二八日には、一時、竹次郎宅に居候していた朝日平吾が、安田財閥率いる安田善次郎を大磯の別邸で刺殺し、自らもその場で自決した。その遺書は、北一輝や内田良平に宛てられた。暗殺者の家庭的・個人的不幸と貧富の格差への不満に根差したこの事件は、血盟団事件をはじめとする昭和テロリズムの導火線となった（橋川 1994 筒井 2023：179）。

一九二三年九月には関東大震災が起きた。朝鮮人虐殺や大杉栄・伊藤野枝殺害が引き起こされた一方、日本経済の不況は深刻さを増し、末端の農民や労働者は生活苦に喘いだ。労働者や農民の全国組織（日本労働総同盟、日本農民組合）は、活動を活発化させた。

政治の不安定さも際立っていた。原敬暗殺後、政友会・高橋是清内閣が成立し、全閣僚が留任したが、大指導者・原敬を失った政友会は分裂の兆しを見せていた。そのことは内閣改造の不調を導き、高橋内閣は一九二二年六月六日、総辞職した。わずか七カ月ほどの政権だった。

その後に大命が降下したのは、ワシントン条約を全権・海軍大臣としてまとめた手腕が評価された加藤友三郎だった。これは官僚・貴族院議員を中心とする中間内閣で、政権が憲政会に移ることを恐れた政友会が閣外協力の姿勢をとったが、加藤は健康悪化により、在任一年二カ月ほどで死去した。

西園寺公望ら元老は、山本権兵衛に大命を降下させ、第二次山本内閣が成立した。加藤友三郎内閣に続いて非政党内閣となったことから、政友会や憲政会では幹部批判や新党運動が生まれつつあった（筒井 2021：353－359）。

関東大震災翌日に成立した第二次山本内閣は、内相・後藤新平のもとで帝都復興や普通選挙法成立をめざしたが、新党問題で政局は混迷し、一九二三年一二月二七日の虎ノ門事件（摂政裕仁親王が無政府主義者・難波大助に狙撃された事件）で総辞職した（有馬 1999：242）。

帰国の船上にて（『伝記』上）

竹次郎がイギリスからの帰国を決意したのは、こうした時期だった。虎ノ門事件に伴う政界の混迷と解散総選挙を見越した竹次郎は、急ぎ帰国の準備を進めた。一九二四年一月初頭にイギリスを離れ、アメリカ経由で日本に向かった。

その間、日本国内では政界再編と第二次護憲運動が進みつつあった。山本内閣の総辞職を受けて組閣の大命が下ったのは、貴族院研究会出身で枢密院議長の清浦奎吾だった。元老・西園寺公望らが、加藤友三郎内閣、山本権兵衛内閣に続けて非政党内閣を選んだのは、近く予定されていた総選挙で政権政党の選挙干渉を排し、公正な選挙を実現するためだった（小山 2021：412）。

もっとも、清浦は政治的な安定のために、一度は政友会の閣外協力を模索した。だが、政友会側は態度を保留した（村井 2005：135－142）。それもあって、清浦は貴族院主体で組閣を行ったが、貴族院の守旧性がかねてから問題にされていたことから、政党や国民の反発を買った。

一九二四年一月七日に清浦内閣が成立すると、政友会総裁・高橋是清は最高幹部会を開催し、「清浦内閣の否認」と「政党内閣制と貴族院に対する衆議院優位の確立」を党議決定した。高橋が爵位を返上して貴族院議員を辞し、衆院選に立候補することも公にされた。その後、政友会・高橋是清、憲政会・加藤高明、革新倶楽部・犬養毅の三党首会談が開かれ、「政党内閣制の確立を期す事」を申し合わせた。いわゆる護憲三派の成立である（小山 2021：412－414 筒井 2012：24）。

それに対し、政友会有力者の床次竹二郎は、かつて原敬のもとで貴族院研究会との調整役を担っていたことから、清浦内閣を政友会・貴族院研究会内閣として支える方向を模索した（有馬 1999：243）。一月二九日、床次は中橋徳五郎（元文相）、元田肇（元鉄相）らとともに政友会を脱党し、政友本党を立ち上げた。一四九名の議員が同調し、政友本党は衆議院第一党となった。

竹次郎が横浜港に着いたのは二月六日、まさに、政界再編の激震が走っていたときだった。

労働団体の期待感

横浜港には、実弟の倉成庄八郎や江頭友太郎（のちに長崎市会議員）、原勇（のちに『長崎民友新聞』主幹）らのほか、桟橋の埠頭に「西岡竹次郎氏帰朝歓迎」の幟《のぼり》を掲げた小石川労働組合の一団が出迎えた。四年前に労働団体とともに普選運動を闘い、政党要人を糾弾した竹次郎は、明らかに労働運動に近い存在だった。

折しも、一週間前の一月三一日に衆議院は解散されたばかりだった。普選実現と無産政党形成への期待もあり、政治活動を活発化させていた労働団体は、五月一〇日実施予定の総選挙に向けて、有力候補者の選定に余念がなかった。「普選運動の闘士」であり、かつ、幼少期より労働の辛酸を嘗《な》め尽くした竹次郎は、魅力的な存在だった。

竹次郎を桟橋に迎えるハダカクラブ（倉成庄八郎・原勇ら同志、西岡倶楽部の前身）と労働団体関係者（1914年2月6日、『伝記』上）

新聞各紙でも、竹次郎が労働団体から出馬する観測記事が見られた。『都新聞』（一九二四年二月五日）では、「官業労働大会で候補者を推薦か」との見出しのもと、以下のように報じている。

普選が前内閣以来、兎《と》もあれ政府案となつて生れやうとして居るとき、英国では労働党内閣が出来る。近く総選挙は来る。此の気運に刺戟《しげき》されて、予《かね》て政治的に乗り出さうと機会を狙つてゐた官業労働組合では、愈々《いよいよ》労働党の組織を計画して、来る総選挙に打つて出るらしい模様だが、丁度此時普選民衆運動の急先鋒で議会政治、社会政策研究のため大正十年以来滞英中の西岡竹次郎氏は三年の英国留学を終へて米国を経由し、六日横浜入港の太洋丸で帰朝する事になつたので、労働組合では、愈々力を得て同氏の帰朝後、策戦を謀議する筈だ。

来る総選挙に向けて政界進出をはかる労働団体の動きと竹次郎の帰国が重なり合うさまが、浮かび上がる。『国民新聞』（一九二四年二月五日）でも「〔第六回官業労働大会で決定される立候補者は〕長野県より芳川哲氏、長崎県より新帰朝の西岡竹次郎氏、大阪府より八木信逸、川村庄助の二氏である。斯《こ》うして総選挙に際し多少なりとも議席を獲得し得た暁は労働党を組織する筈だ」と報じられるなど、竹次郎は労働系の候補とみなされていた。

ちなみに、竹次郎は、原政友会の圧勝をもたらした前回総選挙（一九二〇年五月）でも出馬も試みていた。被選挙権の年齢にはわずかに達していなかったものの、「人の応援ばかししているうちに、議会に出たくてしようがない」という思いからだった（「新春放談 二」「私の学生時代」）。当然、立候補申請は受け付けられなかったが、そのときの選挙区は東京一〇区（小石川）だった。普選運動で行動をともにした小石川労働組合の支持を期待したのだろう（『東京朝日新聞』一九二〇年三月六日）。

憲政会からの勧誘と決裂

こうしたなか、帰朝後の竹次郎にいち早く接触をはかったのが、憲政会の安達謙蔵だった。安達は、第二次大隈内閣が実施した第一二回総選挙（一九一五年）で、立憲同志会の選挙対策を取り仕切り、大勝に導いたことから、「選挙の神様」（徳富蘇峰）と呼ばれていた。一九二四年五月実施予定の第一五回総選挙でも、憲政会で選挙委員長の立場にあった（『安達謙蔵自叙伝』：142・190）。安達は、竹次郎の横浜港上陸早々、特使を通じて「誰にも会わない中に自分と会うように」と申し伝えた。竹次郎は、江頭友太郎や原勇ら同郷の同志とともに、翌朝、憲政会幹部室にて安達に面会した（「新春放談 三」）。

安達はそこで、憲政会公認での立候補を竹次郎に要請した。しかも、長崎の対馬、五島、北松浦のいずれの選挙区を選んでもよいという条件だった。ようやく被選挙権を有する年齢になったばかりの新人候補者には、破格の厚遇だった。

憲政会は大隈重信の流れを汲み、永井柳太郎、中野正剛、斎藤隆夫ら早稲田人脈の政治家が多く在籍していた。しかも、護憲三派が成立したとはいえ、政友会は普選断行を掲げていなかったのに対し、憲政会はすでに原内閣期の一九二〇年初頭以降、条件つきながら、普選断行の姿勢を明確にしていた。一九二一年一二月には、無条件普選論に転換している（筒井 2012：25　奈良岡 2006：231－232）。竹次郎のそれまでの歩みは、明らかに憲政会に親和的だった。

だが、竹次郎は安達の要請を拒んだ。竹次郎は長崎一区（長崎市）からの立候補を主張して譲らなかった。長崎一区からは憲政会幹事長も務めた大物政治家・本田恒之が立候補することになっていた。憲政会としては、そこを竹次郎に渡すことはできなかった。

竹次郎の頑な姿勢に安達は激怒し、以下のように言い放った。

大政党が公認するということは容易なことではない。しかも君は、昨夜船からあがつたばかりではないか。そして、一介の青年に過ぎない。その君に対して、三つの選挙区のうち好きな選挙区の一つを選べ、それを公認した上に、なおかつ援助するということは、大政党の憲政会としては、破格の待遇だ。前例のないことだ。それに君は、あの区はいかん。この区は嫌だ。この区でなければいかんなどとは何事だ。（「新春放談　三」）

安達の言い分はもっともである。さらに言えば、本田恒之は竹次郎にとって恩人でもあった。一九一七年四月、竹次郎は選挙応援演説中に、寺内正毅内閣による田川大吉郎への弾圧を糾弾したところ、突如、警官に拘引され、長崎刑務所片淵支所に収監された（『東京朝日新聞』一九一七年四月一九日）。このとき、憲政会幹事長で弁護士だった本田恒之は、本田英作（長崎市弁護士）らとともに、竹次郎の弁護に立ち上がった。さらに、憲政会の要職で多忙の身ながら、『青年雄弁』にもたびたび寄稿した（一九一八年七月号、一〇月号など）。竹次郎が長崎一区から立候補することは、何かと目をかけてくれた本田恒之と敵対することを意味していた。

弁論と都市部新中間層

だが、それでも竹次郎は、長崎一区からの出馬にこだわった。弁舌が唯一の武器である竹次郎にとって、親和性が高かったのは、あくまで都市部であって、郡部ではなかった。

最貧困層の出自である竹次郎は、選挙権を有する地元財界人や地主層との人的ネットワークを持たなかった。ましてや、出身地でもない離島部や農山村部となると、有力者との接点は皆無に近かった。彼らにしても、竹次郎に地元の利益誘導を期待することはできず、竹次郎への投票行動が生まれるはずもなかった。それに比べて、都市部には、大手企業や教育機関に勤務する新中間層が少なくなかった。

長崎市は、控訴院や長崎税関、各国領事館、長崎医科大学、長崎高等商業学校が置かれ、全国一〇大都市の一角を占めていた。また、大正初期以降、市域拡張や港湾整備の進展とともに、三菱長崎造船所や松尾鉄工所、長崎紡織会社など、製造業の急速な進展が見られた。日華連絡航路の開設や大連航路の復活も、産業の進展を後押しした。長崎電気軌道の軌道延長や港内交通船の整備も進み、長崎市の人口増加は、年に六〇〇〇人から一万人にのぼった(『新長崎市史』3:677-678)。

近代企業に勤務する層は、総じて学歴が高く、進取の気性を有した。当然ながら、新しい思潮への関心も高かった。旧慣に縛られ、地域ボスの意向に左右される旧来の地主・商工業者とは、その点で明らかに異なっていた。

竹次郎が訴えかけるべきは、まさにそうした新中間層だった。地元有権者との人間関係や資金力に乏しい竹次郎にとって、唯一の武器は、早稲田雄弁会で鍛え上げた弁論だった。弁論は、多くの聴衆に訴えかけるものであるだけに、理念の色彩を帯びやすい。特定集団への利益誘導は、広範な聴衆を興奮させるものでもない。「平等」「選挙権拡大」といった理念こそが、多くの聴衆の高揚感を掻き立てることができた。

かつて一九一九年一二月に長崎市で行われた青年改造連盟主催の演説会では、竹次郎は二時間にわたって、風刺、諧謔、皮肉をまじえて「現内閣〔=原敬内閣〕の無為無能」を指弾し、「我々が今日奮起するに至れるは、今日の我国の状態が、何《ど》うしても彼等先輩老人に委せて置けない為である」と叫んで、大喝采を浴びた(「長崎市に於ける青年改造連盟の演説」:121)。制限選挙下の当時、聴衆には選挙権を持たない者も少なくなかったが、竹次郎の強みである弁論は、「彼等先輩老人に委せて置けない」と考える新中間層に訴求するものだった。

現に、一九二四年の選挙戦では、竹次郎は三菱長崎造船所の社宅を毎晩のようにまわり、「技術科の教養のたかい人々」に対して、積極的に熱弁を振るった（「新春放談　四」）。

竹次郎は、安達謙蔵との会談のなかで、「私は、言論、文章一本槍で行く。長崎市だと、確信があるが、五島、対馬、平戸方面では勝算の確信がない」と語っていた（「新春放談　三」）。それは、竹次郎の唯一の武器である弁論が都市中間層に親和性を有するのに対し、郡部の地域ボスには反感を持たれやすいことを暗示していた。

第三章
国政進出と地方紙の創刊

生い立ちを写真でまとめた選挙ポスター（1924年、『伝記』上）

わたしども多年のぞんでいた普通選挙実施の日も近まりました。演説と新聞、これ普通選挙後における政治家の唯一の武器である。また新聞と演説を以って一般国民に普通選挙に基いた新しい政治教育をするのが、政治家のなさねばならない責務である。普選のため、悪戦苦闘してきた私は、普選の真の実を結ばしむべく、茲に来る十一月二十四日を期し、長崎民友を発刊して新しき戦線に立ったのである。（西岡竹次郎「長崎民友新聞発刊について」一九二四年一一月一日）

1　「無所属」から政友会へ

床が抜ける演説会場

憲政会と折り合えなかった竹次郎は、無所属の中立候補として、第一五回総選挙（一九二四年五月一〇日実施）に臨んだ。長崎県内では、労働団体の支援の動きもあった（「新春放談 四」）。佐世保海軍工廠の職工らによる労愛会は、竹次郎に長崎市ではなく佐世保からの立候補をつよく勧めた。だが、竹次郎はそれを断り、長崎一区（長崎市）より中立の立場で出馬を表明した。一九二四年三月二六日のことである（『伝記』上：185）。

労働運動と近い距離にありながらも、その支援を受けなかったのは、やはり幅広い有権者の支持を獲得しようとする戦略にあったのだろう。選挙法改正で納税要件が引き下げられたとはいえ、制限選挙と小選挙区制のもとでの地方都市では、労働団体の支持が選挙区最多得票の獲得につながるとは考えられなかった。かといって、すでに憲政会とは決裂しており、対する政友会は普通選挙実現に慎重な姿勢を崩していなかった。長崎一区から出馬をするのであれば、労働運動とも二大政党からも距離を取るしかなかった。

選挙活動は、北川久次郎や原勇、実弟の倉成庄八郎など、のちに長崎民友新聞社で副社長や主幹を務める青年たち（ハダカクラブ）がブレーンとして切り盛りした。その中心は、演説会だった。弁が立つ

演壇で弁を振るう竹次郎（1924年頃、『伝記』上）

竹次郎の演説会は好評を博し、会場はどこも超満員となった。大浦の妙行寺はじめ、会場には寺院が多く充てられたが、あまりの来場者の多さゆえに、いずれも床が抜けたり器物が損壊するなどして、開会前の原形をとどめたところはなかった。三七三座《みなみざ》（戦後の宝塚劇場）では、当時の金額で一〇〇〇円近くの損害賠償を支払わなければならないほどだった（「新春放談 四」）。

栄之喜座《えのきざ》で演説会が行われた際には、向かいの家屋の二階や屋根まで人が詰めかけた。付近の交通は遮断され、弁士の竹次郎自身も会場に入れないほどだった。窮した竹次郎は、選挙本部の吉田ラムネ店（本古川町）から栄之喜座前まで、胴上げされた状態でリレー式に運ばれた。それでも、玄関や勝手口から入館することができなかったため、竹次郎は屋根に担ぎ上げられ、天窓から煤《すす》だらけになって降ろされて、ようやく壇上に立つことができた。演説会が終わってみると、あまりの人混みの多さゆえに、新築間もない栄之喜座の鉄柱は曲がっていたという（同前）。

泡沫候補の「西岡某」

とはいえ、当時の長崎政界では、竹次郎は泡沫候補に近い存在だった。長崎一区で有力視されたのは、憲政会の本田恒之と政友本党の則元卯太郎であった。『東洋日の出新聞』（一九二四年五月一一日）の「当落下馬評」は、「長崎市は本田則元両派とも互に勝利を自任しつゝあり」「〔西岡陣営も〕頗《すこぶ》る楽観の態《てい》なるも、公平に観る時は矢張則元対本田の勝負なるべく、其差は何れが勝つとしても少数に過ぎざるべし」と記している。後年ではあるが、長崎市政界の重鎮・重藤鶴太郎（憲政会）も、このときの選挙を振り返って、「其の当時、私等としては、西岡は大した票はとるまい、率直に申せば軽蔑して居ったのです。而して本田恒之の当選は疑ひなしと思つて居た」と語っていた（『中央新聞』一九三五年六月七日）。

一八六二年生まれの本田恒之は、長崎市で弁護士を開業し、市会議員、県会議員を経て、すでに衆議院議員当選四回を誇っていた（『衆議院要覧 大正一二年一月』下：144）。前述のように憲政会幹事長も経験しており、のちに第二次加藤高明内閣では司法政務次官を務める大物政治家だった。

対する則元卯太郎は、本田恒之と並ぶ長崎政界重鎮・則元由庸《ゆうよう》の長男で、帝国大学を卒業した少壮弁護士だった。則元由庸は政友会長老格の政治家で、衆議院議員に七度当選している。床次竹二郎らが清浦内閣の与党として政友本党を結成すると、則元由庸も行動をともにした。則元由庸はこの第一五回総選挙では、長崎三区（東西彼杵《そのぎ》郡）から出馬したが、それと棲《す》み分ける形で、長男・卯太郎が一区（長崎市）から立候補した。卯太郎は一八九一年生まれで、竹次郎と同世代だった（『帝国大学出身名鑑』）。竹次郎は中学入学間もない頃から「将来相争うのではないかと、子供心に、ひそかに心配しておつた」（「新春放談 三」）というが、それが現実になったのである。

さらに、本田恒之や則元卯太郎は、地元有力紙と密接な関係を有していた。本田は憲政会系の『長崎新聞』（戦争末期および戦後の新聞統合で生まれた同名紙とは別）と深い関係にあった。もともと国民党所属だった本田は、第三次桂内閣に批判的だったが、桂新党（のちの立憲同志会）が結成されると、本田は国民党を脱党し、そこに合流した。第一次護憲運動が最高潮を迎えていただけに、その「変節」は非難を浴びたが、『長崎新聞』は一貫して桂新党および本田を支持した。そのゆえに、一九一三年二月、長崎新聞社は群衆に襲撃され、無数の投石を受けた。それ以来の「共闘関係」が、憲政会の本田恒之と『長崎新聞』のあいだにはあった（『長崎新聞社史』：128 – 136）。

則元由庸は、『長崎日日新聞』（およびその前身の『長崎新報』）ですでに二度にわたり社長を務め、第一五回総選挙時（一九二四年）には三度目の社長の座にあった。『長崎日日新聞』は従来、政友会系だったが、則元由庸が所属政党を変えたことに伴い、政友本党系となった。それだけに、現社長の長男たる則元卯太郎を、『長崎日日新聞』が長崎一区でつよく推すのは自明の理だった。

当時の長崎では、『長崎日日新聞』（政友本党系）、『長崎新聞』（憲政会系）、『東洋日の出新聞』（独立系）が三大紙として位置づけられていた。政党の後ろ盾がなく、しかしながら演説会で異常なまでの集客力を誇示する竹次郎は、これらの新聞の格好の攻撃対象となった。なかでも、『長崎新聞』はその傾向が顕著だった。当時の紙面は残されていないが、竹次郎の後年の回想によれば、選挙日が近づくにつれて、「西岡、何ものぞ。候補者と認めず」「西岡は長崎人にあらず、どこの馬の骨か判らず」などと一面を費やして人身攻撃をすることもあった（「新春放談 五」）。もともと、本田恒之ら地元憲政会系有力者と近い関係にありながらも出馬をめぐって決裂したことが、竹次郎に対する剝き出しの憎悪につながったのだろう。

当時、長崎市立商業学校の生徒で、竹次郎の選挙事務所の手伝いをしていた草野重松（のちに大分合同新聞取締役）は、地元紙による誹謗中傷について、以下のように回想している。おそらくは、『長崎新聞』を念頭に置いた記述だろう。

新聞が西岡さんのことをクソミソに攻撃したことがある。悪口雑言《あっこうぞうごん》の限りだ。自分は選挙事務所で何かを手伝っていたが、これをみて口惜しくてしようがない。こぶしで涙を拭いながら〝ようし殺してやる〟といって短刀を買いに走り出したところ、事務所の連中が追いかけて来て、そんなことはやめろと止められたことが、いま思い出すと、その当時の選挙運動が、如何に激しい選挙戦だったかが偲ばれるのである。（「初の衆院選の思い出」：314–15）

若い草野の血の気の多さは措くとしても、ともすれば腹に据《す》えかねるような誹謗《ひぼう》が少なくなかったことがうかがえる。むろん、竹次郎も、これに負けじとばかりに、「嘘つきよ、汝《なんじ》の名は長崎新聞たり」と題して演説を行い、「長崎新聞は新聞じゃあない、本当の新聞というものはこんなものじゃあない」とこき下ろした（「新春放談 五」）。

憲政派と竹次郎のいがみ合いはさらにヒートアップし、「憲政派が壮漢を〔竹次郎に〕差向けたるもの、如く仄《ほの》めかしたる模様にて、之れ全く憲政派の信用を傷つけ、本田〔恒之〕氏の当選を妨げんとする陋劣《ろうれつ》手段たるのみならず、本田氏の名誉を毀損《きそん》するものなり」として、選挙四日前に竹次郎が告訴される事態も生じた（『東洋日の出新聞』一九二四年五月九日）。このときに名誉毀損の訴訟を起こしたのは、本田英作だった。前述のように、本田英作は本田恒之とともに、かつて竹次郎が選挙応援演説中に拘引された際、弁護にあたった。だが、一九二四年総選挙は、その両者の関係を決定的に悪化させた。

ちなみに、この告訴について、選挙前日の『東洋日の出新聞』（一九二四年五月九日）は、「当選妨害と名誉毀損で 西岡某告訴さる」との見出しで報じた。「西岡某」との表記に、泡沫候補として軽侮されている様子が透けて見える。

マス・メディアとしての「ハガキ」

こうしたなか、竹次郎が支持を集める手段として重視したのが、「ハガキ」「手紙」だった。竹次郎は出馬に先立ち、自身の立候補の是非をはがきで全有権者に問い、また、その結果や立候補挨拶状、推薦状、宣伝ビラを、ほぼ二日おきに郵送して、知名度の向上をはかった。推薦状の推薦者には、犬養毅、尾崎行雄、頭山満、高田早苗、三宅雪嶺、徳富蘇峰、賀川豊彦、与謝野晶子、島崎藤村、吉野作造、田中穂積、中野正剛、野間清治等々、錚々たる人物の名があがっていた（『伝記』上：188－189）。

制限選挙下の当時、長崎一区の全有権者数は七七〇〇程度であった（『第十五回衆議院議員総選挙一覧』：8）。手紙やハガキを全有権者に送りつけるという手段は、そのゆえに可能なものだった。言うなれば、ハガキや手紙というパーソナルなメディアが、全有権者を読者とするマス・メディアとして用いられていたのである（『伝記』上：179－192）。しかも数日おきに送付されたことを考えれば、これらは明らかに新聞を代替するものであった。それは本田恒之にとっての『長崎新聞』、則元卯太郎にとっての『長崎日日新聞』に相当した。

さらに竹次郎は、ポスターも多用した。縦五寸（約一五センチ）、横二寸（約六センチ）で、赤、黄、青、緑、紫といったカラフルな地色に、自らの氏名を漢字とカタカナ、平仮名で表記したものである。竹次郎は、この短冊形のポスターを、市内の随所に貼りめぐらせた。イギリス留学中に見聞きした選挙戦を参考にした戦術だった。

さらに、大判の「西岡竹次郎一代記写真ポスター」をも準備し、少年時代の新聞配達から早稲田での苦学、英国留学など、出馬に至るまでの写真を盛り込んだ。これは、市内の理髪店、美容院、銭湯、主要商店など、市民が集まる随所に吊るされた。竹次郎は事前に漏れることがないよう、県内での印刷を避けて東京で手配し、選挙戦開始とともに一気に掲示することで、人々の意表をついた（『伝記』上：179－192）。

こうしたメディア戦略が、地元政財界との人脈もなければ、自らを支持する新聞も持たない竹次郎の知名度と信頼感を高め、竹次郎が得意とする演説会に有権者を導いた。それにより、竹次郎は弁舌の巧みさを人々に見せつけることが可能になり、ひいては、随所で床が抜けるほどの演説会の盛況をもたらした。

「理念」と「実利」

激しい選挙戦が繰り広げられるなか、竹次郎は本田恒之、則元卯太郎の両候補に立会演説会を申し入れた。内容証明郵便で申入書を送付し、本田や則元が黙殺できないようにする念の入れようだった。両陣営は「予定を変更することができないので、立会演説会には応じられない」との回答だった（『伝記』上：196－198）。

もっとも、それを受けたところで、本田や則元に得るものはなかっただろう。竹次郎の巧みな弁舌と聴衆の興奮を考えれば、その場でこき下ろされる可能性はあっても、支持の拡大をはかることは難しかった。政党や地元紙、地域名士とのネットワークという強みを生かし、竹次郎の土俵に乗ることを避けようとするのは、当然のことではあった。

それにしても、竹次郎はどのような政策を訴えようとしたのか。それは「五大国是」「十一大政策」「長崎の六大問題」にまとめられていた（同前：201－203）。

「五大国是」は、じつは取り立てて目を引くようなものではない。第一次世界大戦後、南洋諸島を委任統治領として獲得し、国際連盟の常任理事国にもなり、他方で、アメリカでの日本人移民排斥が問題化していたことを考えれば、「日本をして東洋に於ける盟主権を確立せしむること」「日本および日本人を欧米列強およびその国民と対等ならしむること」「日本をして太平洋上の制海権を完全に獲得せしむること」といったスローガンは、いささか平板なものだった。

むしろ、「十一大政策」に竹次郎の政治信条が色濃くあらわれていた。最初に掲げられた「普通選挙の即時断行」は言うまでもなく、従来からの持論である。「貴族院制度の根本的改革」は、貴族院主体の清浦内閣への批判にも通じるが、貴族院がしばしば衆議院通過法案を否決し、立法化を阻んできたことを考えれば、制限選挙下の衆議院以上に「民意」を阻むものとして、貴族院を批判的に捉えていたことは明白だった。

第三項目に挙がっている「府県知事の公選制度の実施」も、これらの延長にあった。戦前期の府県知事は、内務官僚のなかから任命された。そのことは、選挙干渉の頻発に直結した。知事は地方警察を管轄し、警察は選挙違反の摘発を担っていた。必然的に、時の内務大臣、ひいては与党の意向が選挙に反映しやすく、与党に比べて野党候補者が重点的に摘発されがちだった。それも、実際の贈収賄などであればまだしも、ごく些細な過失やフレームアップによる摘発も、多く見られた。

第七項目には「労働保険法の実施」が挙がっているが、これは雇用が不安定で、労働災害補償もほとんど顧みられなかった末端の労働者層の救済をめざすものだった。普選運動に力を入れていた頃から労働運動とのつながりが深かったことを考えれば、当然の主張だった。竹次郎がのちに労働組合法の成立に奔走したことも、これに通じていた。

それらに通底しているのは、「平等」の理念だった。納税額の多寡によらず、あらゆる階層の政治参加を実現し、「民意」を阻みかねない貴族院や官選知事の存在に見直しを迫る。そこには明らかに、政治参加をめぐる「平等」の追求があった。労働保険法の実現要求にしても、労働者層の生活向上をめざす点で、「平等」に立脚することは明らかだった。これらの政治要求の背後には、筆舌に尽くせぬ貧困に苛《さいな》まれた少年時代と、そこから這い上がる困苦があったことは、想像に難くない。

同時に、「平等」といった「理念」は、弁論に親和的だった。特定地域や地元財界への利益誘導は、「実利」をもたらすものではあるが、幅広い層の政治的興奮を導くものではない。折しも第二次護憲運動が盛り上がり、大正デモクラシーの高揚期だった。守旧的な地主層・商店主などとは異なり、一定以上の学歴を有する新中間層の膨張は、進歩的な「理念」への共感につながった。弁論はまさに、こうした「理念」を訴え、聴衆の高揚感を掻き立てるものだった。竹次郎の巧みな弁舌と「平等」という「理念」は、この点でも密接に結びついていた。

もっとも、「長崎の六大問題」に目を向けてみると、「理念」というよりは「実利」に重きが置かれていた。「県、市の行政に政党的争いを根絶し、長崎市政の根本的革新を為すこと」という主張は、必ずしも実利的なものではないが、あくまで第四項目に置かれているに過ぎない。第一・第二項目に挙がっている「長崎帝国大学の設立」「長崎港をして一等港に昇格せしめると共に自由港たらしむること」のほか、「平坦線の速成を期す」「長崎市に博物館、水族館、植物園の設立」などは、ローカルな教育・経済・交通の充実・発展を訴えるものである。

そもそも、「博物館、水族館、植物園の設立」は、長崎市民を広く熱狂させるような主題ではないし、また、当時の高等教育進学率が二パーセントほどに過ぎないことを考えると、「長崎帝国大学の設立」が必ずしも全有権者に訴求するものとも思えない。平坦線や長崎港の問題にしても、農業・水産業・商業に幅広く関わる問題ではあったが、県内移動や県外取引のある事業者を除けば、そこにどれほどの切実さを感じ取るかは、人それぞれだった。「実利」は往々にして、享受する層の偏《かたよ》りを伴うだけに、演説会で幅広い層を熱狂させるには、やや不向きだった。それは、「平等」のような抽象的「理念」が、特定の地域・階層にとどまらず、ナショナルな範囲を広く覆うものであることとは、明らかに対照的だった。

とはいえ、これらの「実利」をめぐる訴えも、見ようによっては「平等」につよく結びついていた。当時の長崎市は九州第一の人口を誇る都市であったとはいえ、県全体で見れば経済的に豊かだったわけではない。急傾斜地や離島の多い長崎は、陸上交通が不便な地域だった。第一次大戦後の慢性不況を考えれば、平坦線は産業振興のうえで重要だった。長崎帝国大学構想は、旧制長崎高等商業学校等の昇格・拡充を念頭に置きつつ、知識層の育成・流入と県内産業振興をはかり、近代化の果実を東京・大阪ばかりではなく、九州、ひいては長崎にも波及させようとするものだった。竹次郎が掲げた「実利」は、中央と地方の隔絶を少しでも埋めようとする「平等」に根差していた。たしかに、個々の「実利」を享受する層はさまざまではあったが、総体としてみれば、長崎の生活水準や文化水準を引き上げようとする構想だった。

「尤《もっと》も深刻なるべき長崎市の番狂わせ」

第一五回総選挙は、一九二四年五月一〇日に実施され、投票結果は翌々日の新聞で明らかになった。竹次郎は二三八五票を獲得し、本田恒之（二一七三票）や則元卯太郎（一九〇九票）を抑えて当選した

西岡竹次郎当選感謝演説会の盛況（1924年、『伝記』上）

（『第十五回衆議院議員総選挙一覧』）。泡沫候補扱いされていたにもかかわらず、大政党や地域二大紙をバックにした有力候補に勝利した。

第二次護憲運動が盛り上がっていたことを考えれば、政友本党の則元の落選はあり得ないものではなかった。選挙前には、清浦内閣与党の政友本党は、一四九議席を有する第一党だった。しかし、貴族院内閣への風当たりがきつく、護憲三派が勢いづいていただけに、選挙戦では政友本党への支持は集まらなかった。政友本党は議席を一一二に減らし、憲政会に次ぐ第二党に転落した。則元は長崎最大手紙の『長崎日日新聞』を抱え、与党の公認を得てはいたが、それでも苦戦することは目に見えていた。得票数が第三位に甘んじたのも、そのゆえである。

それに対して、憲政会は議席を一四六に伸ばし、第三党から第一党へ躍り出た（『院内会派編衆議院の部』：297）。前回議席より一・四倍の伸びだった。選挙前に第二党だった政友会は、第一党になって高橋是清内閣の成立を企図しており、少なくとも革新倶楽部との合併により、第一党の地位の確保をめざしていた（筒井

2012：27)。だが、結果的に、前回議席を一割ほど下回る一〇一議席にとどまり、第三党となった。護憲三派の一角の革新倶楽部も、四三から三〇に議席を減らした。政友会に比べ普通選挙実施を明瞭に掲げていた憲政会の躍進は、他の政党に比べて著しかった（有馬 1999：249)。

それを考えれば、憲政会で幹事長経験もある本田恒之が、その波に乗ってもおかしくなかった。だが、結果的に次点に甘んじることとなった。憲政会系の『長崎新聞』が投票日直前に竹次郎を「糞散散《くそさんざん》、悪口せし事」が、逆に「藪蛇《やぶへび》となり却《かえ》つて三菱造船所筋の反感を買ひ、夫《そ》れが西岡に対する同情と黐化せし模様」との見方もあった（『東洋日の出新聞』一九二四年五月一三日)。裏を返せば、本田を抑えるほどの多くの支持が、もともと長崎一区に基盤を持たなかった竹次郎に集まったのである。『東洋日の出新聞』（一九二四年五月一三日）の社説「磁遯」欄にもあるように、この結果は「我が読者側の驚異、尤も深刻なる可き長崎市の当選番狂はせ」であった。もちろん、そこでは竹次郎の弁舌の力も大きかった。同社説では「西岡連回の雄弁は衆を魅せり。殊に〔五月〕九日の夜、栄之喜座演説は聴衆、場に溢れ、場外にも数町を塡める大群衆なりきト云ふ煽《あお》りが、例時《いつ》もと異《ちご》ふて今回は本馬《ホンマ》に効けた」と綴られていた。

小会派の悲哀と代議士失脚

一九二四年六月一一日、憲政会・加藤高明を首班とする護憲三派内閣が成立した。同月二八日には第四九帝国議会が召集され、竹次郎は衆議院に登院した。幼少期より行商や新聞・牛乳配達を重ね、貧困に喘いできたことを思えば、異例の立身出世だった。

政党に属さなかった竹次郎は、自らの所属党派をどうするか、考えねばならなかった。以前より労働運動との関わりが深かっただけに、労働党をつくる希望もないではなかったが、当選者の顔ぶれを見ると、それも容易ではなかった（『伝記』上：209）。そこで竹次郎は、議会開会までの一カ月のあいだに、中立で当選した議員とともに、「中正倶楽部」という小会派を立ち上げた。竹次郎はそれを足掛かりに、普通選挙法案を起草し、衆議院議員本会議（七月一二日）において法案説明の演説を行った。そのなかで竹次郎は、政治参加が「特権階級」に限定される制限選挙のひずみを、次のように訴えていた。

国民は今、諸君――議会は吾々国民の議会にあらず、是は一部特権階級の代弁者の集会所であると云ふ、呪の声を揚げると信ずるのであります。
一たび――諸君が一たび議会の門を出で、見よ、あの日比谷公園に於てさへも、五千三百人と云ふ多数の者は、今日住ふに家無くして、豚小屋のやうな所に住って居るのである。沢山の失業者が今日出でつゝある。多くの者は食はんとするに食無く、住はんとするに其家無き状態に置かれてあるが、併ながら此壇上に於て是等に関する所の生活問題、社会問題を、何人の口に依って叫ばれたのでありますか。（「第四九回帝国議会衆議院議事速記録」第一〇号）

ここで念頭に置かれているのは、関東大震災に伴い家屋や肉親を失い、日比谷公園などでバラック住まいをしている困窮層の存在である。それは言うまでもなく、極貧に喘いだ竹次郎の少年期と重なり合うものだった。彼らの声を代弁するためにも、普通選挙法は早急に制定・施行されねばならなかった。

しかしながら、演説中の竹次郎には、頻繁に「売名」「黙れ」「委員会でやり給へ」などの野次が浴びせられた（同前）。雄弁会時代より「壇下の雄弁」に揉まれてきたとはいえ、竹次郎は苛立ちを覚えたのだろう。演説の末尾では「諸君、私は——諸君、此真面目なる問題に対して、左様なる所の態度を御執りになる以上は、私は是れ以上言はない」と述べ、野次を飛ばす議員への不愉快さをあらわにしていた（同前）。

ちなみに、竹次郎は演説冒頭で「私は只今中正倶楽部に属して居るのでありますが、総選挙の時に於きましては、護憲の旗幟の下に、政府本党並に清浦内閣反対の下に私は戦をやったのであります。故に加藤現内閣の成立には、私は満腔《まんこう》の喜びを持って居る」と述べ、「護憲の精神に反せざる以上は現内閣に好意を有する」姿勢を示していた（同前）。にもかかわらず、「売名」「黙れ」等の野次が、断続的に飛び交った。

野次の主が野党議員だったのか与党議員だったのかは不明だが、竹次郎が痛感したのは、小会派の立場の弱さだった。「これが大政党を代表してやるのだったら盛んに拍手を浴びせられるのにかかわらず、小会派の悲しさ。如何に貧者の味方となり、弱者の味方となり、如何に国民の人権を欲求しても、一笑に付せられる」——こうした思いを竹次郎は抱いた（『伝記』上：224）。

新人代議士の竹次郎への逆風は、そればかりではなかった。総選挙開票直後の一九二四年五月一三日、弁護士・本田英作は竹次郎の選挙違反を訴え、長崎地方裁判所に告発状を提出した。本田英作は憲政会・本田恒之の有力支持者のひとりであり、また、長崎一区の開票の立会人でもあった（『東洋日の出新聞』一九二四年五月一二日）。本田英作が問題視したのは、竹次郎が選挙で掲げた「長崎の六大問題」が「長崎の利益となるべき関係につき、自己当選の暁には尽力すべき趣旨を含めて選挙人の投票を得べく誘導したるもの」ということだった（『伝記』上：252）。要するに、長崎の港湾整備、帝国大学誘致、博物館等の設立を訴えたことが、自らへの投票を促す利益誘導であり、衆議院議員選挙法に違反するとの趣旨であった。

第一審の長崎地裁の判決は「選挙法の所謂《いわゆる》地方的利害問題を以《もっ》て自己に投票を誘導したるものである」として、本田英作の訴えを全面的に認めた（『東洋日の出新聞』一九二四年七月三〇日）。竹次郎はこれを不服として大審院にまでもつれる結果となったが、最終的に選挙違反が認定され、罰金五〇円の判決が下った。一九二五年二月のことである。

選挙違反が確定した竹次郎は、在職わずか九カ月ほどで、衆議院議員の身分を失うこととなった。以後、三年後の総選挙まで、竹次郎は失意の時期を過ごすことになる。

政友会への入党

その間、竹次郎は一九二五年四月の衆議院議員補欠選挙で知人を立てて戦ったり、一九二七年四月の県会議員補欠選挙では実弟・倉成庄八郎を当選させるなど、政界への関与が失せることはなかった。

こうしたなか、竹次郎は既成政党への所属を模索するようになった。選挙違反事件の対応で孤軍奮闘せねばならず、大政党の支援が得られなかったことも、関係したのかもしれない。だが、それより、衆議院本会議で演壇に立っても、小会派ではまともに相手にされないということが大きかった（『伝記』上：224）。それはすなわち、政策実現の可能性が乏しいことを意味していた。竹次郎はその悩みをこう語っていた。

筋肉労働の体験を持っておる私が、将来の大成を期して労働党でも組織すれば、たしかに、新聞紙上の寵児となることは出来たはず。だが、新聞紙上の名士になれても、仕事は何も出来るものではない。いわゆる空論家に終わるおそれがある。それで果して長崎の選挙区民に対して申訳けがあるか。また国家に対しても。代議士となって、これが最大の悩みであった。（同前：226）

たしかに、小会派所属のままでも「議会で暴れ回わること」はできる。しかし、「議会で、いくら演説をやっても、それが、果して、選挙区民にどれだけ利益になるか」との思いは拭えなかった（同前：225）。代議士になるまでは、磨きのかかった弁論でもって支持を集めることに心を砕いてきたが、政治の場に入ってみると、弁論のみで政策実現をすることの困難に直面したのである。

主要政党に所属するとなると、選択肢は憲政会か政友会に限られる。議会第二党の政友本党はもともと清浦内閣の与党であり、貴族院寄りで、普通選挙実施にも消極的だった。竹次郎には、それを選ぶ選択はなかった。

残る憲政会と政友会のうち、明らかに竹次郎に親和的なのは、憲政会だった。前述のように、憲政会には斎藤隆夫、中野正剛、関和知、永井柳太郎など、早稲田出身者が多く在籍していた。憲政会は政友会に比べれば、普通選挙実施に早くから積極的でもあった。竹次郎の渡英前に国会に普選法案を上程していたのは憲政会であり、それを跳ね返したのは、原政友会内閣であった。竹次郎の政治理念や行動、人脈を総合的に考えれば、憲政会への入党がもっとも自然だった。

だが、実際に入党したのは、政友会だった。一九二六年五月のことである。政友会を選んだ理由は、「憲政会は消極政策を、政友会は積極政策を看板としている」というものだった（『伝記』上：228）。憲政会は大正デモクラシーの盛り上がりを背景に、原政友会内閣に対抗して、緊縮財政やシベリア撤兵、軍備縮小を主張した。それに対し政友会は、高等教育機関の拡充や鉄道網の整備などに力を入れた。原内閣はその典型である。こうした「積極政策」が、長崎という地方により多くの「実利」をもたらす。「理念」の次元では、竹次郎は明らかに憲政会に近かったわけだが、竹次郎はむしろ長崎の「実利」を優先すべく、政友会に入党した。

もっとも、今後も長崎一区で出馬することを考えると、政友会入党はある種、合理的な選択だった。憲政会では本田恒之、政友本党では則元卯太郎がいたわけだが、政友会の有力者は見当たらなかった。一九二四年一月の政友会分裂に伴い、多くの有力者が政友本党に走ったため、政友会長崎支部は自然消滅に陥り、一九二六年三月になって、ようやく再発足したばかりだった（『新長崎市史』3：710）。

何より、本田恒之や本田英作、『長崎新聞』など、憲政会系の政治家やメディアとの関係が決定的に悪化していることを考えれば、憲政会の公認を得て長崎一区で出馬することは、不可能に近かった。

それに加えて、竹次郎は憲政会総裁・加藤高明の不興を買っていた。イギリス留学時に懇意になった貴族院議員・木内重四郎は、一九二四年の総選挙後、竹次郎への支援を義兄・加藤高明に取りなそうとしたところ、「西岡の様な危険思想家に、何事か。西岡のにの字もキライだ」といった様子で加藤は立腹していたという。その後も何度か働きかけたものの、「西岡の様な危険思想の男を、お前も近付けるのをやめろ」と言うばかりで、埒《らち》があかなかった。原内閣期の普通選運動の際に、竹次郎が大勢で加藤邸に押しかけ、政界引退を求める罵倒演説を繰り広げたことが、その理由だった（「新春放談　一三」）。こうしたことからも、竹次郎の憲政会入りは不可能に近かった。

かくして、政友会に入党した竹次郎は、一九二八年二月の第一六回総選挙まで、雌伏《しふく》の歳月を過ごした。だが、その月日を無為にしたわけではない。そこで手掛けたのが、地方新聞の創刊だった。

2　『長崎民友新聞』の創刊と盛衰

ハガキから新聞へ

一九二四年一一月二四日、竹次郎は『長崎民友新聞』を創刊し、社長兼主筆に就いた。選挙違反をめぐる第一審判決を不服とし、大審院に上告して一〇日ほどのちのことである。

竹次郎は新聞を創刊するのであれば「東京で出したい」と考えていた（「新春放談 五」）。それまでの雄弁会や普選運動での活動を考えれば、当然のことだった。イギリス留学中には『デイリーメール』などにもつよい関心を抱いていた。他方で『青年雄弁』は、竹次郎の留学に伴い、自然消滅の状態にあった。それだけに、新中間層が多く集住する大都市圏を拠点に、改めて普通選挙実現をめざす「平等」の理念を訴え、あわよくば全国紙化したいとの思いもあったのだろう。折しも、関東大震災は在京の政論新聞社の経営不振に拍車をかけ、かつて五大紙の一角を占めた『国民新聞』『時事新報』『報知新聞』は衰退の一途を辿《たど》っていた。そこに割って入ることも不可能ではなかっただろう。

『長崎民友新聞』創刊時の社員と竹次郎（大浦町の社屋前、『伝記』上）

だが、結果的に竹次郎が創刊したのは、長崎の地方紙だった。そこには、総選挙の経験が絡んでいた。前述のように、選挙戦の際、竹次郎は既存の長崎紙、なかでも憲政会系の『長崎新聞』に激しく攻撃された。そのゆえに、演説のなかで「長崎新聞は新聞じやあない、本当の新聞とはこんなものじやあない」と叫んだわけだが、その際、勢いあまって「もし、私が幸にして当選することが出来たならば、本当の新聞を発行してみなさんにお目にかける」と公言してしまった（「新春放談 五」）。この腹立ちまぎれの啖呵《たんか》をきっかけに、『長崎民友新聞』が立ち上げられた。

新聞を所有しないがゆえに、選挙戦で苦戦を強いられたことを考えれば、これは合理的な決断であった。竹次郎はハガキや手紙を有権者に頻繁に送付し、派手なビラやポスターを市内に撒《ま》くことで支持獲得に努めた。だが、それは日刊の新聞とは異なり、持続的な支持基盤を生み出すものではない。そもそも有権者がさらに拡大し、普通選挙が実現するようになると、手紙やハガキを全有権者に頻繁に送り付けることは、コストの面で難しくなる。護憲三派内閣が成立し、普通選挙実現の可能性が高まっていたことを考えると、こうした危惧《きぐ》が生じるのは当然だった。その意味で、『長崎民友新聞』は、竹次郎の支持母体を持続的に生み出すメディアとして構想された。

他紙の凌駕《りょうが》と広報戦略

とはいえ、『長崎新聞』『長崎日日新聞』『東洋日の出新聞』という既存三大紙に分け入ることは、容易ではなかった。そこで、編集局長には『読売新聞』から千原文英（のちに読売新聞社編集局長）を、工場長には『万朝報』の工務局次長を招聘《しょうへい》した。紙面にも工夫を凝らした。文章を平易にし、一面にあえて「身上相談」欄や子ども欄を掲載するなどして、大衆紙的な色彩を濃くした。第二・三面にしても、政治や社会などの区別なしに、混然と記事を配置した。いわゆる三面記事的なものに興味が偏る層に対し、政治や経済への関心を導こうとする意図によるものだった（『長崎新聞社史』：131「長崎民友新聞の創刊を語る」）。

だが、それだけで一定の販売部数を獲得できるとは限らない。むしろ、その販売戦略の奇抜さこそが、

創刊当日、社屋前で配達の陣頭指揮をとる竹次郎（1924 年 11 月 24 日、『伝記』上）

読者獲得のうえで大きかった。

創刊時には、少年配達員一五〇名全員が腰にいくつもの鈴を付け、揃いのハッピ姿で「西岡だ、西岡の新聞だ」「民友だ」との歓声をあげながら、市中に新聞を配り歩いた。竹次郎自身も同様の格好で先頭に立った。それに要した七五〇個の鈴は、関東大震災後の東京では工面できず、大阪から取り寄せた（「長崎民友の創刊を語る」）。創刊号配達そのものを、市民を驚かせるデモンストレーションに仕立てたのである。

それに加えて、市域の全戸に一週間にもわたり、無料配布を行った（同前）。当時の長崎市は人口一八万九〇〇〇、戸数四万（一九二五年）に及ぶ九州第一の都市だった。一五〇名の少年配達員たちは、その全世帯に新聞を配り歩いた。丸山などの遊郭には、各軒の娼妓の人数分も加えて配達した。さらに、その範囲を長崎県下にも広げ、部数は一一万七〇〇〇に達したとされる（『日本新聞年鑑』一九二五年版：70）。

当時の長崎既存紙の部数は、『長崎日日新聞』（朝夕刊それぞれ四頁）が二万部ほどで、『長崎新聞』（朝夕刊それぞれ四頁）がそれに準じる程度、『東洋日の出新聞』（朝刊四頁のみ）は判然としないが、すでに衰退傾向にあり、一九二六年時点で八〇〇〇部ほどとされる（『日本新聞年鑑』一九二五・二七年版）。『長崎民友新聞』の配布部数は、これらの合計を上回るほどの規模だったのである。

無料期間が終わると二万五〇〇〇部程度に落ち着いたが、それでも最大手紙の『長崎日日新聞』より部数は多かった。ちなみに、頁数は大手二紙と同じく朝夕刊ともに四頁で、月額購読料は同水準かやや高めの九〇銭だった。それを考えれば、かなり好調な出足だった。一九二五年四月には、姉妹紙として『佐世保民友新聞』をも創刊した。

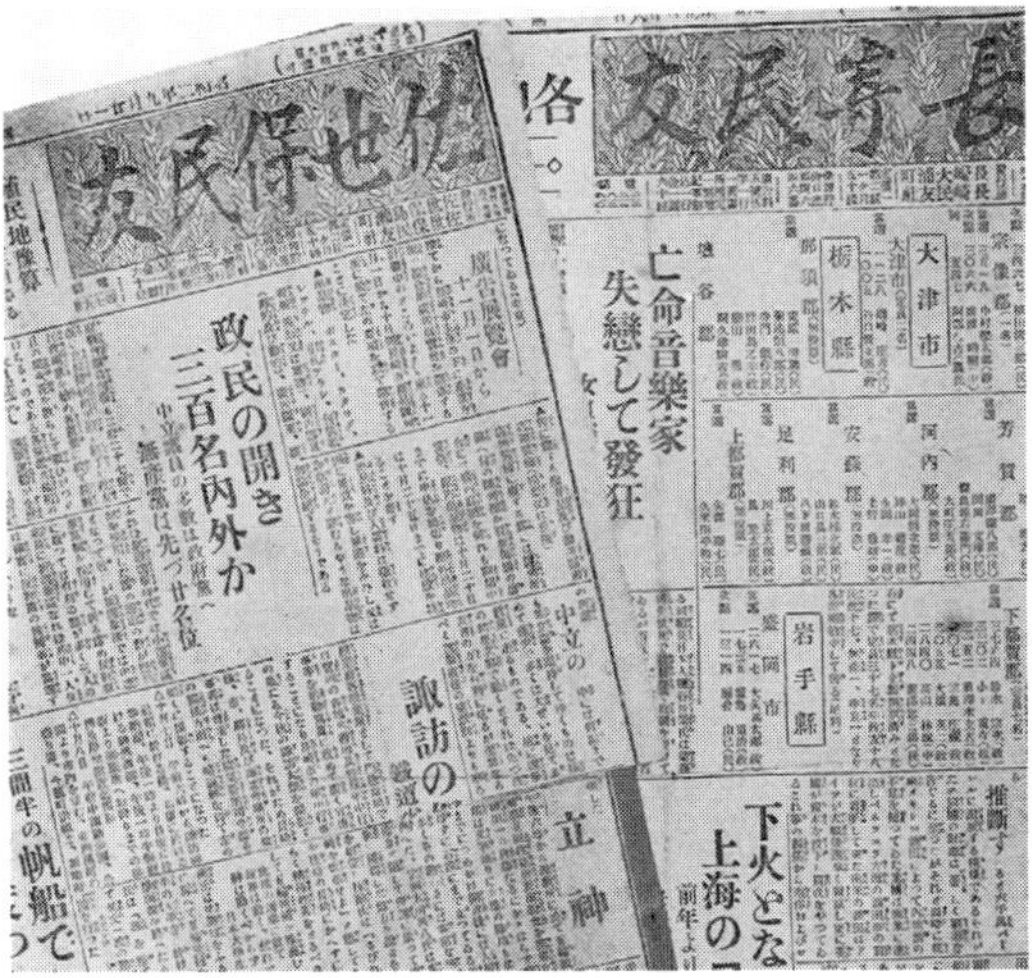

『長崎民友新聞』と『佐世保民友新聞』（1927 年頃、『伝記』上）

長崎新聞界の地殻変動

派手な広告・販売を繰り広げる『長崎民友新聞』に対し、既存紙の不快感は大きかった。『東洋日の出新聞』（一九二四年一一月三〇日）の社説欄「鈴木天眼磁伝」では、以下のような皮肉が綴られている。

西岡竹次郎が輪転機を大浦に据えて、新聞を作るてふ騒ぎは本当かヱ？　天眼には不思議にも西岡竹次郎の新聞てふ者《ママ》が目に入らない。毎日配つて来るのを注視すれども竟《つい》に新聞ではなかつた。「長崎民友」と云ふ物で新聞ではない。

『長崎民友新聞』は新聞と呼べる代物《しろもの》ではないとの指摘である。たしかに、紙面構成は従来の新聞とは異なっていただけに、「新聞らしい新聞」ではなかったかもしれない。

他方で、第一章でふれたように、東山学院時代の竹次郎は『東洋日の出新聞』の配達をしており、主筆・鈴木天眼に心酔していた。それだけに、天眼による『長崎民友新聞』への揶揄《やゆ》は、不快なものであっただろう。

とはいえ、『長崎民友新聞』が他紙を凌駕する部数を獲得したのも、否めない事実であった。奇しくも、長崎新聞界の再編が始まろうとしている時期だった。ポーツマス講和条約締結に際し、独自の論調を掲げた『東洋日の出新聞』は、社長・主筆の鈴木天眼の筆力と名声で支持を得ていたが、大正末期には『長崎日日新聞』『長崎新聞』の後塵《こうじん》を拝していた。さらに一九二六年に天眼が没すると、その勢いはますます失われ、一九三四年に廃刊となった（『長崎新聞社史』：160）。

『長崎新聞』は、一九二三年一月の社屋全焼以降、衰退の兆しが見えはじめていた。同年には神戸新聞社との組合経営に切り替わり、同社の中川平兵衛が主幹として入社した。時を同じくして、憲政会派の大物実業家で貴族院議員の橋本辰二郎が社長に就き、憲政会色のつよい論陣を張った（同前：129・159）。一九二四年の総選挙で苛烈なまでに竹次郎を批判したのも、そのゆえである。だが、竹次郎の人気が高まり、『長崎民友新聞』も創刊されるなか、部数を減少させた（「新春放談 五」）。

経営においても、派手さが目立った。『長崎新聞』は一九二七年以降、県内郡部はもとより、朝鮮半島・満洲地域にも支局・販売店を設けるなど、「長崎日日とは反対に、派手な経営振りを以つて知られ」ていた（『日本新聞年鑑』一九二七年版：90『新聞総覧』一九三三年版：382）。そのことは財政的な負荷に直結した。

政界再編は、それに拍車をかけた。一九二七年六月に政友本党と憲政会が合流して民政党が成立すると、同党顧問・則元由庸が社長を務めた『長崎日日新聞』は、民政党機関紙の色彩を強めた（『長崎新聞社史』：152）。そのことは必然的に、民政党のもうひとつの前身・憲政会の流れを汲む『長崎新聞』の存在をかすませることとなった。その後、一九三五年八月に工員らによるストライキが起きると、同紙は三カ月近い休刊に追い込まれた。以後、経営陣を刷新し、週刊紙として再スタートを切るも、ほどなくして姿を消した（『日本新聞年鑑』一九三六年版：104『長崎新聞社史』：160）。

これに対し、『長崎日日新聞』は比較的、経営が安定していた。もともと政友本党機関紙だったものが、前述の憲本合同により民政党機関紙となったことで、一九二九年八月末には公称五万部に達していた（『日本新聞年鑑』一九三〇年版：68）。

しかし、社長の則元由庸が一九三一年八月に死去すると、内紛が勃発した。その詳細は不明だが、政友本党長崎支部の残務整理に関わる株主権と行使権の係争によるものであったらしい（『長崎新聞社史』：152–154）。その後、一九三三年一月に衆議院議員当選六回を重ねる牧山耕蔵（長崎二区）が第一一代社長に就いて、やや安定の兆しを見せるが、副社長・則元卯太郎のグループとの反目や幹部社員の『長崎新聞』への流出も見られた（『日本新聞年鑑』一九三四年版：101『昭和史の長崎』：41）。

『長崎民友』の減速

こうした衰退や軋轢が一九三〇年代の長崎主要紙に見られることになるとはいえ、一九二〇年代半ばの時点では、『長崎日日新聞』と新興の『長崎民友新聞』の二大紙体制が生まれるかのようにも見えた。だが、実際にはそうはならなかった。

一九二六年四月一九日、『長崎民友新聞』『佐世保民友新聞』は「天草の生んだ名花珍しき孝行芸者」と題した記事を掲載したが、そこでの「芸者」の顔写真は、『婦人画報』掲載の皇族女性の写真を加工したものだった。これは不敬事件として長崎区裁判所より起訴され、担当記者が六カ月の懲役に服しただけではなく、同年六月には竹次郎も社長を引責辞任する事態を招いた（『日本新聞年鑑』一九二七年版：90「創刊当時の想い出」）。もっとも、副社長を務めていた実弟・倉成庄八郎が引き続き総務担当として留任しており、実質的に竹次郎の新聞だったことには変わりないが、経営は悪化し、赤字に転落した（「長崎民友の創刊を語る」）。

一九二九年九月には、『福岡日日新聞』の経営傘下に入り、従来、朝夕刊計八頁だったものが、夕刊専門紙（四頁）となった（『日本新聞年鑑』一九三〇年版：68）。『福岡日日新聞』は、第一次大戦後の不況に喘ぐ『九州日報』（民政党系）とは異なり、一一万六八〇〇部を発行する有力地方紙だった（『西日本新聞百二十年史』：116－117）。政友会系であったことも、両紙の接近を容易にした。

すでに日露戦争後には、『福岡日日新聞』は地元福岡を越えて、佐賀や佐世保に進出していたが、一九二〇年代初頭に『大阪毎日新聞』『大阪朝日新聞』が門司をはじめ九州北部に進出するようになると、再び県外への積極策をとるようになった。その手法は、「既存地方紙と協定を結び、その地方紙を福岡日日の読者に無料で添付し、配達する」「添付協定の地方紙の単独販売は自由とする」「添付する地方紙には福岡日日より新聞用紙や資材を供給する」「添付地方紙によっては、編集を福岡日日支局で行う」というものだった。『長崎民友新聞』『佐世保民友新聞』は、こうした姉妹紙提携の最初のケースであり、長崎県内の『福岡日日新聞』本紙に無料で添付された。編集の面では、福岡日日新聞社長崎支局長（当時は草野鼎）が『長崎民友新聞』の編集長を兼務し、同支局員が編集実務を担当した（『西日本新聞百二十年史』：113『新聞総覧』一九三〇年：423）。

夕刊紙となったことに伴い、『長崎民友新聞』は『夕刊長崎民友』へと紙（社）名を変更し、社主には、『福岡日日新聞』で九州北部の販売を担っていた櫛山次郎を迎えている（『新聞総覧』一九三〇年版：423）。『福岡日日新聞』は、その後も『関門毎夕新聞』（下関・門司）、『大分民友新聞』、『鹿児島毎夕新聞』などを姉妹紙として傘下に収め、さらに一九三一年には系列八紙とともに西日本新聞連盟を結成するなど、西日本地域を代表するブロック紙となった（『西日本新聞百二十年史』：113・115）。昭和六年度版「全国新聞発行部数番付」（新聞解放社）では、西日本各紙のなかで、『大阪朝日新聞』（横綱）、『大阪毎日新聞』（張出横綱）、『新愛知新聞』（大関）に続く張出大関の地位に、『福岡日日新聞』が位置づけられている。『福岡日日新聞』は大手全国紙に追随するほどの部数を誇っており、明らかに地方紙の雄ともいうべき存在だった。

ちなみに、『九州日報』は西の前頭四枚目、『長崎日日新聞』『長崎新聞』はそれぞれ前頭二八枚目、三三枚目、『長崎民友新聞』に至っては同七三枚目とされている（『西日本新聞百二十年史』：127）。前頭とは表記されているものの、七三枚目ということは、実質的に幕下、すなわち関取未満の地位に相当する。当時の『長崎民友新聞』にとって、張出大関の『福岡日日新聞』は仰ぎ見る存在だった。創刊当初とはまったく異なる苦境を、ここにも見ることができる。

付録紙戦略の優位性

一九三〇年時点で長崎市の人口は二〇万に達しており、九州最大の福岡市に匹敵する規模だった。それに加えて人口一三万の佐世保市を有する長崎県は、『福岡日日新聞』にとって、魅力的なマーケットだった。折しも、一九三〇年代前半の当時、支局拡大路線が仇《あだ》となった『長崎新聞』は経営が著しく悪化し、『長崎日日新聞』も経営陣の内紛もあって不振に陥っていた。結果的に、『福岡日日新聞』はその間隙を縫って、部数を拡大させた。『日本新聞年鑑』（一九三四年版）によれば、長崎県下において、『福岡日日新聞』が一万六－七〇〇〇部、『大阪朝日新聞』『大阪毎日新聞』がそれぞれ七〇〇〇部超なのに対し、『長崎日日新聞』『長崎新聞』はともに一万部程度とされている（101）。

もっとも、『福岡日日新聞』が大阪系全国紙はもとより、長崎地方紙よりも長崎県内で優勢なのは、地勢的な要因もあった。佐賀にも販路を広げていた『福岡日日新聞』は、地理や交通機関の関係で、離島部（壱岐・対馬など）や県内北部（北松浦・東彼杵など）には、長崎市に拠点を置く『長崎日日新聞』『長崎新聞』よりも早く新聞を届けることができた（『日本新聞年鑑』一九三四年版：101）。そもそも、壱岐や対馬は長崎県に組み込まれていたとはいえ、交通アクセスは福岡のほうが容易であり、後述のように、戦後初期には福岡への転県運動が盛り上がった。かくして、『福岡日日新聞』は地元紙を上回るほどの部数を、長崎県内で捌《さば》くようになった。

一九三五年になると、『大阪朝日新聞』『大阪毎日新聞』は門司進出に加えて、長崎・佐世保への夕刊戸別配達を始めた。だが、両紙の長崎市への到着時刻は朝刊午前七時半、夕刊午後八時だったのに対し、『福岡日日新聞』は朝刊四時半、夕刊午後八時に加えて、付録紙の『長崎民友新聞』を午後五時に配達していた（『日本新聞年鑑』一九三六年版：104）。このことも、同紙の購読者獲得に直結した。

『福岡日日新聞』が長崎県内で部数を伸ばしたことは、必然的にその夕刊付録紙であった『長崎民友新聞』の部数拡大につながった。『新聞総覧』（一九三二年版）には、長崎民友新聞社の自社紹介が掲載されているが、そこには「現在に於ては長崎県第一の発行部数を有す」ことが誇らしく記されている。だが、それもあくまで「県下福岡日日販売網を利用大拡張に努力の結果」に過ぎなかった（374）。

『伝記 西岡竹次郎』（上巻）では、「民友の発行部数は、創刊間もなく三新聞〔『長崎日日新聞』『長崎新聞』『東洋日の出新聞』〕を凌駕した」ことが強調されている（243）。また、『長崎民友新聞』（一九五四年一一月二四日）に掲載された創刊三〇周年記念座談会「長崎民友の創刊を語る」でも、「創刊、忽《たちま》ちにして、長崎の全新聞を併せても、民友新聞の発行部数に及ばなかつたのだ。それほど、短期間に飛躍した」との言及がある。だが、それは必ずしも正確ではない。創刊翌々年の不敬事件をきっかけに部数を落とし、『福岡日日新聞』の傘下に入らなければならなかった。その付録夕刊紙として配布されたことで、発行部数は盛り返したが、その形態は、朝夕刊を刊行する独立紙とはほど遠かった。

3　国政と市政のはざまで

政界再編と第一回普通選挙

『長崎民友新聞』にこうした浮き沈みがあったとはいえ、竹次郎はこれを基盤に総選挙を戦った。その最初となるのが、一九二八年二月二〇日に行われた第一六回総選挙だった。

竹次郎が代議士を失脚してからの三年間で、国政はめまぐるしく変化した。護憲三派で構成された第一次加藤高明内閣のもとで、一九二五年五月、改正衆議院議員選挙法（普通選挙法）が公布された。ただし、貴族院や枢密院の抵抗もあって、選挙権は「貧困のため公私の救助を受ける者を除く二十五歳以上の男子」に限定された。また、普通選挙のもとで共産主義が拡大しかねないとの懸念から、国体の破壊や私有財産制の廃止を意図する者を処罰する治安維持法も成立した（北岡 1999：43）。

その一方で、護憲三派の枠組みは、破綻の兆しを見せていた。憲政会主導の政権運営は、政友会や革新倶楽部の強い反発を招いていた。政友会総裁は、加藤に協調的な高橋是清から元陸相の田中義一に代わった。それからほどなく、犬養毅が率いる革新倶楽部は、政友会に合流した。それまで第三党だった政友会は、政友本党を上回る第二党となった。これにより、憲政会と政友会の主導権争いは、さらに激しさを増した。加藤内閣は税制整理案をめぐって閣内不統一に陥り、一九二五年七月三一日に総辞職した（村井 2005：223-226 奈良岡 2006：341-344）。その後、再び加藤高明に大命が降下され、憲政会による第二次加藤内閣が成立した。

憲政会と政友会が激しく対立するなか、政友本党は内部分裂の様相を呈していた。政友本党を率いる床次竹二郎は半ば与党化の道を選び、政友会と合同しない旨の声明を発したが、それに反発した中橋徳五郎、鳩山一郎ら二六名は離党し、政友会に復帰した（筒井 2012：40－43）。

一九二六年一月末に加藤が病没すると、内相を務めていた若槻礼次郎が内閣を引き継いだ。第一次若槻内閣は、蔣介石の北伐により日本の権益侵害が懸念されたなか、外相・幣原喜重郎のもとで、内政不干渉と国際協調主義の方針を採った。そのことは「軟弱外交」の非難を招くこととなった。

若槻内閣は、金融恐慌にも苛まれた。一九二七年三月、震災手形をめぐる善後処理が国会で審議されるなか、蔵相・片岡直温《なおはる》が誤って、東京渡辺銀行が破綻したと発言した。このことから、実際にはまだ破綻していなかった同銀行はもとより、小銀行六行が次々に破綻に追い込まれた。これは、大手商社の鈴木商店やその大口融資先の台湾銀行にも波及した。若槻内閣は、日本銀行が台湾銀行に二億円の融資をするという緊急勅令の発布をめざした。だが、政友会が枢密院に反対をつよく働きかけ、また、枢密院も幣原外交への不満から、緊急勅令の成立を阻んだ。若槻内閣はこれを受けて、同年四月に総辞職した。その結果、台湾銀行を含む多くの銀行が倒産や休業に追い込まれ、日本の金融経済はさらなる混乱に陥った（北岡 1999：53－54 筒井 2012：93－94）。こうした剝き出しの権力闘争は、政党に対する国民の根づよい反感を導くことになるが、それが目に見えるようになるのは、まだ先のことである。

若槻の後に大命降下を受けたのは、高橋是清から政友会総裁を引き継いだ田中義一だった。当時、政友会は議会の多数を占めてはいなかった。議会第三党の政友本党は第一党の憲政会と連携しており、両党を合わせれば衆議院の多数を構成していた。しかし、「憲政の常道」（二大政党の一方が政党内閣を形成し、政策的な行き詰まりで倒れた場合には、他方の政党が次の内閣を担当するという慣行）に則って、憲政会・政友本党の反対党である政友会に、政権の座が回ってくることとなった。

議会での基盤が不安定な田中政友会内閣が解散・総選挙に打って出ることは、容易に予想された。内務省が選挙を管轄する以上、選挙干渉を通じて与党が勝利する可能性は高かった。それに備えるべく、憲政会と政友本党は合流し、一九二七年六月、立憲民政党（以下、民政党）が成立した。議席数は政友会一八九に対し、民政党は二二一となった（『院内会派編衆議院の部』：335）。一九二八年一月、田中内閣は、昭和三年度予算案を反対党が数を恃《たの》んで阻止することを理由に、議会を解散した（筒井 2012：118）。普通選挙法施行後初となる第一六回総選挙は、同年二月二〇日に実施された。

連続トップ当選

この選挙に立候補した竹次郎は、「五大国是」「二十大政策」を掲げた。それは前回選挙で掲げたものと、そう大きな相違はなかった。前回選挙では「長崎の六大問題」が選挙違反に問われたため、長崎県の問題には言及されていないが、「漁業不漁者に対する生活の国民扶助法の制定」「漁業金融機関の設備完成」などは、水産業が盛んな長崎を意識したものだった。「婦人参政権の実施」「貴族院制度の根本的改革」「府県知事の公選制度実施」「工場法の改善および最低賃金法の確立」なども、前回選挙で掲げた「十一大政策」に通じていた（『伝記』中：22－23）。

得意の演説も精力的に行い、連日連夜一〇時間に及んだという。前回選挙とは異なり、有権者に文書を頻繁に送りつけることはしなかったが、それは普通選挙実施に伴い有権者が大幅に増加していたことや、すでに『長崎民友新聞』を発行していたことを考えてのことだった（同前：23）。

トップ当選の票数を掲げた記念写真（1928年2月、長崎民友新聞社前にて、『伝記』中）

この第一六回総選挙は、中選挙区制が採用された。長崎一区は、長崎市に加えて、西彼杵郡、北高来《たかき》郡、南高来郡、対馬とされ、定員は五名であった。同区では、竹次郎のほか、民政党の則元由庸や本田英作、政友本党から政友会に移った向井倭雄《しずお》ら前職議員が出馬しており、計一三名で争われる激戦区だった。だが、竹次郎は他の候補を抑え、二万〇二一八票でトップ当選を果たした。一万〇四二一票で最下位当選の本田英作の倍近い得票だった（『第十六回衆議院議員総選挙一覧』)。

もっとも、この選挙は派手な選挙干渉が行われたことで知られている。解散・総選挙に先立ち、政府は一月一〇日に地方官の大々的な更迭《こうてつ》を行っていた。それもあって、投票日までの選挙違反検挙者数は、政友会一六四に対し、民政党はその一〇倍を上回る一七〇一件に及んだ。政府・政友会に有利な取締りが行われたことは容易に想像できよう。そのため、選挙後の第五五議会では、極端な選挙干渉を行ったとして内相・鈴木喜三郎が激しく弾劾され、辞任を余儀なくされた(筒井 2012:118-128)。

竹次郎がトップ当選を果たし、二番手にも政友会の向井倭雄が続いたのも、選挙干渉の激しさと無縁ではなかっただろう。とはいえ、三位以降の三名は民政党が占めており、当選者数だけ見れば、長崎一区は民政党が政友会を上回っていた。実際、議会全体の議席数でも、政友会が二一七議席だったのに対し、民政党は二一六であり、両者の差はわずか一議席でしかなかった。得票総数は民政党が政友会を上回っており、実質的には与党政友会の敗北だった(清水・瀧井・村井 2020:175)。金融恐慌後の財政難のなかで、鉄道・治水・道路をめぐる政友会の積極政策は現実味を欠き、国民への説得性に乏しかった。選挙結果は、これを反映したものでもあった(伊藤 2010:284-285)。三年ぶりに帝国議会に戻った竹次郎は、この拮抗した力学のなかで、政治に臨まなければならなかった。

婦人参政権――「平等」と「国民化」

男子普通選挙がすでに実現したなか、竹次郎が次に取り組んだのは、婦人参政権の問題だった。竹次郎は、政友会機関誌『政友』（一九二八年八月号）に寄せた論説「婦人参政権問題に就て」のなかで、以下のように述べている。

私達はデモクラシーの精神を基調とした真の議会政治を実現するために、長い間あらゆる苦難と戦つて来た。そして今や不完全ではあるが、男子の選挙権を獲得した。世人は之を称して普通選挙と言ふ。けれども、我国には決して真の普選はまだ行はれてはゐない。日本国民は男子ばかりではない。七千万の国民の半数三千五百万人は婦人である。

政治家の最大理想は、国民の最大多数に幸福を得せしめるといふことである。然るに今日までの日本の政治家の眼中には、少く共政治的対象には男子のみが置かれてあつて女子は全くその埒外《らちがい》に置かれてあつた。これは政治の真の理想から言へば片輪《ママ》の政治ではなかつたらうか。男子のことを五つ考へる場合には、女子のことも五つ考へるのでなければ真の正しい政治ではあり得ない。真の正しい政治は男も女も同じ様に、恰《あたか》も車の両輪の如く考へ公平に行はれなければならない。(21)

ここにうかがえるのは、明らかに「平等」の理念だった。竹次郎にとって、当時の「普選」は、国民の半数を占める女性を除外した「片輪の政治」でしかなかった。少年期の貧困経験から、竹次郎が「平等」をめざしてきたことを考えれば、こうした主張は当然のものだった。

とはいえ、今日の目から見れば、それは性別役割分業と表裏一体でもあった。竹次郎は、家事や衛生、

婦人公民権獲得の陳情を受ける竹次郎ら（1931 年 1 月 19 日、『伝記』中）

子どもの教育を女性が担っていることにふれながら、「之を家の中の掃除と同様に、家の外の村なり町なりの衛生のこと、道普請《みちぶしん》のことを男ばかりでやらないで婦人と相談してやるようにするためには、その発言権である婦人の参政権が必要となつて来る」「婦人自身もその重大なる自分の責任を自覚し、ウント勉強努力しなければならない。が、しかし、一方又そんな重大な仕事を毎日負担させてゐる婦人に、教育のことに就ても男子と同様に相談するために、婦人参政権を与へる必要があるのではあるまいか」と述べている（同前：22－23）。

女性は家事や子どもの教育を担っているが、それは私事のみに属するのではなく、地域や国の問題に直結する。それゆえに、女性の蒙《もう》を啓《ひら》き、知識や理解を深めなければならない。婦人参政権の問題は、女性の「平等」や権利拡張ばかりではなく、女性を啓蒙し、主体的に国を下支えする営みを引き出すことが意図されていたのである。そこに、戦時期の総力戦論とのつながりを読み取ることも、難しくはないだろう。

もっとも、同様の主張は女性識者・運動家の議論にも少なからず見られた。『政友』（一九二九年一月号）所収の論説「実現期に入つた婦選問題」（星島二郎）には「私共女子を向上させるために公民権はぜひともいたゞきたいものでございます」「私は家庭婦人として又一人の子供の母としての傍《かたわら》、事務員生活をいたして居りますが、私共のやうな婦人の立場からも、婦選は実に必要です」といった声が紹介されている（24－25）。その意味で、竹次郎の議論は同時代において、さほど特殊だったわけでもなかった。

被選挙権と公民権

竹次郎にとって、女性の政治参加は、政治そのものを保守化し、穏健化するうえでも有効だった。金融恐慌下の当時、労働争議や小作争議が頻発し、三・一五事件（一九二八年）や四・一六事件（一九二九年）のような共産党員の一斉検挙も行われた。こうした「過激思想」は竹次郎にしてみれば男性的なものであり、「婦人は概して保守的思想を持つて」いる。そのゆえに、女性の政治参加は、政治思想の穏健化をもたらす可能性があった。

昨今我が思想界は、かの共産主義その他の思想が侵入し来り、混沌としてまことに憂慮すべき状態にある。この思想的危機に際し、婦人に選挙権を与へて男子と共に政治に参与せしめることは、政治的にも思想的にも急激なる変化を緩和する上に於て頗る有効ではないかと思ふ。この意味に於ても婦人に選挙権を与へてその調和を図る必要がありはしないか。（「婦人参政権問題に就て」：23－24）

かつて普選運動のさなか、原敬や加藤高明を面罵した竹次郎の過激さを思えば、異質な議論にも思えるが、他方で、労働運動に接近しながらも革命ではなく議会主義を重んじていたのは、前章でも述べた通りである。竹次郎にとって、女性の政治参加は、「女らしさ」によって議会政治の穏健さが保たれることをも意味していたのである。

むろん、そこには竹次郎の女性観が投影されていた。「真の新らしい女」とは「しとやかに優しい婦人」「良妻賢母」であり、「片々たるモダンガール式のハイカラ婦人」ではなかった。女性の政治参加は、その意味での「真の新らしい女」に支えられなければならなかった。

だが、現実は「しとやかに優しい婦人」「良妻賢母」で満ち溢れているわけではない。それもあって、成人女性に選挙権は与えても、被選挙権は制限されなければならなかった。竹次郎は同じ論考のなかで、「我々の主張してゐるのは単に選挙権だけである。被選挙権は他日の機会に待つ積りである」と記している（同前：24）。

さらに翌年になると、婦人参政権ではなく婦人公民権へと議論が後退した。婦人参政権論が国政を含む選挙権の付与を念頭に置いていたのに対し、婦人公民権論は国政への参加を対象から除外し、府県市町村に限った政治参加を容認するものだった（松田 2021：13－14）。竹次郎は、第五六議会衆議院本会議（一九二九年二月七日）で婦人公民権獲得の賛成演説を行うなかで、こう述べていた。

私共は男子と同様に女子にも政治に参与せしむると云ふことを原則として定め、其第一階梯として、先づ公民権だけを与へ、政治的訓練を経たる後参政権に及ぶと云ふことが、此際最も穏健なる行き方であると信ずるのでございます。（「第五六回帝国議会衆議院議事速記録」第一三号）

参政権までは時期尚早なので、まずは公民権を与えて「政治的訓練」を経ることの必要性が言われている。

だが、婦人公民権法案は、内務省や政府・党幹部との折り合いがつかず、第五六議会での法案成立は見送られた。業を煮やした竹次郎は、地方制度改正委員会の席上、委員辞任を表明するに至った（『東京朝日新聞』一九二九年三月二日夕刊）。その後、民政党・浜口雄幸内閣のもとでも婦人公民権法案が審議され、一九三一年二月二八日、衆議院を通過したが、同年三月二四日、貴族院本会議で否決され、法案成立はならなかった（『東京朝日新聞』一九三一年三月二五日）。

労働問題への関心

婦人参政権（公民権）法案とともに、竹次郎がつよい関心を持ったのは、労働問題だった。

一九二七年以降の金融恐慌に加えて、一九二九年一〇月にはニューヨーク株式市場が大暴落し、世界恐慌の波が日本を襲った。浜口内閣が緊縮財政に徹し、金本位制への復帰（金解禁）を断行したことは、昭和恐慌の悪化に拍車をかけた。名目国民総生産は、前年比で一九三〇年が一〇パーセント減、翌年も九・三パーセント減にも及んだ。失業者は一〇〇万人前後に達し、労働争議・小作争議の件数は、一九三〇年以降急速に増大した（北岡 1999：137 – 138）。

こうしたなか、竹次郎は一九三〇年の年末に、地元・三菱長崎で人員整理にあった一八七〇名に対し、見舞いと激励の手紙を送付している（『伝記』中：65）。また、翌年二月には、衆議院労働組合法案委員会において、政府提出の法案に対し「労働争議に於けるところの損害賠償の免責規定を全く削除されたるが如き、或は決議に依る第三者の組合加入を禁止し、更に組合資金を政治運動に使用することを禁ぜられたるが如きは、労働組合法に非ずして、私は純然たるところの労働組合取締法の性質を多分に持って居る。斯《こ》う思ふのであります」と述べ、法案を説明する内相・安達謙蔵を追及した（「労働組合法案外一件委員会議事録 第四回」）。

とはいえ、労働問題に関して、竹次郎が政策立案に深く関与したわけではない。労働経済の分析に基づいて政策化する作業は得意ではなく、どちらかと言えば、理念の次元で労働者層の生活向上を訴えることに力を入れていた。竹次郎は一九二八年総選挙の際に、人力車夫たちに宛てた立候補挨拶状のなかで、「私も若い時分は東京でどんな、さむい晩でも、雨の夜でもあなたと同じやうにカヂボウを持ったことのある男です」と記していた（『伝記』中：17 – 18）。廃業を迫られつつあり、生計の安定が見込めない人力車夫やその家族からすれば、たとえ困苦の少年期を過ごしたとはいえ、新聞社主や政治家として著しい立身出世を遂げた竹次郎の激励は、どこかよそよそしく映ったかもしれない。だとしても、竹次郎にしてみれば、自らの貧困と労働の経験が、雇用や労働をめぐる「平等」の希求につながっていたことも、また事実であった。

雲仙国立公園

婦人参政権や労働組合など、「平等の理念」をめぐる問題系とともに、地方の「実利」にまつわる政策実現にも力を入れていた。雲仙の国立公園指定は、そのひとつである。

雲仙は明治以降、外国人観光客が避暑地として訪れるようになり、一九一一年には県立公園に指定された。しかし、小浜から雲仙の幹線道路整備が進まず、観光地として飛躍しきれないでいた。こうしたなか、一九三一年の国立公園法の制定を見越して、竹次郎は議会に「雲仙国立公園設定に関する建議案」を提出し、関係当局に働きかけた（『伝記』中：89－91）。一九三一年三月九日の衆議院国立公園法案委員会でも、雲仙指定の必要性について弁を振るった（「国立公園法案委員会議事録 第六回」）。

審議終盤には、内相・安達謙蔵の地元・熊本の阿蘇が浮上し、雲仙の指定が危ぶまれた。竹次郎は、最終手段として「若し、雲仙を除外するならば長崎県民は税金を納めない」として政府に圧力をかけようとした（『伝記』中：107）。政府への脅しにしては、実現可能性が高いとは思われないが、結果的に一九三四年三月の最初の国立公園指定において、瀬戸内や霧島とともに雲仙が選定された。

竹次郎が長く取り組んできた普通選挙などに比べると、雲仙国立公園指定の問題は、明らかに「理念」の色合いが薄く、地元の産業振興という「実利」に直結するものでしかなかった。だが、雲仙周辺地域は、日本中央はもとより長崎市に比べても、インフラ整備は進んでいなかった。地域経済の面でも、造船・軍需工場が集積する長崎市とは異なり、安定的な基幹産業に乏しかった。観光振興は、こうした状況を打開し、付随するさまざまな産業の振興を促すものであった。その意味で、雲仙国立公園指定に向けた竹次郎の政治活動は、中央に対する地方の「平等」をめざそうとする意図に結びついていた。少年期に有明海に面した寒村で貧しい生活を送ったこととも、無縁ではなかっただろう。

連続当選と院内総務

田中義一内閣が、張作霖爆殺事件（一九二八年六月）の処分をめぐって天皇に叱責され、総辞職すると、一九二九年七月、民政党・浜口雄幸内閣が成立した。翌年一月、浜口内閣は政友会と民政党が拮抗状態にあった議会を解散し、二月二〇日に第一七回総選挙を行った。政友会では一九二九年九月に田中義一が病没した後、犬養毅が総裁に就いたが、その直前に北海道鉄道や東大阪電軌、朝鮮総督（山梨半造、田中内閣期在任）をめぐる疑獄事件や売勲《ばいくん》事件が次々に発覚し、政友会は大打撃を受けた。それもあって、この選挙では、政友会は前回を六三下回る一七四議席にとどまったのに対し、民政党は一〇〇増の二七三議席を獲得し、大勝した。金解禁後の不況がまだ深刻化しておらず、浜口雄幸という謹厳実直なリーダーとその下で結束して緊縮を呼びかける民政党に、有権者の多数が支持の意思を示したのである（北岡 1999：110）。

政友会への逆風が吹くなか、竹次郎は一万五九四六票を獲得し、第二位で当選した。前回次点だった民政党・田崎武男が一万九二六〇票を得てトップ当選を果たしたが、民政党の当選者は他には則元由庸（第五位、一万四九二四票）のみにとどまり、前回最下位当選だった本田英作は次点、かつて『長崎新聞』主幹を務めた中川観秀も落選した。政友会は竹次郎のほか、志波安一郎や向井倭雄が当選を果たし、五議席中三名の議席獲得となった（『第十七回衆議院総選挙一覧』）。

東京駅で襲撃された浜口雄幸の体調悪化で内閣が総辞職すると、一九三一年四月に第二次若槻内閣が発足した。だが、政友会・民政党の協力内閣構想をめぐって、若槻内閣は閣内不統一に陥り、一九三一年一二月に総辞職した。後継の政友会・犬養毅内閣は、早々に金輸出再禁止を決定、翌年二月には第一八回総選挙を実施した。政友会は、「不景気の民政党か、景気の政友会か」と訴え、三〇一議席の大勝となった。民政党は、前回議席の半分近くの一四六議席にとどまった。

竹次郎は、第一五回・一六回に続くトップ当選を果たした（『第十八回衆議院総選挙一覧』）。上位当選を重ね、議会での活動も活発化させるなか、竹次郎は徐々に政友会のなかで重きをなしていった。一九二八年五月には政友会幹事、一九三〇年一二月には政務調査会理事に就任した。さらに四度目の当選を果たした一九三二年八月には、院内総務に就任し、党幹部の一員となった。

政友会総裁・犬養毅邸にて（1929年11月、『伝記』中）

院内委員室で折衝する竹次郎（1932年、『伝記』中）

西岡倶楽部の同志とともに（1935年9月、『伝記』中）
竹次郎は左から2人目、前列右端は実弟・倉成庄八郎、後列中央は北川久次郎

地元政界との軋轢

他方で、竹次郎は地元政界では、軋轢にさらされていた。政友会長崎支部（本流）とさえ、関係が悪かった。前述のように、政友会長崎支部は、一九二四年一月の政友会分裂で所属の衆議院議員の大半（則元由庸、牧山耕蔵、向井倭雄など）が政友本党に移ったため、自然消滅に近い状態にあった。しかし、一九二六年三月になって再組織化がはかられた。政友本党から政友会に復党した向井倭雄や地元財界人で長崎商業会議所の重鎮でもあった山田鷹治《たかじ》らが参加し、政友会長崎支部本流（山田派）を形成した（『新長崎市史』3：710）。竹次郎が政友会に入党したのは、その直後の五月のことである。

しかし、竹次郎は、実弟・倉成庄八郎や原勇、北川久次郎ら旧知の同志や長崎民友新聞社の関係者を中心に西岡倶楽部（政友会西岡派、ハダカクラブの後身）を結成し、市議選や県議選で独自の行動をとった。

一九二七年一〇月には、電車運賃値上げ反対の市民大会で中心的な役割を果たし、長崎電軌鉄道と対立した。これに対し、政友会本流の山田鷹治や県会議員らは、会社側と市民側の仲裁に当たった。同じ政友会所属であっても、地元財界に近い本流と市民への働きかけを重んじる竹次郎との間には、かなり

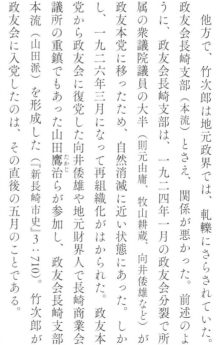

の温度差があった。

西岡倶楽部の独自行動に対し、政友会本流や民政派、国民同盟（民政党を離脱した安達謙蔵や中野正剛らが一九三二年一二月に結成し、長崎では中川観秀や本田恒之が参加）の三派は、自治倶楽部を結成し、竹次郎らとの対決姿勢を強めた。ことに一九三三年三月二八日の第一四回市会議員選挙では、両派による熾烈な選挙戦が繰り広げられた。定員四四のうち、西岡倶楽部は当選一五で最大会派となったが、過半数には届かず、逆に政友会本流（山田派）ほか自治倶楽部は中立議員の一部を糾合し、多数派を形成した。

この選挙はその激しさのゆえに、饗応《きょうおう》買収など、空前の規模の選挙違反が露見した。取り調べを受けた者は一八〇〇名、起訴された者は一二〇〇名に及び、さらに候補者八九名中、起訴となった者は二四名にものぼった。その結果、失職・辞職議員が続出し、その数は一六名に及んだ。定員の三分の一をも上回るだけに、「抜歯市会」とも揶揄された（『新長崎市史』3：707－712）。

そのうち、選挙違反に関わった市会議員が最も多かった会派は、西岡倶楽部だった。実弟の倉成庄八郎も、この市議選で選挙違反に問われ、浦上刑務所に収容される事態となった。そのことは、当然ながら、竹次郎や関係者への非難につながった（『長崎日日新聞』一九三三年四月一四日）。

菊花紋章菓子事件

菊花紋章菓子事件は、それにさらなる追い打ちをかけた。竹次郎が皇室紋章入りの菓子を偽造のうえ、天皇からの御下賜品《ごかしひん》であるとして、選挙目的で支援者らに配ったとの疑惑である。市議選が終わって間もなく、長崎地方検事局や県警は、選挙違反事件と抱き合わせて、竹次郎への訊問や家宅捜査を執拗に行った。

当時、竹次郎は強度の神経衰弱と胸部疾患のため東京・聖路加病院に入院していた。だが、主任医師が絶対安静の必要性を説いたにもかかわらず、遠路、長崎署まで移送のうえ、浦上刑務所に収容された。一九三三年六月七日のことである（『長崎新聞』一九三三年六月八日）。

長崎には竹次郎の妻ハルも付き添ったが、六歳の長女と女中を残した東京の自宅に戻る途中、心労に加えて腸チフスと肺炎を併発し、東京の聖路加病院に緊急入院した。ハルは一時小康を得たものの、危篤状態に陥り、一カ月ほど意識不明が続いた。竹次郎は、衆議院議員の松島鶴平や肥田琢司らの奔走で、刑事の付き添いのもと、妻を見舞うことが許されたが、意識の回復を見ぬまま、浦上刑務所に戻らねばならなかった。

当然ながら、長崎メディアはこの「不敬事件」を派手に扱った。『長崎日日新聞』は、「御下賜品と称し御紋章入のお菓子を　西岡氏がその後援者に配布　偽造ではないかと調査」（一九三三年四月一五日）、「西岡代議士収容されん　罪状明確となり長崎へ護送　西岡王国の末路や哀れ」（同六月五日）などと、大々的に報じた。『長崎日日新聞』（一九三三年六月七日）には、政友会本流（山田派）で長崎支部長の向井倭雄の談話も取り上げられているが、そこでは「兎に角、西岡にとつては大打撃だね。選挙違反か不敬罪かわからぬが大痛手だ」「西岡の地盤と言つても、別に主義政策で堅めたものでなく、金をシコタマ費《つか》つて上手に立ち廻り、人心を収攬《しゅうらん》したに過ぎず、金と口先きにまるめられて、味方をしてゐるに過ぎないのだから、箔《はく》がはぐれれば支持者はなくなるよ」と記されていた。竹次郎に対する政友会本流の憎悪がうかがえるのとともに、それを民政党・自治倶楽部系のメディアが小気味よく報じるさまが浮かび上がる。

それにもまして、この事件を派手に書き立てたのは、『長崎新聞』だった。「西岡代議士に絡る幾多の醜事実曝露」（一九三三年四月一五日）、「問題の人西岡代議士を今朝長崎署に引致《いんち》す　うらぶれて昔日の面影なく」（六月六日夕刊）といった見出しで、連日大きく報じたほか、「奸悪の権化　西岡君の全貌」と題した連載記事を、五月二日より一一回にわたり、夕刊一面に掲載した。

同紙は、政友会本流（山田派）による西岡派批判も、連日報じた。四月二三日夕刊には「空き巣を狙つた西岡一派の窮策――山田幹事長の報告」「党紀紊乱者に斟酌《しんしゃく》の要なし――向井支部長談」といった記事を載せ、また先の連載「奸悪の権化　西岡君の全貌」でも、政友会本流による西岡派批判が頻繁に掲載された。後述のように、同年末には『長崎新聞』は向井倭雄や山田鷹治を経営首脳に迎えることになるが、すでにこの頃から政友会本流の機関紙の色彩を帯びていた。

当然ながら、読者の「公憤」も噴出した。事件の第一報に触れたある読者は、市議選における西岡派候補全員に公開状を送り付け、竹次郎への近さを詰問した。『長崎新聞』（一九三三年四月一九日）は、「選挙醜に公憤昂《たかぶ》る――一派に公開状」と題し、その全文を掲載しているが、そこでは以下のように、竹次郎の「国賊」ぶりが非難されていた。

西岡代議士に絡る
幾多の醜事實曝露
縣廳內綱紀紊亂も摘發
檢事局の態度强硬

問題の人西岡代議士を
今朝長崎署に引致す
うらぶれて昔日の面影なく
近く收容される模樣
縣警察部で協議
後藤檢事も加はって
本日中には何れにか決定
久米少佐の實妹

『長崎新聞』における菊花紋章菓子事件報道（左：1933 年 4 月 15 日／右：1933 年 6 月 6 日夕刊）

> 畏《おそ》れ多くも上御《かみご》一人《いちにん》の御名を濫用し奉り、あまつさへ御紋章入りの御菓子をまで偽造し、純朴なる国民をあざむき、自己の私利私欲を、名誉を、ほしいまゝにせんとせるこの竹次郎の罪断じて軽からず、国民として許すべからざる不敬の行為である。全く不忠不義の民といふより寧《むし》ろ彼竹次郎は国賊なりといはざるを得ない。斯かる徒《と》輩《はい》をして当長崎より代議士として選出したることそれ事態《ママ》が上御一人に対し奉り申し訳もなき不謹慎の行為であります。

この「公開状」は、さらに同日の『長崎日日新聞』でも取り上げられるなど、地元メディアの注目を集めた。「御名を濫用」した「国賊」とされた竹次郎は、地元紙や一般市民から集中砲火を浴び、文字通り四面楚歌の状況に陥った。

腸チフスと肺炎で危篤状態に陥った妻ハルは、竹次郎の収監にまで至った当時のことを、のちに次のように振り返っている――「あの時ほどつらい思いをしたことはなかった。何しろ事件が不敬事件というので誤解が解けなかったらどんな結果になるか。前途は真っ暗でした。病床の私は生死の境をさまよっていたので主人が刑事につれられて上京してきたことは全然わからなかった。あとで病院の人から聞いてわかった次第です。とにかく、およそ一カ月の間は、全く意識がなく、誰が、どなたが病床を見舞って下さったのか判らなかった」(『伝記』中：152)。

竹次郎にしてみれば、妻の危篤に加えて、六歳の長女が東京の自宅に女中と二人で残されていたことも、気がかりだったことだろう。竹次郎とハルにとって、生涯で最大の逆境とも言うべき時期だった。

事件後の安らぎと入籍

だが、竹次郎の身柄拘束は、地方内務官僚による選挙干渉の色彩をつよく帯びていた。竹次郎が知人に配ったとされる菊花紋章菓子は、そもそも偽造などではなかった。代議士として出席した観桜会・観菊会で下賜された菓子や煙草を親族や知人に分け与えたというのが、実状だった。下賜を受けた「光栄」を親しい者たちと分けることは、何も疚《やま》しいものではなく、「不敬」の誹《そし》りを受ける筋合いはなかった。

むしろ、「皇室」「天皇」という政治シンボルが、政敵攻撃に利用されたと見るべきだろう。竹次郎が先の「公開状」に対し、「皇室といふ言葉をみだりに用ひて、政敵たる西岡を攻撃するその態度こそ不敬ではないか」と反論したのも、当然であった(『伝記』中：149)。

家族と軽井沢にて（1939 年、『伝記』中）　左から竹次郎、長男武夫、長女晶子、次女松子、妻ハル

これをめぐる裁判は、第二審長崎控訴院までもつれたが、最終的に一九三四年一〇月、無罪判決が出された。菊花紋章菓子問題は不問に付され、選挙違反についても、「倉成被告と共謀して立候補希望者から誓約書をとり威力を加えた」という点は、証拠不十分とされた。なお倉成庄八郎ら三名については、軽微な罰金刑となった（『伝記』中：154・168『長崎日日新聞』一九三四年一〇月二〇日）。

一九三五年一〇月一二日、事件を乗り切った竹次郎とハルは、正式に婚姻し、入籍の届を出した。媒酌人は、政友会で幹事長を務めた松野鶴平と同じく政友会代議士・大崎清作だった。すでに、一一年に及ぶ同居生活を送っていたが、籍は入れていなかった。

竹次郎が結婚したのは、じつはこれが初めてではない。すでに、早稲田大学在学中に吉岡シズ子と同棲し、実質的な婚姻生活を送っていた。シズ子は、竹次郎が少年時代に働いていた牛乳店の娘である。既述のように、牛乳店主夫妻は、竹次郎の勤勉さと才能を見込み、将来、店の跡取りにしたいとの思いがあった。シズ子は竹次郎の久留米連隊入営中に長崎の牛島家に移り、女児を出産した。竹次郎は除隊後も引き続き早稲田に在学し、寄宿舎で弁論の活動に熱を入れていたのは、既述の通りである。

だが、シズ子は産後の肥立ちが悪く、一九一五年一二月に死去した。竹次郎は、死亡届と婚姻届を同時に出した。雄弁会や大隈伯後援会の活動にのめり込み、シズ子を支えられなかったことへの悔恨があった。さらに不幸なことに、女児ヨシ子も生後八カ月でこの世を去った（『伝記』上：247－248）。

一九〇五年生まれの永野ハルが竹次郎に出会ったのは、それから八年ほど後のことである。イギリス帰りの竹次郎は、第一五回総選挙に出馬し、初陣《ういじん》の演説を振るっていた。前年に女学校を卒業したハルは、竹次郎の選挙事務所の手伝いをしたことをきっかけに、初当選間もない一九二四年一〇月に生活を共にするようになった（『長崎の女たち 第二集』：146－147）。だが、前妻シズ子をめぐる悔悟の念から、竹次郎はハルとの入籍を長らく思いとどまっていた。

にもかかわらず、一九三五年になって婚姻披露の場を設け、籍を入れたのは、菊花紋章菓子事件の苦しい時期を支え合って乗り切ったという思いがあったのだろう。政友会要人が媒酌を務めていることを考えれば、彼らの後押しもあったのかもしれない。

長崎政界と新聞界の変容

一九三四年一一月二五日には、事件に翻弄された竹次郎を慰労する「雪冤会《せつえんかい》」が、東京会館で開かれた。主催は、発起人の若宮貞夫（政友会幹事長）のほか、鳩山一郎、水野錬太郎、島田俊雄、松野鶴平、中島知久平《ちくへい》など政友会幹部らで、出席者は尾崎行雄、徳富蘇峰、元田肇、長谷川伸（作家）、久原《くはら》房之助、前田米蔵ら、政財界の大物や文化人など四〇〇名に及んだ。一九二四年に「長崎の六大問題」で議員を

雪冤会で挨拶を述べる竹次郎（1934年11月25日、『伝記』中）

失職した中正倶楽部時代に比べ、政友会関係者からの手厚い支援が見て取れる。弁護士資格を有する浜田国松（政友会、衆議院議長）や島田俊雄は、裁判で竹次郎の弁護にも関わっている。

　その浜田は雪冤会の席上で、「前代未聞とも云ふべき選挙大干渉、大弾圧」「政敵の陰険なる行動」「立憲治下にあるまじき出来事」と非難した。このことは、長崎の民政派や国民同盟派ばかりでなく、「政友会内の某々一派」つまり政友会本流（山田派）に対しても、政友会上層部が苦々しく思っていることを示していた（『中央新聞』一九三五年六月七日）。

　竹次郎も、同年一二月末、菊花紋章菓子事件で派手なキャンペーンを張った『長崎新聞』を名誉毀損で訴え、損害賠償を求める訴訟を起こした。

　前に述べたように、従来、『長崎新聞』は憲政会系の新聞だったが、憲政会と政友本党が合流して民政党が成立すると、もともと政友本党系で民政党長崎支部の実質的な機関紙となった『長崎日日新聞』との差別化が難しくなった。そのためか、『長崎新聞』は政友会本流に接近した。一九三三年一二月、同紙は向井倭雄を社長に据え、山田鷹治を顧問に迎えた（『新聞総覧』一九三四年版：393）。菊花紋章菓子事件の折、政友会長崎支部長の向井や同幹事長の山田が竹次郎をこき下ろしていただけに、それに与《くみ》する『長崎新聞』への竹次郎の憤りは大きかった。事件の余韻が燻ぶる一九三五年八月には、工員らのストライキが勃発し、以後、『長崎新聞』は姿を消すに至った（『日本新聞年鑑』一九三六年版：104『長崎新聞社史』：160）。

時を同じくして、政友会本流、民政派、国民同盟の三派連合である自治倶楽部は、自然消滅した。直接的なきっかけは、長崎市の収入役選任をめぐって、民政党と国民同盟が折り合わなかったことによる。民政党が自治倶楽部を離脱したことで、一九三四年一一月にこの連合体は解消され、以後、長崎市の政派は流動的となった（『新長崎市史』3：712）。だが、それればかりではなく、自治倶楽部が西岡倶楽部との政争に勝てなかったこと、それに伴い、政友会本流の権威が失墜していたことが関わっていたのは、想像に難くない。

天皇シンボルの政治闘争

長崎政界・新聞界の変容とともに、菊花紋章菓子事件の別の側面にも、目配りしておく必要がある。既述のように、この事件は直接的には、天皇や皇室を政治シンボルとして用い、政敵を叩きのめそうとするものだった。そうした動きは、何も長崎のこの事件に限るものではない。同時代の日本では、すでにさまざまな局面で、政治シンボルとしての「天皇」「国体」が、政治や言論を規定づけていた。ロンドン海軍軍縮条約をめぐる統帥権干犯問題は、その典型だった。

浜口雄幸内閣は一九三〇年四月、ロンドン海軍軍縮条約に調印した。ワシントン海軍軍縮会議（一九二一－二二年）が主力艦について軍備縮小・制限をしたのに続き、補助艦（巡洋艦・駆逐艦・潜水艦）について制限することを目的としていた。建艦競争を抑制し、軍備縮小を実現することは、緊縮財政を掲げる浜口内閣にとって、避けては通れない課題だった。

当初の日本側の方針は、補助艦総トン数対米七割、大型巡洋艦対米七割、潜水艦現有量だったが、難航の末にようやく成立した妥協案は、補助艦総トン数対米六九・七五パーセント、大型巡洋艦六割（ただし、アメリカは三隻の完成を一九三六年度以降とし、条約期限の一九三五年までは対米七二・二六パーセント）、潜水艦は米英日同量（日本の現有量より減）というものであり、浜口は妥結を決断した。

これに対し、海軍強硬派や右翼のほか、政友会の犬養毅・鳩山一郎らは、軍令部長の賛成を得ずに（実際には消極的ながら黙認の姿勢を示していたが）、統帥事項である兵力量に関わる条約を調印したのは、憲法十二条に規定された天皇の統帥権の干犯にあたるとして、浜口内閣を非難した（有馬 2002：104－106 北岡 1999：110－113）。

ちなみに、犬養率いる政友会は、そもそも海軍軍縮に賛成していた。にもかかわらず、浜口内閣を「統帥権干犯」で論難したのは、ひとえに第一七回総選挙（一九三〇年二月）で敗北した政友会が民政党を追い込もうとする意図によるものだった（井上 2012：89－95 筒井 2012：178）。

もっとも、政友会から見れば、これは一種の意趣返しでもあった。一九二八年八月、田中義一内閣がパリ不戦条約に調印した際には、条約文中の「人民の名において」の文言が天皇大権の毀損にあたるとして、枢密院とともに野党・民政党が攻撃した（筒井 2012：135－136 井上 2012：65－66）。

天皇という政治シンボルを政争化する動きは、軍・政治家の復古層や民間右翼の横断的結集を促し、政党政治や協調外交に対する国民の反感を煽ることとなった。一九三〇年一一月、右翼青年・佐《さ》郷屋《ごうや》留《とめ》雄《お》に浜口が銃撃されたことも、それに起因していた。

その後、首相代理に就いた幣原《しではら》喜重郎は「此条約は御批准になって居ります。御批准になって居ると云う事を以て、此倫敦《ロンドン》条約が国防を危くするものでないと云うことは明か」と発言したが、それが天皇に政治責任を負わせるものとして、野党・政友会の集中砲火を浴びた。田中内閣期には、文相・水野錬太郎が辞任を撤回した際、天皇より優諚《ゆうじょう》があったので留任したと述べたことが、民政党議員の激しい糾弾を招いたが（水野文相優諚事件）、幣原への追及がその遺恨に根差すことは明らかだった。これは大乱闘を引き起こして、負傷者も出し、審議が一〇日も止まる事態となった（筒井 2012：129・184－185）。

天皇シンボルの政治利用は、「天皇親政」への期待感を醸成したのと同時に、国民の政党政治に対する不信感をつよめ、政党自らの首を絞めた。五・一五事件（一九三二年）で首相・犬養毅が海軍青年将校らに殺害され、以後、政党内閣が途絶えたことは、それを雄弁に物語る。その後も、天皇機関説排撃事件に端を発する国体明徴運動（一九三五年）、皇道派陸軍将校がクーデターをめざして反乱を起こした二・二六事件（一九三六年）など、天皇の政治シンボルを掲げた言論弾圧や直接行動が相次いだ。規模こそ異なるが、西岡倶楽部（政友会西岡派）への弾圧を意図して引き起こされた菊花紋章菓子事件も、天皇シンボルの政治利用という点で、これらに通じるものであった。

以後、日本が戦時体制に突き進むなか、竹次郎はどのような言動を展開していくのか。そこに国政や長崎政界、そして長崎メディアはどう関わっていたのか。その点を次の章で見ていきたい。

第四章

戦時体制下の「平等」

海軍政務次官に任命された竹次郎（1939年９月、『伝記』中）

斯の如く久原派に於ける自由主義者の多数が言論の自由の名にかくれて、斎藤君の聖戦冒瀆の言動を支持し、擁護する態度を執つたことは、聖戦下の今日、全く残念千万であり、出征将兵並に英霊に対して甚だ申しわけのない次第であつたと思ふ。（西岡竹次郎「久原総裁の食言」『政界往来』一九四〇年五月号）

1　政党政治への疑念

政党の衰退と軍部の台頭

一九三六年二月二〇日、第一九回総選挙が行われた。満洲事変の勃発（一九三一年九月一八日）や五・一五事件（一九三二年）の影響もあり、軍部の政治介入が際立つ一方、政党の力は弱まりつつあった。五・一五事件で首相・犬養毅が射殺されたのち、陸軍次官・小磯国昭は、陸相・荒木貞夫や近衛文麿らに政党内閣絶対反対を申し入れた。参謀本部第二部長・永田鉄山も、内大臣秘書官長・木戸幸一らに対して、「〔政党内閣となった場合は〕陸軍大臣に就任するものは恐らく無かるべく、結局、組閣難に陥るべし」と述べ、後任の陸軍大臣を出さないことによって政党内閣成立を阻止する意思を示していた（筒井 2012：259）。

政党にしても、不戦条約・ロンドン海軍軍縮をめぐる「党利党略」や普通選挙下での激しい選挙干渉（とくに政友会・鈴木喜三郎内相期）は、国民の幻滅を招いた。松島遊郭事件（一九二六年）、売勲事件（一九二九年）、五私鉄疑獄事件（一九二九年）、帝人事件（一九三四年）など、政党要人が絡む疑獄事件の頻発も、政党への風当たりを強くしていた（ただし、帝人事件は全員無罪）。

国政のみならず地方でも、政党・会派の足の引っ張り合いが横行していた。それは決して、長崎に限るものではなく、他の地域でも、警察や暴力団まで使って自党・自派の浸透を図ることは、珍しくなかった。そのことは、まだしも「中立」「清廉」とみなされた軍部の台頭を後押しした（筒井 2012：280－281）。

こうした背景もあり、五・一五事件後に首班指名されたのは、既成政党総裁ではなく、海軍大将の斎藤実《まこと》だった。順当に行けば、政友会新総裁・鈴木喜三郎が指名されるはずだったが、元老・西園寺公望は鈴木の資質を問題視していた（北岡 1999：174）。斎藤実は海軍穏健派の長老で、かつて朝鮮総督として、それまでの武断統治を文化統治に転換させていた。斎藤内閣は、政党からの入閣を政友会三名、民政党二名にとどめ、政党・官僚・軍部の三者均衡が図られた。その意味で斎藤内閣は、事件後の安定を目的とした「挙国一致内閣」だった。

だが、犬養政友会内閣のもとで行われた前回総選挙（一九三二年二月）では、民政党が一四六議席の獲得にとどまったのに対し、政友会はその倍以上の三〇一議席を得ており、衆議院で絶対多数を占めていた。したがって、鈴木喜三郎総裁下の政友会は、しばしば斎藤内閣に非協力的で、政友会単独政権の奪取をめざしていた。それに対し、民政党は斎藤内閣に協力的だった（井上 2012：174－175 北岡 1999：189）。

他方で、政友会・民政党の協力を模索する動き（政民提携論）もあったが、帝国人絹会社の株式買受をめぐる疑獄事件（帝人事件）をきっかけに、斎藤内閣は一九三四年七月に総辞職するに至った。

その後、引き続き海軍大将の岡田啓介が、後継内閣を組織した。岡田は斎藤と同じく穏健な国際協調論者であり、ロンドン海軍軍縮条約成立の立役者のひとりでもあった。岡田内閣は、斎藤内閣と同様、二大政党より合計五名の入閣となった。しかしながら、内相・蔵相などの主要ポストは政党に回さなかった（ただし、蔵相・藤井真信の病気辞任後は政友会・高橋是清が就任）。

政友会は途中で入閣を拒み、入閣した逓相・床次竹二郎（一九二九年九月に政友会に復党）、農相・山崎達之輔、鉄相・内田信也を除名した。大物の高橋是清に対しては、さすがに除名は憚《はばか》られたが、「別離」として党外に追い出した（筒井 2012：133 清水・瀧井・村井 2020：195）。床次は翌年没したが、山崎と内田は他の脱党者とともに昭和会を結成した。民政党と昭和会は岡田内閣の与党となったのに対し、政友会は斎藤内閣期にもまして政権との対決姿勢をつよめた。ただ、与野党問わず、政党出身閣僚の地位低下もあって、政党の勢力は大きく後退した（北岡 1999：194 有馬 2002：184）。

一九三五年二月に貴族院で美濃部達吉の天皇機関説が攻撃されると、政友会はこれを争点化し、三月二三日に国体明徴決議案を衆議院に緊急上程した。倒閣と政友会への政権移譲を意図してのことだった。天皇シンボルは、ここでも政争の具とされた。

時を同じくして、陸軍内部では、統制派と皇道派の対立が激化した。一九三五年七月、陸相・林銑《せん》十郎《じゅうろう》が教育総監・真崎甚三郎を罷免すると、皇道派系革新将校がこれに反発した。翌八月一二日には、皇道派の相沢三郎中佐が陸軍省軍務局長・永田鉄山を執務室で斬殺するという事件が起きた。

兄弟当選と政友会の惨敗

岡田内閣は一九三六年一月二一日、任期満了となった衆議院を解散し、二月二〇日に第一九回総選挙を実施した。竹次郎は実弟・倉成庄八郎とともに、長崎一区より出馬した。政友会西岡派（西岡倶楽部）

から、少しでも多くの「ほんとうの同志」を代議士として送り込もうとする意図によるものであった。

倉成は、市立長崎商業学校、日本大学専門部法科を卒業したのち、長崎税務署、長崎県庁、『万朝報』などを経て、長崎民友新聞社副社長、長崎市会議員（当選二回）、長崎県会議員（当選四回）を務めていた（植木家資料「衆議院議員立候補のあいさつ」『衆議院議員名鑑』）。

この選挙では、長崎県は二つの選挙区に分けられていた。一区が長崎市、西彼杵郡、北高来郡、南高来郡、対馬、二区が佐世保市、東彼杵郡、北松浦郡、南松浦郡、壱岐《いき》という区割である。長崎二区には、西岡倶楽部発足以来のメンバーで県議会議員も務めた北川久次郎が立候補していたこともあり、竹次郎は庄八郎を同じ長崎一区で出馬させた。

当然ながら、票の取り合いになることは、十分に予想された。そこで竹次郎は、従来の地区ごとの獲得票数をふまえて、西彼杵郡、北高来郡、南高来郡の支持者に対し、倉成に投票するよう働きかけた。竹次郎は一九三六年二月に関係者に郵送した文書のなかで、「この前の総選挙におきましては私は、あなたを初め西彼、北高南高の皆さんから約一万四千票の御同情をいただいたのであります。甚だ恐縮な御願ひでありますが、前回この西岡に賜《たま》はりました投票を、私の身代りとして立ちました、弟倉成のために、御投票を、いただくことが出来ますれば、倉成はこれだけで当選することが出来るのでありま す」と記していた（植木家資料「衆議院議員立候補のあいさつ」）。

実際に、倉成は二万二一三一票を獲得し、第二位で当選を果たした。トップ当選したのは、今回も竹次郎であり、二万三三四九票を集めた。竹次郎と倉成を合わせると、投票総数の四一・七パーセントを占めており、残る三名の当選者の累計得票数をも上回っていた。

とはいえ、全国の選挙結果として見るならば、第一党となったのは、二〇五議席を獲得した民政党であり、政友会は前回議席の六割にも満たない一七四議席と惨敗に終わった。のみならず、総裁・鈴木喜三郎までもが落選する事態となった。

長崎一区でも、政友会の当選者は竹次郎と倉成の二名にとどまり、残るは民政党の中村不二男と本田英作、中立系の馬場元治であった（『第十九回衆議院議員総選挙一覧』）。馬場が本田恒之の女婿《じょせい》であることを考えれば（「金的をねらう顔⑧——馬場元治氏」）、議席数としては長崎一区でも民政党系が政友会を上回っていた。菊花紋章菓子事件で竹次郎を攻撃した政友会長崎支部長（本流山田派）の向井倭雄も、次点で落選していた。

この選挙結果が明らかにしたのは、天皇機関説排撃事件に加担し、国体明徴運動に前のめりだった政友会ではなく、華北分離工作など関東軍の暴走が進みつつも、軍国主義化から距離を取り、現状維持の姿勢を基調とする岡田内閣および民政党への国民の支持だった（井上 2012：190 − 192　北岡 1999：265）。

二・二六事件と政友会の混迷

しかし、それを反故《ほご》にするかのような事件が勃発する。総選挙から六日後に起きた二・二六事件である。皇道派青年将校らが在京部隊（歩兵第一・第三連隊、近衛歩兵第三連隊など）の将兵一四八五名を動かして都心を占拠したこのクーデター未遂事件は、四日後に鎮圧されたが、そのなかで、高橋是清や斎藤実らが蹶起《けっき》部隊に殺害されたほか、首相官邸も襲撃された。岡田啓介は奇跡的に難を逃れたものの、当初は死亡が確実視されていた。岡田内閣は事件の責任をとって総辞職し、外相だった広田弘毅《こうき》が後継内閣を組織した。

二・二六事件は、一面では軍人の政治関与への批判をもたらした。事件から二カ月余りを経た一九三六年五月七日には、民政党・斎藤隆夫が「粛軍演説」を行い、政治に介入する軍のありようを鋭く批判して、世論の支持を集めた。陸相・寺内寿一も、これに同感の意を示した（北岡 1999：265）。事件関係者は軍法会議で裁かれ、皇道派を中心とする政治的軍人が多く予備役編入となった。

だが、軍人が個人や少数グループとして組織を離れて行動することは、以後、見られなくなった半面、陸軍は組織ぐるみで圧力をかけるようになった。陸軍は広田内閣の組閣にあたり、軍部大臣のみならず他の人選にも介入し、政党からの入閣者を減らすよう、つよく求めた。また、広田内閣は陸軍の要請を受けて、第一次山本権兵衛内閣時に廃止された軍部大臣現役武官制についても、早々に復活させている。これは結果的に、以後、内閣への軍の影響力を著しく強めることとなった（北岡 1999：265　服部 2008：115－127）。

そうしたなか、政友会は混迷を深めた。何より、総選挙で惨敗の結果をもたらし、自身も落選の身となった総裁・鈴木喜三郎は、求心力を著しく低下させた。犬養毅の死去後に総裁の座に就いた鈴木は、斎藤内閣に閣僚を送り込みながらときに攻撃したり、岡田内閣に入閣した床次、山崎、高橋ら党内実力者を実質的な除名処分にするなどして、徒らに政友会の勢力低下を招いた。党内人事においては強引さと不公平が際立ち、自派および義弟の鳩山一郎を優遇したことから「鈴木・鳩山の私党」と極言された。鈴木が病に伏せがちになってからは、総裁代理の鳩山が勢力を伸ばしたが、それも鈴木・鳩山への不満を助長し、反対勢力である政友会革新派の結束をもたらした（奥 2004：98・124）。

一九三七年二月になると、鈴木総裁排斥の機運が高まり、緊急顧問会は鈴木に対する引退勧告を行った。鈴木はようやく辞任を表明したものの、複雑な党内事情ゆえに総裁に名乗りをあげる者はなかった。暫定的に総裁代行機関（代行委員）が設けられ、鳩山一郎、前田米蔵、島田俊雄、中島知久平の四名による集団指導体制へと移行した（同前：124）。

竹次郎も、政友会革新運動の一翼を担った。第一九回総選挙（一九三六年二月）実施前のことではあるが、竹次郎は同選挙の選挙公報において、以下のように述べている。

　政治家は、政治を忘れてゐる。私は敢て、政治の貧困とは云はない。彼等は遂に、何を成すべきかを知らないのである。今日の病弊は、議会と政党とが、自己の立場を忘れて、自己の責任を考へないところにある。従つて、議会と政党とを、正しき位置に戻し、我が立憲政治の軌道に帰らしむるためには、議会も政党も、当《まさ》に、更生的努力を必要とする。更生的努力といふのは、議会が、昭和維新の事実を認識して、此大業に向つて、全精力を傾注することである。議会政治を復活せしむるといふことは、軍部を抑へたり、或はまた、官僚を掃蕩《そうとう》することだと考へるのは、大きな間違ひである。官僚も、政党も、軍部も、共に、相率《ひき》ゐて、協力一致すべき秋《とき》である。先づ政治家をして、昭和維新の大目標に自覚せしめ、これによつて、議会の威信と実力を回復せしむることである。
（「選挙公報　第十九回総選挙」）

選挙で選ばれた政党人による政治ではなく、軍や官僚とも積極的に協力する政党像・政治家像が、そこには浮かび上がる。非政党内閣である斎藤内閣や岡田内閣とも、ことさらに遠いものではない。もっとも、普通選挙実現を声高に叫んでいた頃の政治理念との齟齬《そご》は見受けられるが、少なくとも、政友会単独内閣を目論んでいた政友会主流派とのあいだには、明らかな温度差があった。実際に、竹次郎は党内革新派と目される代議士とともに、鈴木退陣と党の抜本的革新を訴え、「今や党の組織と党の動向と、党の使命とを再検討し、新しき基礎のもとに再建設し、以て面目を一新」すべく、解党や新党樹立を唱えていた（『伝記』中：198 – 199）。

竹次郎はもともと鈴木喜三郎に近く、一九三二年の総選挙の時点では、鈴木派に属していた。竹次郎が政友会に入党したのは一九二六年五月だったが、司法官僚で貴族院議員だった鈴木の入党も、それにほど近い同年四月だった（筒井 2012：107『東京朝日新聞』一九二六年二月二七日）。義弟・鳩山一郎も、同年二月に政友本党より政友会に復党した。鈴木や鳩山が、総裁でのちに首相となった田中義一に重用されるなか、竹次郎は彼らに接近していた。ちなみに、長崎政友会で対立関係にあった向井倭雄は、床次竹二郎派だった（奥 2004：58 – 59）。

しかしながら、政友会の衰退と内部対立が顕著となるなか、竹次郎は鈴木・鳩山を追及する側に回るようになった。政友会の代行委員制移行についても飽き足らなさを覚え、加藤久米四郎や肥田琢司らとともに解党・新党結成を視野に入れた革新運動に深く関わっていった（『伝記』中：201）。

五度目の当選と西岡倶楽部の伸長

一九三七年一月、広田内閣は総辞職した。衆議院での浜田国松の質問演説に対し、陸相・寺内寿一が反発したことから（「腹切り問答」）、議会解散を要求する陸相と政党出身閣僚が対立し、閣内不一致となったためである。

その後は、陸軍大将の宇垣一成《かずしげ》に大命降下となった。だが、大正末期に陸相として軍縮を進めた宇垣への反感から、陸軍は担当大臣の推挙を拒み、組閣は流れた（清水・瀧井・村井 2020：202）。広田内閣で復活した軍部大臣現役武官制が、早くも内閣の成立を左右する事態となった。

それに代わって首班を引き受けたのが、同じく陸軍大将の林銑十郎だった。林内閣は政党からの入閣を一名のみにとどめたこともあり、政党の反発は大きかった。林は予算案を通過させたうえで、三月三一日に衆議院を解散した。いわゆる「食い逃げ解散」である。これに憤った民政党と政友会は、結束して林内閣と対決した。四月三〇日に実施された第二〇回総選挙では、民政党一七九議席、政友会一七五議席を獲得、両党合わせて議席総数の四分の三を占めた。その結果、林内閣は政党のみならず、軍部からも支持を失い、早々に総辞職した（北岡 1999：278）。

この総選挙では、竹次郎は倉成庄八郎のほか、自派の太田理一を長崎一区で擁立した。南高来郡および北高来郡の一部については、自派支持者の票を太田に集めるなど、前回と同じく、各候補者の票を地区別に固める策をとった（太田理二「選挙公報 第二〇回総選挙」）。それが功を奏して、政友会西岡派の三名全員が当選を果たした。もっともトップ当選は、東方会（中野正剛主宰）に所属した馬場元治だったが、二位と三位、五位はそれぞれ竹次郎、倉成、太田が占めた。民政党からは中村不二男が四位当選を果たしたものの、則元卯太郎は次点で落選した。長崎における政友会西岡派の勢力伸長を示す結果となった。

こうした状況は、政友会中央の内部抗争とも絡みながら、長崎政友会、ひいては新聞界の再編を突き動かすこととなる。

政友会の派閥抗争と倉成庄八郎の死

四カ月という短命に終わった林内閣の後を受けたのは、近衛文麿だった。天皇家に次ぐ名門の出であり、しかも四五歳と若い近衛は、国民的な人気があった。第一次近衛内閣には、民政党から永井柳太郎（逓信大臣）、政友会から中島知久平（鉄道大臣）が入閣した。政務官人事においても、政友会からは軒並み中島派議員が登用された（奥 2004：127）。中島派は鳩山一郎ら主流派に批判的な政友会革新派の中核をなしていただけに、勢いづいた政友会革新派（中島派）と疎外された主流派（鳩山派）の対立は激化した。

加えて、近衛の周辺で新党構想が浮上した。すでに広田内閣末期の一九三六年一二月以降、政友会・中島知久平（中島飛行機創業の財界人）は、近衛側近の後藤文夫・有馬頼寧《よりやす》、民政党の永井柳太郎、陸軍重鎮・林銑十郎らとともに、近衛を党首とする新党結成をめざしていた。これは既成政党の合同だけではなく、官僚や軍部・財界をも広く糾合しようとするプランだった（奥 2004：121）。一九三八年になると、首相の近衛自身が、木戸幸一や有馬頼寧、風見章ら閣僚に命じて、新党構想に着手しようとした（有馬 2002：248）。近衛が内閣を投げ出す意志を固めた同年末には、これらの構想はいったん立ち消えになったが、一連の動きは政友会の内紛を過熱させた。

もともと政友会のなかには、斎藤内閣成立以降、政党内閣の復活や政友会単独内閣をめざす鈴木・鳩山派の流れがあった一方、近衛新党構想に積極的な中島派、斎藤内閣期より一国一党論を唱えていた久原房之介らのグループが存在した。必然的に、近衛新党をめぐる動向は、各派の主導権争いに直結した。一九三九年四月、政友会解党・近衛新党運動に積極的な中島派は、党本部を占拠して党大会を開催し、中島知久平を総裁に選出した。それに対し、鳩山グループは、一時は対立関係にあった久原房之介に総裁の座を譲ってでも、多数派獲得をめざした。久原は久原鉱業を創業した財界の大物で、初当選（一九二八年）から一〇年ほどでしかないものの、豊富な資金力を背景に、党内実力者に上り詰めていた。政友会は中島派（革新派、九七名）と久原派（正統派、六六名）に分裂し、二つの政友会が並立する事態となった（奥 2004：118・131　井上 2012：219）。

竹次郎は、政友会解消と新党創設をめざす点で、政友会革新派（中島派）に近かったが、当時は政友会久原派に属していた（奥 2004：136－138）。久原の「一国一党論」への共感もあったのだろうが、おそらくはそれだけではなかった。鈴木喜三郎やその後継たる鳩山一郎に批判的ではありながらも、政友会入党以来の人的ネットワークを重んじたのだろう。

政友会中央ばかりではなく、政友会長崎支部でも、再編の動きが見られた。一九三三年の菊花紋章菓子事件で竹次郎が無罪になって以降、一時は西岡倶楽部と反西岡派連合（自治倶楽部）の対立は和らいだかに見えた。だが、その後も両派の対立は、しばしば見られた。一九三八年二月には代議士と市会議長を兼任していた倉成庄八郎に対し、長崎市政研究会（政友会本流、民政党、東方会等による反西岡派連合）が不信任決議を提出し、可決された。法的な拘束力を持つものではなかったが、市会の議事運営は混乱した（『新長崎市史』3：713－714）。

こうした動向に変化をもたらしたのが、倉成の死であった。倉成は一九三八年四月二二日、風邪から急性肺炎を併発し、市内の病院に入院後まもなく死去した。享年四六歳だった。国政・市政、新聞経営の面で竹次郎を支えただけではなく、約二〇年にわたり西岡倶楽部の中心人物だった倉成庄八郎の死は、竹次郎にとって大きな痛手だった。

長崎政界においても、その影響はきわめて大きかった。倉成の死去により、前回選挙で次点だった民政党の則元卯太郎が、繰り上げ当選となった。倉成が市会の重鎮で、議長も務めていたことを考え合わせれば、その死去は政友会西岡派（西岡倶楽部）にとって、決定的な勢力後退を意味した。

「恩讐《おんしゅう》の彼方」の合従連衡《がっしょうれんこう》

そこで竹次郎が模索したのが、民政党長崎支部で副支部長の職にあった本田英作との連携だった。既述のように、本田英作はかつて竹次郎が初当選した折に、「長崎六大問題」を選挙違反として告発し、議員辞職に追い込んだ。以後、竹次郎と本田英作は、ことあるごとに対立した。にもかかわらず竹次郎は、倉成の弔問に訪れた本田に対し、政治的な提携を持ちかけた。

だが、敵対していた民政党有力者は、他にも少なからずいたにもかかわらず、なぜ本田に声をかけたのか。その理由は判然としないが、長崎一区における政治基盤の問題が関係していたように思われる。

一八八五年生まれの弁護士・本田は、県会や市会では議員当選を重ねる重鎮だったが、国政では苦戦を強いられがちだった。一九三〇年二月の第一七回総選挙では次点で落選、第一六回（一九二八年五月）・一九回（一九三六年二月）総選挙では当選を果たしたが、いずれも最下位であり、長崎一区ではつねに当落線上にあった。第一八回（一九三二年二月）や第二〇回（一九三七年四月）の総選挙には、出馬すらしていない。その理由は不明だが、民政党長崎支部（長崎一区）には則元卯太郎、中村不二男、中川観秀（第一八回総選挙後に国民同盟に合流）などの有力政治家がいたため、公認が得られなかったのかもしれない。

もっとも、本田英作は民政党系の『長崎日日新聞』とは一定のつながりがあり、一九三三年以降、同紙の取締役に就いていた（『新聞総覧』一九三四－三八年版）。だが、同時期には、中村不二男も同紙取締役を務めていた。また、則元卯太郎は、元社長の父・由庸の没後、実質的な社主家の代表として、副社長の職にあった。本田は地元メディアとのつながりの点でも、則元卯太郎や中村不二男ら他の民政党有力者を上回るものではなかった。

だとすれば、本田にとって、たとえ民政党長崎支部で副支部長の要職にあっても、国政進出の安定性

竹次郎と本田英作の提携（1938年5月、『伝記』中）

は望めなかった。むしろ、有権者の西岡派支持の根強さを考えれば、政友会西岡派に入り、倉成庄八郎の地盤を引き継ぐことは、大きな利点となるはずだった。おそらくは、そうした読みもあって、竹次郎は本田英作に連携を持ちかけたのだろう。

竹次郎の誘いを受けて、本田は倉成の死去から一〇日ほどを経た一九三八年五月一日、元長崎市会議長の重藤鶴太郎（党県支部顧問）とともに民政党を離党し、政友会西岡派に加わった。民政党長崎支部にとって、その衝撃は大きかった。長崎支部幹事長の則元卯太郎は、島原鉄道の創業者で、県会議員・衆議院議員を歴任した植木元太郎に対し、五月六日付で以下の書簡を送っている。

本月一日、突如当支部顧問重藤鶴太郎及び副支部長本田英作の両氏、吾が党を脱党し、革新政策断行の為め西岡竹次郎氏と協力する旨の声明書、発表相成り申し候処、其の真相は西岡氏が重藤氏を通して本田氏に対し、故倉成氏の後継者たらんことを懇請し、本田氏は次期総選挙に於ける代議士当選を確実ならしむる意図の下に、之を応諾せられたるものに御座候

吾等党員としては、かゝる大義名分を欠如せる異変に付き何等顧慮するところはなく、時局の重大性を深く認識し、自粛自戒以て結束を固くし、対処致し度《た》く存じ申し候

何卒《なにとぞ》貴台に於かれても愚見に賛同賜り度く、報告旁々《かたがた》斯くの如くに御座候（「重藤鶴太郎・本田英作離党の件」）

早急に有力関係者の動揺を鎮《しず》めようとする意図が見受けられるが、裏を返せば、民政党長崎支部の衝撃がそれほど大きかったことが透けて見える。

竹次郎のグループに鞍替えした本田英作は、その後、衆議院に返り咲くことができた。一九三九年四月、民政党・中村不二男が選挙違反で失職したことに伴い、補欠選挙が行われ、本田は無事に当選を果たした（『長崎日日新聞』一九三九年五月三日夕刊）。政友会西岡派にとっても、倉成庄八郎の死去で一度は失った議席を奪取することができた。

長崎の「新党運動」

もっとも、これは一面では既存の政党を再編し、新たな政治勢力を作り上げようとする近衛新党運動の流れに対応したものでもあった。竹次郎と本田英作、重藤鶴太郎は合流に関して、以下の共同声明を発表していた。

現下の政局は外に対しては国家総動員の態勢を整え、内に対しては革新政策を断行すべき、大日本国家の非常時機たり。わが長崎県市にとりても大飛躍をなすべく、真に小異を捨て大同に就く秋《とき》なるを痛感す。即ち、ここにわれ等は各政治的立場を超越して国家革新政策実行のために、また長崎県市発展のために協力すべきことを声明す。（『伝記』中：243）

一国一党論の長崎版とでも言うべき記述である。一九三七年七月に勃発した日中戦争の泥沼化や国家総動員体制が求められる状況も、政派間の対立を棚上げし、「国家革新政策実行」に向けて協調することを要請した。党利党略に明け暮れているだけでは、市民の支持を得られないという読みもあったのだろう。

さらに竹次郎は一九三八年五月四日、本田英作らとの合流から間髪入れず、市政革新同盟（西岡倶楽部を母体とする長崎市会会派）を解散し、市政の「大同団結」を模索した（『新長崎市史』3：714）。竹次郎はそれに際して、以下の声明を発表していた。

この市民の期待に副《そ》うためには市会の不純分子、悪玉議員を排撃すると共に、一方真に愛市の念に燃ゆる市会議員のみが一致団結して大乗的見地に立って、小異を捨て、いわゆる大同団結の必要があると思う。

このためには過去のいきさつや、行きがかりなどにとらわれておっては、市民のこの大なる希望に副うことは出来難い。

この意味に於て、私の同志たる市政革新同盟を解散し、全く白紙の立場にかえって、長崎市発展のために努力せんとする愛市の念に燃ゆる人々のみより成る新しき団体の誕生に協力せられんといたしておるのであります。（中略）

市政革新同盟は長崎市会に於ける第一党の団体である。この市政革新同盟が自らその団体を解散して、市会の浄化のため、明朗なる市会を作るために長崎発展のために努力せんとする諸君と共に第一歩を踏み出さんとする。（『伝記』中：245）

市政革新同盟と対立していた市政研究会（政友会本流、民政党、東方会等の連合会派）も、これに対応せざるを得ず、五月二八日に両者は合流し、大長崎市政研究会が成立した（『新長崎市史』3：714）。のちに政友会や民政党が自主的に解散し、大政翼賛会に流れ込む時代を先取りするかのような動きだった。

もっとも、それで容易に決着がついたわけでもなかった。時を同じくして、長崎市会は任期満了に伴う後任市長の選出で紛糾した。旧市政研究会側は助役の青木善祐を推薦し、旧市政革新同盟は本田英作を推した。両者譲らず、それぞれ独自に市会を開き選出を行うなどして、四カ月にわたり市長を一本化できない状況が続いた（「二人市長問題」）。一九三八年九月末、内務省が青木市長選出を妥当適法と判断し、ようやく決着がついたが、「過去のいきさつや、行きがかりなどにとらわれ」る状況は、以後もしばらく見られた。

それでも、政友会長崎支部が「統一」されたことは、大きな変化だった。一九三九年二月、熊本選出の長老代議士・松野鶴平の斡旋により、政友会長崎支部本流（山田派）と西岡派との協調が成立した。

西岡派と山田派の統合を実現させた政友会長崎支部の会合（1939年、『伝記』中）　左から山田鷹治、竹次郎、本田英作、向井倭雄

従来、県支部長は本流の向井倭雄だったが、第一九回総選挙（一九三六年）の落選以降、国会から遠ざかっており、西岡派に対する劣勢は明らかだった。山田鷹治は一九三七年以降、長崎商工会議所会頭を務める財界の重鎮だったが、国政選挙はもちろんのこと、長崎市政においても西岡派の勢力を上回れずにいた。

政友会本流（山田派）は、新聞メディアとも手が切れていた。前述のように、一九三三年に向井は『長崎新聞』の社長に就き、山田も同紙顧問となったが、工員のストライキによる長期休刊の影響もあり、一九三五年頃に自然消滅していた。

こうした背景もあり、かつて菊花紋章菓子事件で竹次郎を糾弾した政友会山田派は、西岡派に合流した。支部運営は、竹次郎と向井、山田の三代行制（合議制）とされたが、一九三九年五月六日の臨時支部総会で向井は顧問に退き、後任支部長に竹次郎が、顧問兼幹事長に山田が就くなど、実質的には西岡派による吸収合併だった（『伝記』中：250）。また、彼らは本田英作とともに『長崎民友新聞』の顧問に迎えられ、政治とメディアの両面において、西岡派に組み込まれることとなった（『新聞総覧』一九四一年版：249）。かくして、政友会長崎支部はようやく一本化され、政友会正統派（久原派）の下部組織となった（『東京朝日新聞』一九三九年五月八日）。

『長崎民友』の伸長

長崎における政友会西岡派の勢力拡大は、『長崎民友新聞』の伸長にもつながった。『日本新聞年鑑』の推計によれば、菊花紋章菓子事件当時（一九三三年九月）の時点では、『長崎日日新聞』は三万七〇〇〇部ほどだったのに対し、『長崎民友新聞』は二万五〇〇〇部にとどまっていた（『日本新聞年鑑』一九三四年版）。これが一九四〇年にもなると、『長崎日日新聞』を四〇〇〇部以上、上回るようになっていた（『新聞総覧』一九四一年版）。社員数にしても、一九三五年は二五人だったものが、一九四〇年には六五人と、倍以上の増加となっている（『日本新聞年鑑』一九三六・四一年版）。『長崎日日新聞』は朝夕刊発行、『長崎民友新聞』は夕刊紙という相違はあったが、『長崎新聞』や『東洋日の出新聞』が姿を消したなか、『長崎民友新聞』は長崎の主要メディアとしての地位を獲得するに至った。

そこには『長崎日日新聞』の内紛の影響もあった。前述のように、三度にわたり社長を務めた則元由庸が没すると内紛が勃発し、後任社長の佐々野富章は辞任に追い込まれた。一九三三年一一月、その後を受けて、衆議院議員の牧山耕蔵が第一一代社長に就いた。長崎二区を地盤とする牧山は、衆議院議員当選六回で、民政党本部総務、海軍政務次官、民政党長崎県支部長を歴任した政治家だった。代議士当選七回の則元由庸と比べても、さほどの遜色はなかった。『朝鮮新聞』社長を兼務していた牧山は、同紙を『長崎日日新聞』の姉妹紙に取り込み、半島各地に支局を設けるなど、朝鮮進出をもはかった（『長

崎新聞社史』: 91・152 – 154)。

一九三六年には牧山社長の長男・圭秀が総務部長兼秘書役に、翌年には取締役総務部長に就いたのに加えて、一九四〇年一〇月には次男・弘も常務に着任した(『新聞総覧』一九三七・三八年版『長崎日日新聞』一九四〇年一〇月一日)。牧山一族が要職を占めたことは、副社長・則元卯太郎をはじめとする則元系との軋轢を生んだ(『昭和史の長崎』: 41)。それは、のちに新聞統合や主筆の停年退職をめぐるストライキと休刊という事態につながった(『日本新聞年鑑』一九四一年版: 99)。

その際、社長・牧山耕蔵の要請を承けて印刷を代行したのが、長崎民友新聞社だった(『長崎新聞社史』: 188)。そのことも、『長崎日日新聞』と『長崎民友新聞』の力関係の変化を物語っていた。

一九四〇年頃には、水害による鉄道運休により、『長崎日日新聞』では巻取紙が枯渇する事態が生じた。同紙は『長崎民友新聞』に頼み込み、四日分の紙の融通を受けた。巻取紙一本から印刷可能な枚数は決まっているだけに、公表を控えていた正確な発行部数は、『長崎民友新聞』に筒抜けになった。この時点で『長崎民友新聞』が『長崎日日新聞』を四〇〇〇部ほど上回っていたことは、明らかとなった。そのことは、「完全に日々を叩きつぶすことが出来た」という実感を、『長崎民友新聞』側にもたらした(「闘いの歴史・民友三十年」)。

2　ファシズムへの情熱

「昭和維新」と「国家革新断行」

既成政党のあり方に疑念を抱き、長崎政界の「一党化」をめざすなか、竹次郎の言動には変化が見られるようになった。かつてであれば、普通選挙法や婦人参政権、労働組合法の成立を声高に叫ぶなど、リベラルな政治姿勢が際立っていた。だが、五・一五事件や二・二六事件以降になると、「昭和維新」への共感が色濃くなった。竹次郎は、第二〇回総選挙（一九三七年四月）の選挙公報において、「これまでの自由主義、資本主義国家機構を是正して、一国一家主義、乃至は全体主義の所謂日本主義を基調としたる機構に改革するといふのが、昭和維新の大目標であり、庶政一新政策の眼目であります」と述べ、往時の「大正デモクラシー」への違和感を語っていた（「選挙公報　第二〇回総選挙」）。

こうした姿勢は、昭和のテロリズムに対する緩やかな共感にもつながった。竹次郎は同じ文書の中で、こう語っていた。

実に前古未曾有《みぞう》の大事件として、国民を震撼《しんかん》せしめたる五、一五事件及び二、二六事件、この二つの事件は、財界と云はず、政界と云はず、我が国朝野を挙げて、自粛自戒覚醒の警鐘となり、積極進取の国家革新、庶政一新の口火は切つておとされたのである。（同前）

首相暗殺のテロリズムや軍隊を動員したクーデター未遂事件を明確に肯定するわけではないが、少なくとも「自粛自戒覚醒の警鐘」「庶政一新の口火」として、一定の評価をしていることがうかがえる。前述のように、二・二六事件の直後の帝国議会では、民政党・斎藤隆夫が「粛軍演説」を行い、「この種類の無責任にして矯激《きょうげき》なる言論が、ややもすれば思慮浅薄なる一部の人々を刺戟して、ここにもかしこにも不穏の計画を醸成し、不逞の凶漢を出すに至っては、実に文明国民の恥辱であり、かつ醜態であるのであります」と、軍人の政治関与を厳しく批判した（『回顧七十年』：216）。同じ早稲田雄弁会の出身であっても、直接行動への評価はかなり異なっていた。

竹次郎の「昭和維新」への評価は、政党革新の訴えにもつながっていた。

今日政党の無力を反映する所以《ゆえん》のものは、要するに、政党自身が未だ真に覚醒せざるがためであります。革新的時局認識に欠くる政党人士が、存在するがためであります。

即ち、これまで、政党は、軍部、官僚国民輿論《よろん》等の外部の重圧によつて、その覚醒を促されて来ましたが、己れ自身の自主的革新の運動は未だ起らなかつた。

これが即ち政党自身の復活が出来ない根本原因である。

即ち、政党の革新は政党自身の内部から起つて真に、政党の革新を行なひ、非常時局の認識に立つた政党として、日本固有の立憲政治の指導力となり、以て、大政を翼賛し奉らんとする、政党の自主的革新運動に俟たなければならない。
私は斯《かく》の如き見地から第七十議会前より政界革新のために、同志の中枢となつて、活動いたして参つたのであります。私は身《み》政党に属すると雖も、敢て政党を弥縫《びほう》しようとは思はない。（「選挙公報 第二〇回総選挙」）

政友会中央での革新運動、あるいは長崎での政派解消・再編は、五・一五事件や二・二六事件といった「昭和維新」への共感に、ゆるやかに結びついていた。

日中戦争と前線慰問

日中戦争の勃発と泥沼化も、竹次郎の言動を大きく規定づけた。第七一帝国議会は、衆議院議員の「皇軍慰問」を決議し、竹次郎は一一名の議員（およびその他二名）からなる慰問団の団長として、上海に赴いた。一九三七年九月一一日から二〇日にかけてのことである（『伝記』中：212－213『読売新聞』一九三七年九月一三日）。折しも第二次上海事変が勃発し、戦線が拡大していた。上海に上陸した竹次郎らは、第三艦隊司令長官・長谷川清、海軍陸戦隊司令官・大川内傳七らを訪問ののち、海軍陸戦隊や陸軍部隊の第一線に赴いた（「上海戦線視察代議士座談会」）。

竹次郎は前線慰問の際の心境について、帰国後の座談会（『政界往来』一九三七年一一月号）のなかで、こう述べている。

もしもわれ〳〵が負傷し或は討死にするやうなことがあるとしても、憲政を護る意味において議会において千万言を費すよりも、官民融和或は政党・軍部の一致に尽すのであるから、悔ひるところはないといふ心構へで行つた。だから少しも弾が中《あた》つては……とかどうとかさういつたやうな気持は毫《ごう》もなく、国民の大命を果して来ることができたのだらうとかう信じて居ります。（「上海戦線視察代議士座談会」：80）

上海戦線の前線視察（1937年9月、『伝記』中）

負傷や「討死」を厭うことなく、「皇軍慰問」を通じて「官民融和或は政党・軍部の一致」をめざす姿勢、が色濃く浮かび上がる。

この慰問はラジオ放送でも扱われた。慰問団団長の竹次郎のほか、大川内司令官、現地部隊長、上海総領事らによる現地報告が、「上海・現地より銃後の国民へ」と題してレコード録音され、NHK長崎放送局より全国に放送された（『東京朝日新聞』一九三七年九月一八日）。

ありがた迷惑？

竹次郎ら議員慰問団の訪問については、現地将兵の感激の声も聞かれたらしい。竹次郎は、先の座談会のなかで、ある部隊長が「涙を流して」以下のように語ったことを回想している。

自分は満洲事変にも参加したし最近の戦争には全部参加した。しかしながら議員がかういふ危険な地域まで来て慰問してくれたことは初めてだ。将兵は感激を新《あらた》にして皇国のために働くに相違ない。実に感謝致して居る。この感謝を議長には勿論、全議員、全国民に伝へてくれ〔。〕（「上海戦線視察代議士座談会」：80）

とはいえ、その座談会記事を眺めてみると、議員訪問に困惑する第一線部隊の様子も透けて見える。竹次郎らは「敵前五十米《メートル》の地点まで行つて慰問」することもあったが、現地部隊からは再三にわたり「危険だから厚意は有難いけれども来られては困る」「毎晩夜襲が来るし寝る場所もないから退け」といった要請を受けていた。しかし、それを押し切って、道なき道を馬で進み、馬も通れぬ場所は徒歩で移動した（同前：61－62）。議員たちを負傷・死亡させるわけにもいかないだけに、現地部隊にしてみれば、危険を顧みずに慰問に訪れる議員団は、作戦遂行上の足手まといになりかねない存在でもあった。

その後も、竹次郎は議員団を率いて、現地軍慰問を重ねた。同年九月二〇日に日華連絡船で長崎に戻ると、翌日には上海同行の一部議員らとともに福岡から空路で台湾に向かい、台湾駐屯軍を慰問した。現地には一〇日ほどの滞在で、門司港に帰国したのは一〇月二日だった（『東京朝日新聞』一九三七年一〇月三日『伝記』中：213－214）。

訪台は竹次郎の「南進」への関心を高めた。翌一九三八年八月には、「南洋、台湾方面視察団」の団長として、一一名の代議士らとともに台湾、南洋諸島、フィリピンを訪れた。帰国後、竹次郎は、台湾南端の猛暑にもかかわらず駐屯部隊の兵舎に扇風機がないことや、将兵の服装が内地と同じで気候に適さないことなどを問題視し、主務当局にかけあって、改善を促した（『伝記』中：252－253・口絵）。

『占拠したる土地を戦場の兵士に与へよ』

戦地慰問を通して培《つちか》われた竹次郎の政治思想の結晶とでもいうべきものが、一九三七年一一月一〇日に自費で出版し、頒布した『占拠したる土地を戦場の兵士に与へよ』である。全三八ページの小冊子だった。印刷は政友会系の中央新聞社代理部ではあったが、著者・発行人は竹次郎である。上海・台湾視察から帰国して間もない一〇月一八日に書き上げ、早々に印刷に回して刊行された。発行部数は、九〇〇〇部ほどとされる（『雑誌新聞発行部数事典』：333）。

そのなかで竹次郎が主張したのは、タイトルの通り、日本軍が占領した土地のすべてを兵士たちに分け与えることであった。日清戦争や日露戦争、第一次大戦参戦では、「戦へば必らず勝つ戦勝国」でありながらも、「その後に来る戦果については、いつも国民をして、失望せしめ、落胆せしめ、否、憤激せしめて」いる。それだけに、「今度こそは、忘れても左様なことがあつてはなら」ない。そのためには、上海方面では太湖・蘇州以東の地域を、中国北部では河北省・山東省・山西省のすべてを「宗主権と共に我が手中に、完全に収」め、そのうえで、「たゞ今出征して居るところの、我が将兵の悉《ことごと》く」に対して、「その全部の土地を分け与」えなければならない。ことに揚子江一帯は肥沃な土地であり、農地に適している。土地を与えられた兵士たちは、「その郷里より家族を迎え、或は妻を迎えて、農業及びその他の仕事に従事」すればよい（『占拠したる土地を戦場の兵士に与へよ』：8－17）。

その統治形態は、「自治体を作るとか、独立国を作るとか、満洲国に合併するとか、左様な小細工」ではなく、「全部を完全に我が有に帰」し、「先づ軍政府を布」き、日本の直接統治こそが求められる（同前：17）。

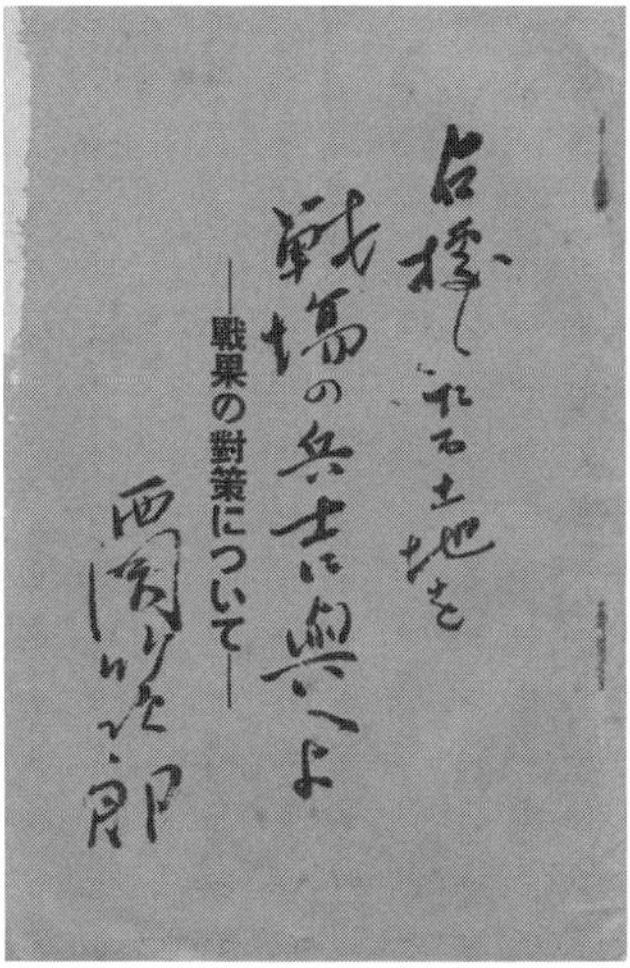

西岡竹次郎『占拠したる土地を戦場の兵士に与へよ』（1937 年 11 月）

大陸侵出に積極的なこの議論は、大正期に普選運動にのめり込み、労働運動とも近かった頃の竹次郎の思考とは、大きく異なるようにも見える。だが、見るべきはむしろ、両者の連続性である。高橋是清蔵相（犬養内閣・斎藤内閣）によって進められた金解禁停止や農村経済更生政策、および満洲事変・日中戦争に伴う軍需工業の活性化により、一九三七年当時は、日本経済はかなり上向いていた。だが、それでも昭和恐慌の傷跡は、まだ生々しかった。二・二六事件の蹶起将校が農村救済を掲げたのも、そのゆえである。こうしたなか、農村出身者が多くを占めた兵士たちに、「占拠したる土地」を分け与えることは、彼らの生活を豊かにし、経済的な「平等」につながるものであった。

その点で、この議論は、労働運動、普選運動、婦人参政権運動と、本質的に変わるものではない。竹次郎は、そのあまりに貧しい生い立ちのゆえに、納税額や性別によらない政治参加の平等を求め、また、労働者との連帯に積極的だった。それを考えれば、貧農層も多い中国戦線の兵士たちに土地を分け与えようとする主張は、さして奇異なものではなかった。

このことは、日本と欧米列強の「平等」を求めることにもつながった。竹次郎は、九カ国条約や不戦条約を重んじ戦争拡大に消極的な議論を批判するなかで、次のように述べている。

これらの総ての条約は、持てるものが、その持てるものを失はざらんが為めに即ち、持てるものが、持たざるものよりの、与へよ！　といふ要求を防ぐために、作られたものである。

しかも今日、持てる国は、如何なる悪虐無道の手段方法によつて、その持てるものを得たかは棚に上げて、持たざるもの丶切実な叫びに耳を覆ふてゐる。彼等の主張は恰度《ちょうど》、泥棒が、念仏を唱へるようなものである。（同前：30－31）

そこでは、「持たざるもの＝日本」の列強に対する「平等」がつよく求められていた。

ただ、竹次郎の「平等」志向は、露骨なまでの大陸侵出論につながっていた。言うまでもなく、「戦場の兵士」に分け与えることによって土地を奪われるのは、中国大陸の住民にほかならない。

竹次郎は土地を分配された兵士たちを「屯田兵」とし、「一旦緩急の場合は、銃を執つて起」つことで、軍事的な安定の確保を見据えていた（同前：13－14）。さらには、重要都市への戦略爆撃をも主張している。

漢口、広東を始め、全支那の、苟《いやし》くも軍事的に価値ある都市は悉く、空軍を以つて徹底的に爆撃し、これでもか、これでもか、といふ風に、軍閥の落ち行く先をやつゝけ、彼等をして再び起つ能はざらしめるよう、致命的打撃を与へるべきである。かくすれば、支那は参らざらんとしても、参るらざるを得ないであらう。（同前：32－33）

一九三八年一〇月から四三年にかけて、日本海軍は計二一八次にわたって重慶に爆撃を繰り返した。死者は一万二〇〇〇名にも及び、「市内文字通リ阿修羅ノ巷《ちまた》ト化シ全市火焔ヲ以テ蔽《おお》ハレタリ」との惨状を来した（前田 2006：281・436）。竹次郎が『占拠したる土地を戦場の兵士に与へよ』を書いたのは、重慶爆撃が始まる一年前のことだが、この記述はそれを予見するかのようなものであった。

もっとも、このパンフレットは刊行されると即日、発禁処分となり、憲兵隊に押収された（『禁止単行本目録 昭和十年－十三年』：27）。竹次郎は東京憲兵司令部の取り調べを受けたのち、謝罪誓約書の提出により不起訴処分となった（『年譜』）。

『出版警察報』第一一〇号（内務省警保局、一九三七年一〇－一二月分）では、発禁処分の理由について、「本書は支那事変により占拠したる土地を戦場の兵士に与へ屯田兵制度を樹てよと述べ、支那に宣戦を布告し海南島を即時攻略すべしと説き、外国を刺戟し、政府声明と著しく相反し、悪影響あるもの」「明瞭に占領地の領有を主張し居りて、筆者の本記事執筆に当っての心境、目的等に付ては種々なる情報もあつたが、何にせよ斯る記述が我国の事変遂行上に一大支障を生ずることは今更云ふまでもない」と記述されている（12・118）。軍事侵攻や版図拡大にあまりに前のめりな竹次郎の議論は、かえって当時の国策遂行の妨げになりかねないものとみなされたのである。折しも、トラウトマン工作が始まろうとする時期だった。

第一次近衛内閣は、一九三七年一〇月二一日、駐日ドイツ大使デイルクセンに対し、調停斡旋を打診し、翌月二日、広田弘毅外相は和平条件を提示した。駐中ドイツ大使トラウトマンは、一一月五日に日本側の意思を中国首脳に示し、一二月七日に交渉に応じる用意があることが伝えられた。陸軍参謀本部のなかには、対ソ軍備増強に専念するため、中国での戦線拡大を避けようとする動きがあった。上海地域では相当な苦戦を強いられ、九個師団の投入を余儀なくされたうえに、死者九〇〇〇名、負傷者三万一〇〇〇〇名にも達しており、それ以上の泥沼化の回避が望まれた（北岡 1999：290・296－299）。だとすれば、当選を重ねる有力議員が中国大陸での戦線拡大や土地収奪を声高に主張し、そうした世論が過熱されることは、避けなければならなかった。『占拠したる土地を戦場の兵士に与へよ』の発禁処分は、そのような動向に密接に結びついていた。

国家総動員法

だが、結果的にトラウトマン工作は実現しなかった。一一月初旬頃にもなると、それまで持ちこたえていた中国軍の前線は崩壊し、日本軍は上海を制圧した。それにより、むしろ戦闘を継続し、南京を攻略することで中国を屈服できると考えられるようになった。

かくして、日本軍は上海から南京まで、三〇〇キロメートルもの長距離を猛烈な勢いで進んだ。上海での激しい戦闘のあとの解放感や報復心理、軍功を焦る司令官の存在と、そのゆえの不十分な補給や過酷な行軍――これらが重なり合ったことが、凄惨な暴力と略奪を誘発し、一二月中旬の南京事件を引き起こした（笠原 1997）。翌一九三八年一月一六日、近衛首相は「帝国政府は爾後《じご》国民政府を対手《あいて》とせず」との声明を発表し、日中間の外交は断絶した。トラウトマン工作も、打ち切られることとなった（北岡 1999：298－299）。

南京攻略後も中国政府の降伏を引き出せなかったことで、日中戦争はますます終結を見通せなくなった。こうしたなか、近衛内閣は一九三八年二月、国家総動員法案を帝国議会に提出し、翌月に可決された。戦時の国防目的達成のために、政府が法律ではなく勅令によって、物資の生産・配給・輸送や労務などを統制できるよう、規定したものである。政党や産業界からは、資本主義経済を否定し、議会の立法機能を低下させ、ひいては憲法の精神に反するとして、異論は根強かった。だが、近衛首相の絶大な人気もあって、成立を阻むには至らなかった。

この法案の審議に際し、竹次郎は国家総動員法案委員会の一員として、その成立に力を注いだ。竹次郎は、同委員会（一九三八年三月一六日）での法案賛成演説のなかで、こう述べている。

国を挙げて戦はなければならぬ、戦争目的達成の為め、本法が必要であると云ふことを痛感致しまする以上は、本案に賛成せざるを得ないのであります。戦時、又は緊急事態の発生に付ては非常大権の発動なり、緊急勅令の発動なりに依って間に合ふではないかとの議論に対しましては、今後の戦争は国力戦でありまするが故に、陸海軍兵力の整備は固《もと》より、戦闘員たると非戦闘員たるとを問はず、又は軍需品たると民需品たるとを問はず、国を挙げての人と物との国家総動員体制の整備が、絶対的に必要であると思ふのであります。かかるが故に平時から戦時に際して、国家権力が如何に発動するかと言ふ大綱だけでも、法律として議会の協賛を得て置いて、之を予《あらかじ》め国民に知らしめて置くと云ふことが、国家総動員の準備の為に、絶対に必要なりと信ずる者でございます。是が又事件が起る度に議会に諮《はか》らず、政府が勝手に多数の緊急勅令を出すと云ふことよりも、より立憲的なやり方であると思ふのであります。（「国家総動員法案委員会議事録 第十四回」：7『伝記』中：232－233）

政府がことあるごとに緊急勅令を出すよりは、あらかじめ国家総動員法を制定しておくほうが、恣意的な非常大権の発動を阻み、より立憲的であるとの思考が、そこにはあった。上海等々の激戦地をまわり、戦闘の前線近くまで出向いた経験が、総動員体制の必要性を痛感させていた。

海軍政務次官

国家総動員法は、一九三八年四月一日に公布された。さらに、四月六日には、小規模電力会社の乱立を是正し、電力の発送電の国家管理を定めた電力国家管理法も、公布となった。その一方で、日本軍は一九三八年一〇月に武漢三鎮を占領するも、日中戦争終結の見通しは立たなかった。こうしたなか、日独防共協定強化をめぐって閣内で意見が割れ、一九三九年一月、近衛は内閣を投げ出し、総辞職した。

その後は、枢密院議長だった平沼騏一郎が、内閣を組織した。平沼はかつて国粋主義結社・国本社を主宰し、右翼や革新将校に近いと目されていた。だが、平沼は反英米以上に反共であり、全体主義的な統制や近衛周辺が模索した新体制運動には消極的だった。平沼内閣の陣容は近衛内閣とほぼ同じではあったが、総じて「革新」の動きを抑制し、「現状維持」をめざした（北岡 1999：313－314 有馬 2002：251）。

しかしながら、一九三九年八月に独ソ不可侵条約の締結が明らかになると、対ソ戦を念頭に日独防共協定問題を検討していた平沼内閣は、「欧州情勢は複雑怪奇」との声明を発表して、総辞職した。

その後を受けて同年八月三〇日に成立したのが、阿部信行内閣である。阿部は陸軍大将ではあったが、陸軍のなかでは親独色がうすかった（北岡 1999：328）。独ソ不可侵条約成立に伴い、ドイツへの接近を見直さなければならず、かつ、従来、ドイツとの同盟を主張してきた陸軍を抑える必要性からの首班指名だった。

竹次郎は、阿部内閣の海軍政務次官に任命された。直属上司にあたる海軍大臣は、連合艦隊司令長官

佐世保鎮守府を訪れた竹次郎（1939年、『伝記』中）
右は鎮守府長官・中村亀三郎中将

を務めた海軍大将・吉田善吾だった。政務次官は、大臣を補佐して政務に参画し、議会との交渉事項を扱うポストであり、竹次郎は現役海軍中将相当官の待遇を受けた。とはいえ、陸海軍政務次官は、現役将校によって担われるポストではないだけに、海軍省でつよい発言力を有するものではなかった。

それにしても、なぜ海軍政務次官のポストが竹次郎に回ってきたのか。その理由は判然としないが、戦地慰問を通して、現地司令官らに接し、大陸進出や南進をめぐる軍事のありように関心を持ったことは、無関係ではなかっただろう。竹次郎自身も、佐世保市公会堂で開かれた市官民合同歓迎会（一九三九年一一月）において、「かねて私は南洋政策に興味を持ち、その政策の研究を続けていました関係上、海軍省こそ私が最も希望していた所で、そのポストを与えられたことを喜びに思っています」と語っていた（『伝記』中：262）。

もっとも、この時点で六度目の当選を果たしていたことを考えれば、閣僚になってもおかしくはなかった。だが、五・一五事件以降、政党内閣の成立は見られず、政党への風当たりも強かっただけに、政党人の入閣はごく少数に限られた。阿部内閣でも、逓相・鉄相兼務の永井柳太郎（民政党）、拓務相の金光庸夫《かねみつつねお》（政友会）、厚相の秋田清（政友会離党）の三名にとどまり、内相、蔵相、外相といった主要ポストからは外されていた。

こうした状況からすれば、有力政治家に割り当てられたのは、多くの場合、政務次官や参与官のポストであった。そのキャリアは、党内の威信や発言力にもつながり、先々において党の要職に就くことも期待できた。

政務次官に就いた竹次郎は、連日のように海軍省に登庁し、軍学校や工廠、鎮守府等を精力的に視察した。『大阪朝日新聞』（長崎版、一九三九年一〇月一七日）は、竹次郎の政務次官としての仕事ぶりについて、「省内の事情を一通り勉強して学校、工廠、鎮守府の視察に近県を駆け廻つてゐるが、十一月末には佐世保鎮守府視察をかねて郷党に錦衣を飾るといふ。造船所の一少年職工から無敵海軍の副大臣をかち得た西岡さんは何より待たれる郷土入りではある」と報じていた。三菱造船の職工から、苦学の末に海軍政務次官にまで上り詰めた竹次郎の立身出世は、地元メディアでも特筆されていた。

栄達した竹次郎に対し、長崎商工会議所会頭・山田鷹治らは関係者に寄付を募り、海軍政務官の大礼服を寄贈した（『伝記』中：263）。前述のように、山田は長く竹次郎と対立してきた政友会山田派の頭目だったが、この時期にはすでに、政友会長崎支部は竹次郎を支部長とする体制に一本化されていた。竹次郎と山田の関係性が好転したことがあったとはいえ、長崎政界における竹次郎の地位が大きく向上していることがうかがえる。

反軍演説批判

しかしながら、竹次郎が海軍政務次官を務めた阿部内閣は、短命に終わった。対中国政策は進展せず、貿易省設置問題や官吏身分保障制度撤廃案は、それぞれ外務官僚や枢密院の反対で実現しなかった。インフレ進行に直面し、価格等統制令を出しながら、一一月には米価引上げを行うなど、経済政策でも一貫性を欠いた。第七五議会では政党の内閣不信任運動が起き、陸軍の支持も失って、一九四〇年一月に総辞職となった。竹次郎の海軍政務次官在任は、わずか五カ月で終わった。

阿部内閣が倒れたあとには、海軍大将・米内《よない》光政に大命が降下した。米内は、林内閣・近衛内閣（第一次）・平沼内閣で海軍大臣を務めていた。親英米派で、陸軍の日独同盟政策には反対した一方、日中戦争では一九三七年八月以降、拡大方針を取り、近衛内閣の「国民政府を対手とせず」とする強硬方針に与していた。

米内内閣は成立早々、帝国議会を揺るがす事態に直面した。いわゆる斎藤隆夫「反軍演説」である。一九四〇年二月二日、民政党代議士の斎藤は、政府の日中戦争処理方針をめぐり、帝国議会本会議で二時間にわたる演説を行った。斎藤はすでに当選九回の大物政治家で、筋金入りの自由主義者として知られていた。二・二六事件直後の「粛軍演説」でも、名を馳せていた。

この「反軍演説」の論点は、「近衛声明なるものは事変処理の最善を尽くしたるものであるかどうか」「いわゆる東亜新秩序建設の内容は如何なるものであるか」「世界における戦争の歴史に徴し、東洋の平和より延《ひ》いて世界の平和が得られるべきものであるか」「近く現われんとする支那新政権〔汪兆銘政権〕

に対する数種の疑問」「事変以来政府の責任を論じて現内閣に対する警告」の五項目に及んだ（『回顧七十年』：138－139）。

斎藤は、戦場で命を落としたり、戦時経済の打撃を受けて職を失う者がある一方、軍需景気で一攫千金を手にする者がある「不公平」に言及しながら、こう論じていた。

この不公平なるところの事実を前におきながら、国民に向って精神運動をやる。国民に向って緊張せよ、忍耐せよと迫る。国民は緊張するに相違ない。忍耐するに相違ない。しかしながら国民に向って犠牲を要求するばかりが政府の能事ではない。（中略）しかるに歴代の政府は何をなしたか。事変以来歴代の政府は何をなしたか。二年有半の間において三たび内閣が辞職をする。政局の安定すら得られない。こういうことでどうしてこの国難に当ることが出来るのであるか。畢竟《ひっきょう》するに政府の首脳部に責任観念が欠けている。身をもって国に尽くすところの熱力が足らないからであります。畏れ多くも組閣の大命を拝しながら、立憲の大義を忘れ、国論の趨勢《すうせい》を無視し、国民的基礎を有せず、国政に対して何らの経験もない。しかもその器にあらざる者を拾い集めて弱体内閣を組織する。国民的支持を欠いているから、何ごとにつけても自己の所信を断行するところの決心もなければ勇気もない。姑息偸安《こそくとうあん》、一日を弥縫するところの政治をやる。失敗するのは当り前であります。

（「支那事変処理に関する質問演説」：274－275）

斎藤は、日中戦争終結の展望を示すよう政府に要求し、ともすれば聖戦の名のもとに国民の犠牲を強いるばかりで、事変処理に本腰を入れて向き合わない歴代政府の責任欠如を問いただした。

とはいえ、この演説は、戦争そのものを批判するものでもなければ、軍を糾弾するものでもなかった。有馬学や北岡伸一の指摘にもあるように、「反軍演説」として知られるこの演説は、必ずしも「反軍」などではなく、むしろ、「リアリスティック」に政府の政策を問いただすものであった（有馬 1995 北岡 1999：336）。

だが、この演説は「聖戦を冒瀆する」として議会で糾弾され、議事録から三分の二以上が削除された。さらに懲罰委員会が設けられ、斎藤は三月七日の本会議で除名処分となった（『回顧七十年』：143 源川 2017：70－72）。除名反対は七票にとどまり、賛成は二九六票の圧倒的多数に及んだ（『戦前戦後』：284）。もっとも、棄権一二一、欠席二三という数字には、処分案に対する無言の反発もうかがえた（古川 2001：89 源川 2017：79）。

竹次郎は、斎藤除名に最も積極的な議員のひとりだった。竹次郎にとって、斎藤支持は「聖戦目的の貫徹を妨げる」ものであり、斎藤除名を政友会久原派の党議として決定すべく奔走した（『伝記』中：268）。竹次郎は『政界往来』（一九四〇年五月号）に寄せた論考のなかで、以下のように述べている。

去る第七十五議会に於いて重大問題となつた斎藤君の演説が聖戦目的を冒瀆したる言動であつたことは、今更議論の余地はない。

百万の軍隊を動かし、十万の生霊を失ない、数百億の国帑《こくど》を費し、足かけ四年にも亙り、国を挙げて闘つて居る今日、その戦ひの目的を疑ひ、怪しむが如き言動は断じて許さるべきではない。如何に、この聖戦の目的貫徹が困難なりと雖も、今日これを懐疑し、不安がる様な言動を帝国議会の演壇から、放言することは言語道断である。戦ひを此処まで進めて来た以上は、前途に如何なる困難来ると雖も、それこそ、一億一心挙国一体となつて、この聖戦の目的を貫徹する外には、我々日本の進むべき途はない。(「久原総裁の食言」：52－53)

激戦の上海戦線への慰問経験もあってか、将兵の「労苦」を無駄にしないことが先に立ち、戦争遂行の正当性や「いかにして損失を押しとどめるか」「いかにして早期終結を実現するか」といった論点は、棚上げされていた。竹次郎にとって「議員たるもの」は、あくまで「聖戦目的を貫徹するといふ立場」を貫く存在でなければならなかった。「占拠した土地」を兵士に分け与えるべく、軍政を敷くことを主張していた点も、現実的な戦争終結の落とし所を重視する斎藤の議論とは、相容れなかった。

もっとも、竹次郎の主張と斎藤の「反軍演説」は、じつは「平等」という点では、共通する部分もあった。斎藤は、戦争遂行と戦時経済により多大な「不公平」が生じていることを問題視した。竹次郎は、「占拠した土地」を貧しい兵士たちに分け与えることで、彼らの「平等」をめざした。

だが、「平等」「公平」は、戦争終結のみならず、戦争遂行をも下支えするロジックになり得た。斎藤は「平等」の実現のために早期終結を唱え、竹次郎は戦争遂行による「平等」の達成をめざした。竹次郎の斎藤批判は、突き詰めれば、「平等」の実現の方途をめぐる斎藤との相違に根差していた。

政友会脱党と聖戦貫徹議員連盟

竹次郎が激しく攻撃したのは、斎藤本人というよりむしろ、斎藤除名に消極的な政友会党員だった。衆議院本会議で斎藤除名に反対したのは、斎藤所属の民政党が岡崎久次郎のみだったのに対し、政友会久原派は牧野良三、芦田均ら五名にのぼった。竹次郎はこれに憤り、先の論考のなかでも「久原派に於ける自由主義者の多数が言論の自由の名にかくれて、斎藤君の聖戦冒瀆の言動を支持し、擁護する態度を執つたことは、聖戦下の今日、全く残念千万であり、出征将兵並に英霊に対して甚だ申しわけのない次第であつた」と綴っていた（「久原総裁の食言」：53）。

このことは、党内を除名支持で一本化できなかった総裁・久原房之介への幻滅につながった。久原は先の五名に対し、いったんは離党勧告しながら、その後、鉄相・松野鶴平らの調停を容れて撤回した（『読売新聞』一九四〇年三月八日・九日）。そのことも、久原への不満を高めた。竹次郎は元来、「久原房之介といふ人に非常なる期待を持つてゐた」「何かしら革新的、強力なる惑星的な、大きな魅力を感じてゐた」がゆえの幻滅の大きさを、以下のように語っていた。

> この度の斎藤問題に対して、久原総裁のとられたやり方は、如何にも不可怪千万、諒解に苦しむ。久原総裁は人としての久原の持味を失なひ、久原房之介本来の魂を失なつたのである。（「久原総裁

の食言」：54）

こうした反感が積もった結果、竹次郎は本田英作や向井倭雄らとともに、政友会久原派を脱党した。一九四〇年三月二四日のことである（『東京朝日新聞』一九四〇年三月二五日）。同年五月の論考でも、「総裁自らが、自由主義者の脚下に屈服して、党を挙げて、自由主義現状維持を主流とするに至つては、聖戦下の今日、久原派と政治行動を共にすることは、断じて出来ない」と記していた（「久原総裁の食言」：55）。

政友会久原派を脱党した竹次郎、本田英作、向井倭雄ほか（1940 年 3 月 24 日、『伝記』中）

久原派を離脱した竹次郎らは、政友会中島派はじめ各派の有志とはかり、聖戦貫徹議員連盟を結成した（『伝記』中：270　古川 2001：90）。これは「挙国一体国策の完遂に邁進」すべく、既成政党を解体し、「強力にして革新的なる政治力の存在」すなわち「一大強力新党」の結成をめざすものだった（『伝記』中：271）。発会式は、竹次郎の政友会久原派脱党の翌日に行われた（『東京朝日新聞』一九四〇年三月二六日）。各派有志一〇〇余名が出席し、竹次郎は開会挨拶を述べた。

そこで発表された「政治体制整備方策」には、「新党は従来の自由主義的政党並に階級主義政党の観念を排し、国体の本義に基き、大政翼賛の国民意志を綜合したものたること」「新党は同一時局認識に立つ政府と合体協力して国民を指導すべきものたること」「新党は万民輔翼《ほよく》の道を完遂すべき全国民組織の上に立脚すべきこと」が謳《うた》われていた（『伝記』中：270－271）。聖戦貫徹議員連盟は、同年六月一一日、全政党に解党を進言するなど、以後、新党樹立に奔走した（『東京朝日新聞』一九四〇年六月一二日）。

政党解体と大政翼賛会の成立

こうしたなか、近衛新党運動が再び活発化した。一九四〇年五月二六日、近衛文麿、木戸幸一、有馬頼寧の三名は、近衛の再度の首相就任を見越し、既成政党を解党して近衛新党を樹立することを申し合わせた（有馬 2002：253－254）。そこには、政党解党運動が表面化していたことに加え、第二次世界大戦におけるドイツの攻勢の影響もあった。日中戦争の泥沼化を打開するためには、ドイツに呼応して東亜新秩序を構築せねばならず、そのためには旧来の自由主義経済や政党の影響力、官僚統治を排して、新党の指導による一元的な支配体制の確立が必要不可欠と考えられたのである。

六月二四日、近衛が枢密院議長を辞任し、新体制運動推進の決意を表明すると、それに前後して、政党の解党が相次いだ。六月一九日には中野正剛率いる東方会が解党し、七月六日には社会大衆党がそれに続いた。同月一六日には政友会久原派が解党し、二五日には民政党の永井柳太郎のグループが民政党解党を主張して離党した。翌日には安達謙蔵が党首を務める国民同盟が、三〇日には政友会中島派が解党した。八月一五日には民政党が解党し、全政党が消滅した（北岡 1999：343）。

時を同じくして、米内内閣の倒閣運動が表面化した。ドイツの攻勢とフランス・オランダの降伏に伴い、陸軍では親独論が再び勢いづき、石油資源を入手すべく、蘭印（オランダ領東インド）や仏印（フランス領インドシナ）への南進論が強まった。米内内閣はこれに慎重だったが、陸軍は陸相・畑俊六の単独辞任と後任推薦の拒絶により倒閣をはかり、一九四〇年七月一六日、米内内閣は総辞職した。

米内内閣の後を受けて、七月二二日、第二次近衛内閣が成立した。北部仏印への武力進駐（九月二三日）や日独伊三国軍事同盟締結（九月二七日）により、米英との摩擦が激化するなか、一〇月一二日、従来からの新党運動の帰結として、大政翼賛会が発足した。これは戦時体制を担う中核組織とされ、中央本部には総務局、組織局、議会局など五局が置かれた。地方組織としては、道府県支部、郡支部・六大都市支部、市区町村支部が設けられ、その末端には、町内会、部落会、隣組が組み込まれた。

とはいえ、大政翼賛会の制度的位置づけは、判然としなかった。近衛は大政翼賛会の発会式での演説のなかで、「大政翼賛会の綱領は大政翼賛・臣道実践という語に尽きる。これ以外には、実は綱領も宣言も不要と申すべきであり、国民は誰も日夜それぞれの場において奉公の誠を致すのみであると思う」と語り、そのつかみどころのなさが露呈した（北岡 1999：351）。

大政翼賛会の性格として強調されたのは、「政党ではない」ということだった。一国一党が成立し、強力な政治指導を行うと、それは天皇大権を妨げる「幕府」的存在となる。帝国憲法によって輔弼《ほひつ》を規定された国務大臣、協賛を規定された帝国議会のほかに、政治的な指導力を有する制度を構想することは、明らかな憲法違反である。こうした非難は現に、旧政党人や原理日本社のような観念右翼よりなされていた（有馬 2002：257 北岡 1999：351）。さらに、政党となると、治安警察法上の政治結社の扱いとなり、軍人や官僚、教員などが参加できないという問題もあった（源川 2017：82–83）。これらの問題を避けるためにも、政党ではないことを強調しなければならなかった。

大政翼賛会は、当初は近衛が総裁を兼任し、有馬頼寧が事務総長に就くなど、近衛グループが主導し、軍部や革新右翼がこれを支えた。しかし、一九四一年二月には公事結社とされ、能動的な政治活動ができなくなった。四月の改組では、有馬事務総長以下の辞任が余儀なくされ、内務官僚の影響力が強まった。ことに、地方支部長が内務官僚たる府県知事とされるようになると、大政翼賛会は実質的な内務省の行政機構と化した（有馬 2002：270 黒澤 2013：198）。

全政党の解党と「万民輔翼の道を完遂すべき全国民組織」の確立、すなわち大政翼賛会の発足によって、竹次郎の「理想」はひとまず実現したかにも見えた。だが、そのことは結果的に、政治家そして新聞人としての竹次郎を追い詰めることとなる。

3 「新体制」への幻滅

新聞統合

政党が解体し、「一国一党」へと向かう状況は、新聞界を直撃した。一九一八年の白虹《はっこう》事件（米騒動をめぐり寺内正毅内閣を指弾した『大阪朝日新聞』の記事における「白虹日を貫けり」という文言が「安寧秩序を紊《みだ》す」として弾圧された事件）を機に、全国紙は「不偏不党」を掲げるようになったが、地方紙にはその後も特定の政党や政治家とのつながりが色濃く残っていた。『長崎日日新聞』は則元由庸・卯太郎の所属政党の変化に伴い、政友会から政友本党、そして民政党の機関紙へと移り変わった。後発の『長崎民友新聞』は、一貫して政友会西岡派の新聞であり、政友会山田派との統合が成立したのちは、政友会長崎支部の機関紙となった。だが、全国政党の解体は、地方新聞の大がかりな再編を誘発した。いわゆる「一県一紙」である。

新聞の整理統合は、第一次近衛内閣の末次信正内相の指示で、一九三八年八月に開始された。日中戦争の泥沼化と総動員体制の構築が進むなか、戦時下の言論報道の統制とともに、資源（用紙）の枯渇防止を意図してのことだった。

当初は「悪徳不良紙」や零細な「弱小紙」を対象としていたが、一九四一年九月以降、普通日刊紙を一県一紙に統合することをめざすようになった。すでに前年夏には政党が解党しており、一〇月には大政翼賛会が発足していた。それに伴い、実質的な政党支部機関紙だった地方紙に再編の波が及ぶのは、必然だった。

ただ、当初は、新聞を強制的に整理統合する法令が存在しなかったこともあり、一県一紙の実施については、各県当局の裁量に任されていた。したがって、一九四一年末の時点では、一県一紙の実現は二〇県にとどまり、統合への抵抗が強い新聞を抱える道府県では、見通しが立たなかった。

しかし、情報局の主導で、政府が一九四一年一一月、「新聞ノ戦時体制化ニ関スル件」を閣議決定したことで、一県一紙は「国策方針」として定められた。さらに翌月、政府は、新聞を強制的に整理統合することを意図した新聞事業令を公布した。これ以降、難航していた道府県でも統合が進み、一九四二年一一月末までに、普通日刊紙は全国で五五紙に統合された。言うなれば、政党解体と軌を一にして、ようやく地方新聞界でも「不偏不党」が実現したのである。

じつは一県一紙化は、地方紙にとってのメリットも大きかった。『朝日新聞』『毎日新聞』『読売新聞』などの全国展開が進むなか、地方紙は他の地元紙のみならず、資本力のある大手全国紙との競争にもさらされていた。一県一紙は、当局から府県内の独占的立場を保証され、用紙供給などの庇護を得られる点で、地方新聞界に経営の安定化をもたらすものでもあった（里見 2011：365－370）。

一県一紙への抵抗

一九四二年四月一日、長崎では『長崎日日新聞』『長崎民友新聞』『佐世保軍港新聞』『島原新聞』の統合が実現し、新たに『長崎日報』が立ち上げられた。この時点で、三一県において一県一紙が実現していた（里見 2011：8－9）。それを考えれば、長崎の新聞統合に、かなりの時間を要したことは明らかだった。それはすなわち、長崎新聞界の根づよい抵抗感を、如実に物語っていた。

すでに長崎県特高課は、一九三九年までに旬月刊紙の整理を進めていた。一九四〇年には、日刊紙について「一県一紙の階梯としてまず一都市一紙」の方針を固め、各紙に統合を求めていた（同前：321）。

一九四〇年末の通常県会でも、県会議員・大串盛多が「万民翼賛の此の挙国新体制は茲《ここ》に愈々成立しまして、津々浦々に至るまでも新体制組織に取り掛って居る現状であります。併しながら新聞界のみ旧態を脱することを得ざる状態にあるように思われるのであります」と述べたことを受けて、県知事の平敏孝は「時機が至れば一刀両断、電光石火的に之をしなければならぬものと思って居ります。但だ今日此の時機であるかどうかと云うことをまだ私十分に検討して居らぬのでありますが、近く其の時機の到来することを私期待して居る者であります」と発言し、新聞統合へのつよい意志を示していた（『長崎県議会史』5：549)。

しかし、『長崎民友新聞』と『長崎日日新聞』はそれにつよく反発し、統合は暗礁に乗り上げていた。長崎政界で政友会西岡派と他派とが長きにわたって露骨な対立を繰り広げ、両紙がそれぞれを代表するメディアであったことを考えれば、統合が容易に進むはずはなかった。竹次郎がかつて政友会長崎支部長だったのに対し、『長崎日日新聞』社長の牧山耕蔵は民政党長崎県支部長だった。そこからも、両紙が相容れないことは明らかだった。

もっとも、新聞統合に反対する点では、両紙は共闘関係にあった。竹次郎は、戦後になってこの当時を思い返しながら、「従来、二人は政敵であり、日日からは常に、私は攻撃されていた」にもかかわらず、「牧山君は、私に対して非常な好意を示」し、「共同戦線を張」ったことを回想している（「闘いの歴史・民友三十年」）。

実際に『長崎日日新聞』（一九四〇年一〇月一七日夕刊）は、一面に「重大使命に鑑《かんが》み我長崎日日社の実情を十万愛読者各位に公開す」と題した論説を掲げ、新聞統合に否定的な牧山の姿勢を明瞭に示していた。また、「履き違へた新体制論」(『長崎日日新聞』一九四〇年一〇月一日)でも、「新体制」の名のもとに新聞統合を迫る「暴論」に対し、以下のような批判が綴られていた。

新体制なるが故にその事業を投げ出せといふ此の人達の新体制理念に対して、筆者は寧ろ危険を感ずる。かりに百歩を譲つて現在の新聞経営者が退陣した場合、それに代つて経営に当る者は一体誰であるのか。まさか「国家」だとは云へないであらう。果して然らば矢張り個人或は個人的色彩を有する団体でなければならぬ。それを承知の上で敢《あえ》て新体制の名を冠して現在の新聞経営者に退陣を要求することの暴論をこそ、国家革新に名を藉《か》る左翼的謀略といふべきか。

署名はないので、執筆者の特定は難しいが、牧山耕蔵ら同紙首脳の姿勢を示すものであることは明らかである。

とはいえ、竹次郎と牧山は統合が不可避な情勢であることも感じ取っていた。竹次郎は牧山に対し、「新聞の統合問題が全国的に展開されてきた。おそかれ早かれ、好むと好まざるとにかかわらず、合併なり、買収などに応じなければならぬ時がやってきます」「長崎県の場合、これまでのことは水に流し、お互い手を握って、県市のため、延いては国家のため、言論の場としようじゃぁありませんか」と語るなど、両者の間で一定の話がなされていた(『伝記』中:322)。先の「重大使命に鑑み我長崎日日社の実情を十万愛読者各位に公開す」（『長崎日日新聞』一九四〇年一〇月一七日夕刊）でも、こうした申し入れがあったことが示唆されている。

しかしながら、竹次郎は県主導の統合には、つよい抵抗感を抱いた。県警察部長や特高課長は、両紙の経営陣を呼び出し、「新聞合同に関して、長崎民友、長崎日日ともに従来の経営者の間にて合同又は存続を認めず」「合同の方法中、経営機構については、県当局の干渉するところではないが、あくまで牧山氏個人の新聞でもなく、西岡氏個人の新聞でもないのである。また両者並びに両者の関係人の新聞でもなくて、あくまで公器としての新聞を発行することを希望する」と申し伝えていた（『伝記』中：316）。竹次郎と牧山が新聞統合を拒んでいた以上、県としては両者を外し、「あくまで公器としての新聞」の実現をめざすことは、当然の判断だった。加えて、対馬定期船建造などをめぐって、竹次郎はたびたび平知事と対立していた（『伝記』中：290－291）。県主導の新聞統合が実現すれば、竹次郎や牧山が真っ先に排斥されることは、目に見えていた。

『長日』の混乱と『読売』への売却

こうしたなか、長崎日日新聞社内では、前述のように、大規模なストライキが勃発した。同紙（一九四〇年九月一五日）には、「新聞新体制の確立」を謳う宣言文が、「長崎日日新聞社同人」の名で四段抜きで大きく掲載された。そこでは、「我等は時局の重大性と、国民たる任務に顧み、長崎県下の各新聞が、翻然《ほんぜん》自覚するところあり、天下に卒先して、従来の機構による旧体制を解消して、新聞新体制を確立すべく、邁進すべき」ことが唱えられていた。その主張は、牧山らの姿勢に真向から異を唱えるものだった。

それを機に、同社内では新体制運動が起こり、社長・牧山派と副社長・則元派の対立が表面化した。役員会内の従来の対立が新聞統合問題をきっかけに社内全般に及び、九割が則元派についた。九月二六日には、社内同人が牧山社長に対し「社を国家に献納せよ」との建白書を提出した（『新聞年鑑』一九四一年版：100）。九月二八・二九日には、第一波ストライキにより、新聞発行がストップした。一〇月には第二波ストライキが生じ、工場が閉鎖される事態となった。牧山社長派が、長崎民友新聞社に印刷委託をして急場を凌《しの》がねばならなくなったのは、既述の通りである。この混乱は二カ月という空前の長期に及んだ（『昭和史の長崎』：41）。

ストライキを主導した総務担当取締役・中山民也の回想によれば、この事件は長崎日日新聞社を新聞統合に持ち込むべく、「内部崩壊」をねらった県警察部長の教唆によるものであった。警察部長に働きかけられた中山が副社長の則元らともはかり、牧山社長派の追い落としをねらって、決行に至ったとされる（同前：41）。

社内の混乱に嫌気がさした牧山は、読売新聞社社長・正力松太郎に接触し、長崎日日新聞社の売却を打診した。『読売新聞』は、同年八月に中野正剛主宰の『九州日報』（福岡市）を買収しており、それを足掛かりとして「九州通信網の完備」をめざしていた（『西日本新聞百二十年史』：155『長崎新聞社史』：189）。すでに『大阪朝日新聞』『大阪毎日新聞』は、それぞれ小倉や門司を拠点に、朝鮮・満洲方面で部数を伸ばしていたが、『読売新聞』が長崎に拠点を得ることは、朝鮮半島や中国大陸への進出を可能にするものでもあった。

読売新聞社は長崎日日新聞社を買収し、一九四一年一月より同紙の経営にあたった。『長崎日日新聞』（一九四一年一月一日）には、「新聞使命完遂期し我社九州日報と合併――読売姉妹紙として産業文化の啓発に邁進」と題した社告が掲載された。相談役には正力松太郎が就任し、九州日報社社長を務めていた小林光政が、長崎日日新聞社の社長を兼務することとなった。牧山は同紙の経営を離れて顧問に退くとともに、九州日報社の取締役に就いた（『長崎日日新聞』一九四一年一月一日）。

新聞使命完遂期し
我社九州日報と合併
讀賣姉妹紙として産業文化の啓發に邁進
長崎日日新聞社

読売系『九州日報』との合併を報じた社告
（『長崎日日新聞』1941年1月1日）

牧山攻撃の中心だった副社長・則元卯太郎や総務担当重役・中山民也は、同社を追われた。中山の回想によれば、小林に呼びつけられた則元と中山は、「あーた方〔あなたたち〕はどういう具合で会社にグズグズしとるとかね。私が株の七割はもっているんだ。これから私がやる」「君は一株ももたずに何をいうか」と一喝されたという（『昭和史の長崎』：42－43）。従業員九割の支持を集めた則元派は、完敗に終わった（『長崎新聞社史』：188）。

この売却工作は、牧山と正力の間で極秘かつ短時日で行われ、長崎日日新聞社の従業員はむろんのこと、首脳陣にも一切、事前に知らされなかった。新聞統合をめざしていた県当局にとっても、寝耳に水だった。特高課長の川口正二郎は、部下の新聞係警部を呼びつけ、事情を察知できなかったことを難詰したという（『伝記』中：323）。

新社長の小林は元内務官僚で、福岡・埼玉両県の内務部長、青森・高知の両県知事、さらには文部省教学局長官を務めた大物だった。長崎県知事・平敏孝にとっても先輩格にあたるだけに、県当局は従来のように『長崎日日新聞』につよく当たることも憚られた（『伝記』中：326－327『長崎新聞社史』：189）。『長崎日日新聞』の買収劇には、竹次郎も衝撃を受けた。県当局からの新聞統合への圧力に対し、二紙が協力して対峙《たいじ》する方向で話がまとまりつつあっただけに、竹次郎は牧山に裏切られた思いを抱いた。その憤りは大きく、一〇年以上のちになっても「私と固く、共同戦線を張ると、先方から申し出ておき乍ら、長崎日日新聞を読売新聞社長正力松太郎氏に、その時の金で三十万円で売却してしまつた。私に全く秘密で。私との紳士協約を一方的に破つて。それ以来、私は牧山君に対して、言葉も交さないで今日に至つている」と語っていた（「闘いの歴史・民友三十年」）。

外国為替管理法違反事件

竹次郎は『長崎日日新聞』売却の事実を、正力松太郎本人からの連絡で、初めて知った。買収成立の翌日、正力は竹次郎に「いよいよ、あなたの長崎に読売が進出するようになった。お互い手を握って行こうじゃありませんか。今後とも何事につけても話し合って……」との言葉をかけたという。竹次郎と正力の関わりは、これが初めてではない。約四半世紀前の早稲田騒動の折にも、ゆるやかな接点があった。第二章でもふれたように、竹次郎らが先頭に立った早稲田騒動において、警視庁第一方面監察官として対応に当たった正力松太郎は、実力行使するのではなく、穏便に対処した。そのことへの好感もあり、竹次郎は漠然と「正力となら合同も自主的にうまくいくだろう」との思いを抱いた（『伝記』中：323－324）。

だが、事はそう安穏とは進まなかった。外国為替管理法違反の容疑で起訴されたことが、のちの新聞統合や翼賛選挙（一九四二年四月）に決定的な影響をもたらした。

一九四〇年一一月、『長崎民友新聞』と『長崎日日新聞』に対し、県警察部長による合併命令が出されたが、それからほどなく、竹次郎は長崎地方検事局に起訴された。一九四〇年一二月二六日のことである。上海から故銅（使い古した銅スクラップや銅屑）の輸入にあたり、輸入許可書を用いず現金を海外に持ち出したとの容疑であった。

一九三〇年代末の長崎では、銀買いや銅買いが盛んに行われ、利鞘《りざや》を稼ぐ者が少なくなかった。当時、それはあまりにありふれており、警察関係者でさえ「みな銅でうんと儲けているようだが、私もこんな安い月給取りを止めて銅でも買いたい」と語っていたほどだった。当然ながら、それが法に触れる可能性があるとは、まったく認識されていなかった。ことごとに竹次郎と対立し、その追い落としをつねにねらっていた市会議員・弁護士の木内豊昭（旧民政党）は、この事件に関して、「昭和十三、十四年、即ち当時、これが罪になるということが判れば、警察や検事局の発動をまつまでもなく、私共が、否、私自身竹次郎に対する告訴、告発をやったと思います。しかし、為替管理法というものはあったけれども、銀買いを毎日見ている私どもとしては、禁酒法、禁煙法があると同じように、別に罪になるというような観念がなかったものですから、実に残念なことだと思っています」と語っていた。しかも、当時から二年半が経過し、時効にかかろうとする頃の検挙であった（『伝記』中：306 - 307）。

先の中山民也（長崎日日新聞社取締役）の回想によれば、これも新聞統合の早期実現をねらう県当局の意図によるものだった。県当局は『長崎日日新聞』への対処としては、中山らにけしかけて「内部崩壊」をはかったのに対し、「民友新聞攻略は司法ファッショでいけ」「警察権を行使して社内を洗い立てろ」との方策がとられたという（『昭和史の長崎』：38）。中山が県警首脳との関係が深く、また、この事件の「自白」を強要された清水武夫（戦後、社会党選出の参議院議員）とも親交があったことを考えれば、一定の信頼性をうかがうことができる。

長崎地方裁判所は一九四一年一〇月三一日、竹次郎に対して禁固五カ月、執行猶予二年の有罪判決を言い渡した（『読売新聞』一九四一年一一月一日夕刊）。竹次郎は控訴したが、長崎控訴院での判決（一九四二年六月三〇日）も有罪だった。竹次郎はなおも諦めず、上告した。大審院は一九四三年四月二六日、原審判決を破棄して、広島控訴院への移送を決定した（『読売新聞』一九四三年四月二七日）。それから一年ほどを経た一九四四年四月二四日、竹次郎はようやく無罪判決を勝ち取った（『読売新聞』一九四四年四月二五日）。足掛け三年半に及ぶ法廷闘争だった。

翼賛選挙と非推薦

さらに選挙干渉が、竹次郎を追い詰めた。

第二〇回総選挙の実施は一九三七年四月三〇日なので、本来であれば一九四一年四月までに解散総選挙が行われなければならなかった。だが、第二次近衛内閣は時局を理由に、特別法によって議員の任期を一年間延期していた（木坂 1982：79－80）。第二一回総選挙は、東条英機内閣のもとで、一九四二年四月三〇日に行われた。太平洋戦争の緒戦の勝利で、内閣の威信が高まっていたことも、選挙実施を後押しした。

総選挙に先立ち、政府に招待された各界代表三三名により、翼賛政治体制協議会（会長は元首相の陸軍大将・阿部信行）が結成された。すでに政党が解党していたなか、翼賛政治体制協議会（翼協）は道府県支部長・会員を指名するとともに、議員定数と同数の四六六名の候補者を推薦し、資金面も含めて全面的に支援した。この選挙が「翼賛選挙」と言われるゆえんである。

長崎県では、一九四二年三月七日、大政翼賛会県支部が県内各界の代表者七十余名の新役員を発令したが、これは翼賛選挙の布石だった。三月一九日には県選挙粛正役員として、知事・平敏孝以下三三名と翼賛政治体制協議会県支部長を決定し、同月二七日に同長崎県支部が発足した。

翼協県支部は、明らかに県当局のつよい影響下にあっただけに、新聞統合に最後まで抵抗した竹次郎や牧山耕蔵は、推薦対象から外された。本田英作、太田理一など竹次郎に近い政治家も、また同様だった。彼らは非推薦としての立候補を余儀なくされた。それに対して、新聞統合に協力的だった元長崎日日新聞社副社長・則元卯太郎は、推薦を得ることができた（『長崎県警察史』下：529－530）。

総選挙の当選結果は、全国的に見ると、推薦候補が三八一名（立候補者・四六六名）、非推薦候補は八五名（立候補者・六一四名）だった。推薦候補者全体における当選者の割合は八二パーセントであるのに対し、非推薦者の場合は一四パーセント弱だった。そこからもうかがえるように、非推薦候補への選挙干渉にはすさまじいものがあった。むろん、長崎もその例外ではない。県会議員の石塚慶雲は、一九四三年末の県議会において、翼賛選挙のあり方を以下のように問いただしていた。直接的には同年五月の対馬での町村会議員選挙への言及ではあるが、前年四月の総選挙の繰り返しであるとの発言であり、翼賛選挙の実態を推し測ることができる。

> 此の五月に行われました所の対馬の町村会議員の選挙は、昨年の四月に行われました所の衆議院の選挙を縮小したものを其の儘《まま》繰返しておる。それで其の実例を申して見ますと、先づ選挙の推薦委員を拵《こさ》えるのに、それは警察の人がそれに関与することは出来ない、官公吏、町村長と云うような者も関与することが出来ないことになっておるに拘らず、実際は矢張りそれに立会ってやっておられる。そうして翼賛会の役員なり或は壮年団長なりと云うような者が、全部それに関与してやった。（中略）五月の選挙の時も矢張り表面はそうなっておるけれども、実際は矢張り推薦で行けと云うような上司の命令があったから、それは差支ない、翼賛会なり、翼賛壮年団なりが少々行き過ぎをしても決して処罰をされないことになっておる、それだからやって宜《よろ》しいと云うようなことを、

警察官が指導された。（『長崎県議会史』5：913－914）

また、『長崎県議会史』（第五巻）でも、「警察の活動について、新聞は一語も触れていないが、事実は苛酷を極めたものゝようである。自由候補〔＝非推薦候補〕の運動員には悉く尾行をつけ、家宅捜査を行ひ、労務者は見あたり次第に尋問し、街頭より引致取調べるといった有様であったから、誰も恐れて近づこうとしなかった」と記されている（1491）。

獄中からの選挙戦

翼賛政治体制協議会の推薦を得られなかった竹次郎は、興亜議員同盟をバックに選挙戦を戦う準備を進めていた。興亜議員同盟は、枢軸強化と英米排除を主張し、東亜新秩序の建設を唱えていた議員の一部が、一九四一年一一月一二日に結成したものである。旧政友会久原派・東方会・旧社会大衆党十日会など、さまざまな党派の議員二六名が参加していた。

選挙告示は一九四二年四月四日であり、竹次郎はその日に立候補の届出を行った（『長崎県議会史』5：1489）。だが、その直前に、竹次郎陣営の首脳二名が相次いで拘留された。選挙事務長の予定だった古閑貞雄と選挙事務に精通した田中丈平である。田中は長崎民友新聞社の会計部長を務めるなど、主要経営陣の一人でもあった。さらに、四月八日、東京から戻った竹次郎は、長崎駅頭に降りるや否や、梅香崎《うめがさき》署の刑事に拘引され、検事局での取り調べを経て、長崎刑務所に移送された。いずれも軽微な選挙違反の摘発だった。所定期間より前に一部の選挙運動を行い、また、古閑に対し選挙終了後の入社を斡旋したとの嫌疑であった（『資料日本現代史』5：159－160）。

これは一九四四年三月一三日の大審院判決において、「重大なる事実誤認あり」「無根の事実に基づく」との理由で無罪が確定している（『朝日新聞』『読売新聞』一九四四年三月一四日）。菊花紋章菓子事件や外国為替管理法違反事件と同じく、県当局のフレームアップによるものであった。たとえ非推薦であっても当選の可能性が高い竹次郎に対し、立候補を断念させようとする意図が、そこにはあった（『長崎県議会史』5：1491）。

竹次郎は無罪確定に先立ち、本田英作とともに長崎一区の選挙無効を訴える訴訟を起こした。これについては敗訴したが、その大審院判決（一九四三年一〇月二九日）では県当局による選挙干渉の激しさが、以下のように認定されている。

第二、加之〔平〕敏孝は知事たる地位を利用して其の統率の下に在る警察部長松浦栄、警察署長石本甚助、同藤井喜代次其の他の選挙取締警察官等をして被告伊吹〔元五郎〕外四名の推薦候補者の為め選挙運動を為さしめたる外、其の職権を濫用して或は原告西岡〔竹次郎〕を選挙法違反の嫌疑の名の下に引致し更に刑務所に収容し或は西岡が選挙事務長を依頼したる古閑貞雄、田中丈平を初めとし其の他従来西岡と政治関係ありたる者の殆ど全部を警察署に留置し釈放後も西岡の為めに選挙運動を為すことを禁じ、刑事をして常に其の行動を監視せしめ、或は西岡の経営に係る長崎民友新聞社の家宅捜索を為して選挙関係の書類一切を押収せしめ、或は西岡の宿舎に警察官を張込ましめて電話を盗取せしめ、或は投票所に於て巡査をして西岡の為めに投票せんとする者の背後より覗かしめ又は之を説きて馬場元治に投票せしめ、或は西岡の演説を妨害し、第三、従来選挙毎に西岡の為めに投票立会人又は開票立会人たりし陣野栄一に対し西岡の立会人と為らざることを勧誘して之を辞退せしめたる外、従来は右立会人として百三十九名に依頼し承諾を得るを常としたるに拘らず今次の総選挙に際しては警察官の妨害に因《よ》り僅《わず》かに一人の外承諾者を得ること能はざらしめ（後略）

（『資料日本現代史』5：177）

さらに、貴族院予算委員会（一九四三年二月一七日）では、貴族院議員・大河内輝耕《きこう》が竹次郎に対する選挙干渉にも多く言及しながら、翼賛選挙における官憲の介入をつよく批判した（同前：158－160）。竹次郎は、これほどの妨害にも屈せず立候補した。しかし、非推薦であるうえに獄中にあり、選挙活動はできないに等しかった。選挙公報記載の政見原稿は、拘置所内で執筆したとされる。ほどなく釈放されたようだが、運動員を集めることもできず、ポスター貼りなども竹次郎自身が糊刷毛《のりはけ》を手にして行ったという（『長崎県議会史』5：1491）。

しかし、その苦労は実らず、竹次郎はここで初めての落選を経験した。もっとも、長崎一区・二区とも当選を果たしたのはすべて推薦候補であり、非推薦候補は全員落選した。

落選者のなかでは、竹次郎は群を抜いた票数を獲得した。当選最下位は則元卯太郎で一万四一八六票だったが、竹次郎は次点で一万一一五五票だった。竹次郎と行動をともにした太田理一は竹次郎に次ぐ得票ではあったが、その数は竹次郎の二割ほどの二四〇三票でしかない。本田英作に至っては、一五一六票に過ぎなかった。竹次郎は獄中にありながらも、当選者に肉薄する票を獲得した例外的な非推薦候補だった。ことに長崎市では、当選者を含む全候補者中、最多となる七八四三票を獲得していた（『第二一回衆議院議員総選挙一覧』）。

四社合併

竹次郎が翼賛選挙で苦境に陥るなか、長崎の新聞統合は決定的になっていた。

一九四一年八月、『九州日報』『長崎日日新聞』の社長を兼務していた小林光政は読売新聞社に戻り、『長崎日日新聞』の社長には、読売新聞社工務局長だった武藤具三が着任した。

元内務官僚の小林が『長崎日日新聞』を去り、かつ、竹次郎が外国為替管理法違反事件で起訴されながらも『長崎民友新聞』が統合に向けて軟化しないことから、特高課長らは他県に比べて新聞統合が著しく遅れる状況に焦りを覚えた。県当局は武藤に用紙割り当てをめぐる圧力をかけつつ、早期の統合を求めた。正力松太郎に買収されて間もない長崎日日新聞社は、読売系と旧長日系とで首脳陣がまとまりきっておらず、その弱みをついたのである（『伝記』中：327－331）。

県特高課長らは、統合後の題号を「長崎日報」とすることや社屋を旧長崎日日新聞社に置くことなどを、武藤らと調整したうえで、一九四二年三月一七日、竹次郎に新聞統合を迫った（同前：329－330）。

竹次郎や田中丈吉ら、長崎民友新聞社首脳が選挙違反の嫌疑で刑務所に収監される直前であった。万策尽きた『長崎民友新聞』は『長崎日日新聞』『佐世保軍港新聞』『島原新聞』とともに統合され、四月一日に『長崎日報』が創刊された。

新社長には、旧長崎日日新聞社社長の武藤が着任し、編集局長には『九州日報』から『長崎日日新聞』に移った大石利徳が就くなど、読売系の影響力がつよい布陣となった。その他、旧長崎日日からは、社長秘書・眞弓森三郎（旧長日取締役秘書役）、編集局顧問・大森万亀太（旧長日主筆）、編集局次長兼整理部長・田中豊秋（旧長日編集局長・整理部長）、経済部長・小川謹次（旧長日理事・経済部長）、査閲部長・中村勝市郎（旧長日校正部長）、販売部長・平山市右衛門（旧長日販売部長）、庶務部長・馬場浅治（旧長日庶務部長）らが、幹部に名を連ねた（『新聞総覧』一九四一・四二年版『日本新聞年鑑』一九四一年版）。

長日軍港島原三新聞と合同
長崎日報を創刊
本紙讀者の購讀料は値上げせず
四月一日から獨特の夕刊を配布
民友新聞は何故合同したか
國策順應大東亞建設に邁進するため

四社統合を報じた『長崎民友新聞』（1942年3月29日、『長崎新聞社史』所収）

旧長崎民友新聞社からは、通信部長・秋田卯一郎（元民友主幹）、文化部長・原田弘（元民友整理部長）、営業局長・北川久次郎（元民友副社長）、事業部長・田中丈平（元民友会計部長）らが、新社幹部に入るにとどまった（同前）。しかも、そのうち、北川や田中は新社発足の場に姿を見せなかった。選挙違反の容疑で警察に呼ばれ、拘束されたためである（『伝記』中：333）。新社における旧長崎民友関係者の地位を物語る。

竹次郎は、一九四四年九月になって、この新社の取締役会長に就くが、新社発足時には幹部一覧に名が挙がってはいなかった。外国為替管理法違反事件や選挙違反で起訴・収監されていたためであろう。ちなみに、『長崎新聞社史』（二〇〇一年）の年表欄には、長崎日報社発足とともに竹次郎が会長に就いたとの記載がある。だが、『新聞総覧』（一九四二年版）において、長崎日報社の役員一覧に竹次郎の名前がないことを考えれば、『伝記』『年譜』の記載の通り、外国為替管理法違反事件や選挙違反の無罪が確定したのちに会長に就任したというのが、事実であろう。

難産の末に誕生した『長崎日報』（一九四二年四月一日）の「社説――創刊の言葉」には、その労苦や意義について、こう記されている。

合同各紙は、歴史も一ならず、立地条件も異なり、おの〳〵特色を有し、従てまた各種の長短を伴ふを免《まぬが》れなかつたが、その短を捨て、長を採り、機構、設備及人的内容を綜合して、これを単一の使命及び目的に集中したものが本紙である。また他の表現を用ふれば、各紙の純粋部分のみが抽出されて必要の部面に、必要の使途を求むるものである。だから各紙の企てゝ未だ及ばざりし点は、これによつて達し得べく、新聞使命達成上新紀元を拓《ひら》くと謂ふべきである。

とはいえ、「その短を捨て、長を採」り、「これを単一の使命及び目的に集中」することは、容易ではなかった。統合があまりに急に進められたために、各紙の読者の重複を整理することができなかった。

『長崎日日新聞』『長崎民友新聞』両紙を併読していた読者のもとには、新紙が二部届くこととなった。また、『長崎民友新聞』は夕刊紙であったため、夕刊配達の時間帯に新紙朝刊が配られることもあったという（『伝記』中：330－331）。

次章でも述べるように、統合された新社は、終戦後まもなく、統合前の四紙に分裂した。多くの府県で戦後も一県一紙体制が存続したことを考えれば、異例のことだった。何より、統合前の新聞各紙に分裂したのは、長崎以外に例はない（里見 2011：322）。これも、統合された新社が「これを単一の使命及び目的に集中」できずに終わったことを物語っている。

「共感」と「排除」の連続性

それにしても、政党解体や総動員体制など、戦時ファシズムへの共感を熱く語ってきた竹次郎は、なぜ、これほどまでに戦時下で追い詰められなければならなかったのか。竹次郎は、新聞統合をめぐる弾圧や選挙干渉にさらされながらも、時局や戦争遂行へのつよい支持を選挙公報（第二一回総選挙、一九四二年四月）のなかで、こう語っていた。

九軍神が身を以て示したあの至高至大な犠牲精神を何処までも生かし、米英に最後の止《とど》めを刺す迄は断じて鉾《ほこ》を斂《おさ》めてはならない。一億国民は一つの火の玉となつて彼等を粉微塵《みじん》に粉砕してしまふまでは一歩も退いてはならない。ただ前進あるのみだ。未曾有の軍事大予算をシツカリと全国民の力で支へて前線将兵の諸士に後顧の憂をいだかせず。銃後の護りは完璧の陣だ、といふ決意の下に大和民族として後世に輝く光栄ある歴史を完成せねばならない。一人の国民と雖も油断は禁物、一億一心国を挙げての総力戦、そして長期戦を覚悟せなければならないのである。

とくに具体的な政策提言はなく、長期に及ぶ「聖戦」への使命感が一貫して綴られている。むろん、翼賛選挙のもとでの選挙公報である以上、竹次郎に限らず、同種の記述は他の候補者にも見られないわけではない。だが、他候補のすべてが、それのみに終始したわけでもなかった。

同じ長崎一区の推薦候補・馬場元治は、戦時体制への支持を表明しつつも、「人口増加策」「南方対策」「海運政策の急施」「出征軍人遺家族の擁護施設徹底」などの政策案を掲げている（「選挙公報 第二一回総選挙」）。非推薦候補であっても、その点はそう変わらない。太田理一は選挙公報において「食糧政策と農漁村の安定」「教育の刷新と其の普及」を訴えていた（「選挙公報 第二一回総選挙」）。

本田英作に至っては、貴族院議員・大河内輝耕が総選挙直前の議会（一九四二年三月二五日）で翼賛政治体制協議会による推薦のあり方を問いただし、東条首相がそれに答えたことにふれながら、「地方官憲にも十分其趣旨は通達しあることと思ふ。至公至平の取締のある所に何の不平の起るべき筈はない。今頃選挙干渉と言ふ時代遅れのことがあらうとは到底信ぜられない。是れありと思ふことだけでも日本国民の恥辱を感ずる」と記している（「選挙公報 第二一回総選挙」）。竹次郎とともに、その盟友たる本田が非推薦となり、翼賛選挙で多大な選挙干渉を受けていたことを考えれば、これは選挙体制への痛烈な皮肉にほかならなかった。

これらを見渡してみると、「総力戦」「長期戦」に対する竹次郎の心酔ぶりは、明らかに際立っていた。にもかかわらず、竹次郎は戦時体制からの弾圧にさらされていた。そのねじれをどう理解すればいいのか。

戦時下であったとはいえ、右翼的な言説が体制への翼賛に終始したわけではない。原理日本社はその好例である。蓑田《みのだ》胸喜《むねき》ら原理日本社同人は、「国体」を軽んじるものとして、天皇機関説をはじめ、東京帝大法学部教授の学説を苛烈に批判し、しばしば発禁に追い込んだ。だが、原理日本社の日本主義は、それを突き詰めた先に、体制批判をも導いていた。明治天皇御集《ぎょしゅう》に「国体」の結晶を見出していた彼らにとって、総動員体制は統制経済・計画経済に基づく共産主義に通じるものであり、大政翼賛会は「一国一党」の「幕府」に相当した。戦争の長期化にしても、明治憲法の理念を逸脱したものにほかならなかった。原理日本社に近い民間運動団体・精神科学研究所（一九四一年創設）が、「これまでの詔勅を反復拝誦するならば、天皇の大御心《おおみこころ》が一貫して短期戦を望まれていることは明らかである」として、東条内閣と敵対し、抑え込まれたのも、そのゆえであった（福間 2022 井上 2010）。

竹次郎の場合、これらの右翼言論人とは異なっていた。戦時下の竹次郎の議論は、日本主義的なイデオロギーのみならず、戦争遂行や新体制運動にも、つよい賛意を示していた。にもかかわらず、なぜ竹次郎は戦時体制から排除されたのか。

それは突き詰めれば、政党・政治家と新聞の乖離《かいり》に根差していた。既成政党への批判が強まり、政党が解体に至ることで、元来、政党機関紙だった地方紙は政党から離れ、「中立」「不偏不党」を掲げるようになった。一県一紙は、その「集大成」でもあった。だが、竹次郎は政党解体を叫びつつも、一県一紙に頑強に抗《あらが》った。地方財界やムラ社会に政治基盤を持たない竹次郎にとって、自ら新聞を所有することは、支持基盤の安定のために不可欠だった。

かつて貧困に喘いだ竹次郎は、雄弁や新聞を通して、政治家に上り詰めた。そして、その言論活動・政治活動を通じて、政治や社会の「平等」を訴えた。そこで導かれたのが、普通選挙や婦人参政権の運動であり、また、国家総動員法案や新体制運動であった。そこでの「平等」は、政党政治の隆盛を支えたのと同時に、その解体にもつながり、結果的に「新聞に根差した政治家」たる竹次郎を窒息させた。

竹次郎は戦時ファシズムを声高に叫び、かつ、それに裏切られた。その両義性は、直接的には、地方紙に足場を置く竹次郎が政党解体に固執することの矛盾に起因していた。だが、さらにその淵源《えんげん》をたどれば、「平等」が内包する矛盾と逆説をも示していたのである。

第五章

県政への転進と「開発」の政治

県知事の竹次郎と参議院議員の妻ハル
（1950年代半ば頃、『伝記』下）

長崎県の財政を以てして両島の開発即ち道路、港湾、交通其の他文化的施設の拡充は、期待し得ない実情に在る。両島の水陸生産物は、元来長崎県にて消費されてゐるものでもない。

壱岐は自給自足可能の良島であり対馬は耕地狭小のため食糧自給を欠くが、薪炭、木材、坑木等の林産物に富むも道路なきがため、之れが伐採積出の便を欠き、開発の余地多く、施設の拡充によりて生産増強を期待せらるるところが多いが、之れは全国有数の土木県たる福岡県に依存せねばならぬ。

（壱岐・対馬転県期成会ほか「壱岐、対馬両島民はなぜ転県を熱望するか」一九四六年九月）

1　敗戦と「一県一紙」の崩壊

無罪獲得と『長崎日報』会長就任

『長崎日報』は、戦争最末期の一九四五年七月になって、紙名を『長崎新聞』へと改めた。県内には、『長崎日報』以外に『読売報知』『毎日新聞』『朝日新聞』といった全国紙も入り込んではいたが、政府や軍の要請もあり、これらを同一題号のもとに一括して印刷することとなった。これに合わせて、紙名が変更されるとともに、「長崎新聞」の題字の下に「読売報知」「毎日新聞」「朝日新聞」の小さな題字が並ぶこととなった（『長崎新聞社史』：193）。

その間、竹次郎は外国為替管理法違反事件と選挙違反容疑につき、裁判闘争の渦中にあった。被告として争うばかりではなく、長崎一区の選挙無効を訴える訴訟をも起こしていた。足かけ三年半をかけて、一九四四年の春に無罪を勝ち取ったのは、前述の通りである。

『長崎新聞』題字
（1945年7月1日）

その粘りは、竹次郎と敵対関係にあった者にも、つよい印象を与えた。長崎日日新聞社で総務担当役員を務め、新聞統合に向けて県当局に協力的だった中山民也は、戦後の回想のなかで、「西岡代議士は終始一貫闘った。強大な司法ファッショへの壮烈な体当りであった」「当局のドンペイ事件〔外国為替管理法違反事件」デッチ上げの攻略は敗北を喫し、西岡ファンの愁眉《しゅうび》をようよう明るくひらかせたのだった。ボクはこの事件を通じて、闘った西岡代議士のねばりに舌を巻いたし、また人生の尊い教訓も得た」と述懐している（『昭和史の長崎』：39－40）。

一九四四年七月には、選挙違反事件の刑事補償が決定した。長崎一区の選挙無効訴訟は敗訴となったが、刑事事件から解放された竹次郎は、同年九月、長崎日報社取締役会長に就任し、翌年に同社が長崎新聞社に改組された後も、引き続き同じ職を務めた。

とはいえ、経営の実質が読売系の手中にあることには、変わりはなかった。竹次郎の会長就任と時を同じくして、武藤具三は社長を退いたが、その後には、同じく読売新聞社で工務局長を務めた渡貫良治が就いた。

その頃、すでに戦局は著しく悪化していた。マリアナ沖海戦（一九四四年六月）では、空母三隻、航空機四三〇機を失う惨敗を喫した。七月にはインパール作戦中止を決定し、死者三万人、戦傷病者四万五〇〇〇人にのぼる失敗に終わった。サイパン島も陥落するなど、絶対国防圏構想は破綻し、東条内閣は総辞職を余儀なくされた。

一九四四年七月二二日には、陸軍大将・小磯国昭が内閣を組織したが、戦局は悪化の一途をたどった。同年一〇月中旬の台湾沖航空戦では、多大な損失を被《こうむ》ったにもかかわらず、大本営は「大戦果」を発表した。その結果、日本陸海軍は同月下旬にレイテ作戦を決行し、さらなる大敗を喫した。米軍は翌年二月には硫黄島に、四月には沖縄本島に上陸した。三月九日・一〇日には三三四機のB29が東京を空襲し、本所・深川・浅草など下町四〇平方キロメートルが焼失した。被害は、死者八万四〇〇〇人、罹災者一五〇万人、焼失戸数二三万戸に及んだ。

竹次郎の東京の自宅は牛込田町にあったが、このときの空襲で一部が消失し、一家は翌月、雲仙に疎開した。その判断は結果的に、家族の身を救うこととなった。東京空襲はいっそう激しさを増し、五月二四日にはB29五二〇機が飛来した。竹次郎の東京宅も、翌日の空襲で全焼した。

もっとも、三月空襲以降、人々の地方疎開が進んだこともあり、規模のわりには、死者数は多くはなかった。だが、地方に縁故がなく、都市部にとどまらざるを得なかった層は、四・五月の大規模空襲にさらされ、多くの人命が失われた。そこには、ある種の「格差」が存在していた。竹次郎一家にしてみれば、長崎の縁故の存在が、激化する東京空襲から免れることを可能にした。

広島・長崎の経験

小磯内閣は、一九四五年四月五日に総辞職した。戦争指導に具体策を示せず、実現性のない中国との和平工作（繆斌《みょうひん》工作）にも失敗したことによる。米軍の沖縄本島上陸直後のことだった。

翌々日には海軍大将・鈴木貫太郎による内閣が成立した。六月八日には本土決戦方針を採択しつつも、同月下旬には沖縄が実質的に陥落し、鈴木内閣は終戦に向けた道筋を模索することとなる。

『長崎日報』が『長崎新聞』へと紙名を変更し、中央三紙（『読売報知』『朝日』『毎日』）も合わせて一括印刷するようになったのは、鈴木内閣発足から約三カ月を経た時期だった。その頃、長崎新聞社にとっ

被爆前の長崎新聞印刷工場（『長崎新聞社史』）

て焦眉の課題は、疎開工場の建設だった。日本各地への空襲が本格化するなか、一九四五年三月頃から、印刷工場の疎開が具体的に議論されるようになった。軍からの要請もあったとされる。検討の結果、油木谷の旧長崎商業学校下の畑地を借り受け、約八〇坪の敷地に疎開工場を建設した。本社の機械一台と活字資材を搬入したほか、長崎商業学校の体育館に輪転機二台を運び入れた。組み立ては、本社の女子挺身隊が連日交代で協力したという（『長崎新聞社史』：193）。

輪転機の据付工事は七月中旬に終わったが、さらにもう一台設置し、一・五トン程度の爆弾にも堪え得る壕の構築が必要となった。しかし、兵士として多くが出征し、作業に必要な労働力が不足していた。そこで、竹次郎は受刑者動員の許可や軍の協力を得るため、東京に出向き、司法省・内務省と調整を行うとともに、その帰路に広島の第二総軍司令部に赴くこととなった。

竹次郎は軍用列車を利用し、広島駅到着は八月六日の午前八時の予定だった。だが、途中で空襲が何度かあり、列車の到着は遅れた。呉と海田市の中間あたりを運行していたとき、閃光とともに炸裂音が響いた。広島市中心部への原爆投下だった。竹次郎は線路を歩いて市内に入り、惨状を目の当たりにした。

八月八日、長崎に戻った竹次郎は、急ぎ知事を訪ねて「新型爆弾」への対策立案を進言し、県防空本部は検討に入った（『伝記』下：6『長崎新聞社史』：197）。

長崎新聞社は広島の被害をふまえて、油木谷の疎開工場とは別に、輪転機格納と自家発電が可能な場所を探しはじめた。竹次郎は八日午後、長崎新聞社幹部および警察首脳部とともに、第一候補地の大浦を視察したが、それは不適当と判断された。そこで、翌九日の午前一一時に、第二候補地を視察することとなった。浦上の城山護国神社の丘陵を利用した壕である。

しかし、大浦の視察を終えた直後、竹次郎は急な発熱のため、本社裏の宿舎（上野屋）に引き揚げた。両脚には斑点も出ていたという。広島での入市被爆による後遺症だろう。寝付けなかった竹次郎は、宿舎を出て大草（大村湾に面した寒村）にて一晩を過ごし、家族が疎開する雲仙に向かった。なぜ上野屋で安静にしておかなかったのかは不明であり、竹次郎自身も後年、「今になって考えて見ても当時の行動について、何の目的でその行動が起されたか了解することが出来ない」と綴っていた（『伝記』下：9）。そのことが結果的に、難を逃れることにつながった。

竹次郎は雲仙に向かう途中、小浜あたりで長崎原爆の爆音を耳にした。長崎の方角に上がるキノコ雲を目の当たりにして、「一瞬体内の血が停ってしまうかのような緊迫した感情が身体全体にひろがり、冷水をあびせかけられたようにぞっとなった」という（同前：10）。視察予定だった浦上の壕は、爆心地のすぐそばだった。大村町の長崎新聞社も、類焼して灰燼に帰した。上野屋に宿泊し、予定通り壕の視察に出向いていたら、命を落としていたかもしれなかった。

原爆で焼失した大村町の長崎新聞社社屋（『長崎新聞社史』）

自社発行の停止と再開

油木谷の疎開工場は、爆風と火災で跡形もないほど破壊され、印刷部員と作業員の五名が爆死した。本社も焼失した以上、新聞発行は不可能となり、渡貫良治社長は西日本新聞社に印刷を委託した。新聞界では、戦争末期、西日本新聞社社長・阿部暢太郎が中心となって、全国の新聞社社長会議を開催し、空襲などで新聞発行が不可能になった場合、他社で印刷・発行できるよう相互協定が結ばれていた。西日本新聞社と提携していた長崎新聞社は、八月一〇日付より、題号のみを「長崎新聞」に切り替えて、西日本新聞社で印刷し、購読者に配送した（『長崎新聞社史』：200－201）。

他方で、長崎新聞社は解散に傾きかけていた。社長の渡貫は「新聞社は全く再起不能。再建の見込みがたたないので、社員は配給米を少しずつ分配して、離散のやむなきにいたりました」との手紙を配給米とともに、雲仙にいた竹次郎に送り届けた。竹次郎は急ぎ長崎に戻り、「解散するとは何事か、どうあっても再建せよ」と叱り飛ばした（『伝記』下：11－12「被爆25周年・新聞づくりの裏話」）。

ここから再建の動きが具体化した。仮社屋や印刷拠点は、出島町の旧長崎民友新聞社社屋に移された。疎開先の長崎商業学校体育館から輪転機を出島に運び込んだほか、破損した機械は諫早の長崎刑務所に持ち込んで修理した。さらに、軍に献納を強いられた印刷機・製版機なども、大村部隊より移設された。（『伝記』下：13『長崎新聞社史』：200－202）。

原爆投下から約一カ月が経過した九月一四日、『長崎新聞』はようやく、自社印刷を再開した。いまだ社屋には窓ガラスはなく、ゴザやボロ布で覆って風雨をしのいでいる状態だった（『長崎新聞社史』：201）。

読売争議から長崎新聞争議へ

その間、日本はポツダム宣言を受諾し、九月二日、東京湾に停泊した戦艦ミズリー甲板にて降伏文書に調印した。ＧＨＱによる占領も開始され、その指導のもとに「民主化」が押し進められた。

こうしたなか、さまざまな新聞社で「戦争責任明確化」の要望が噴出し、労働争議が頻発した。なかでも、読売争議のインパクトは大きかった。一九四五年一〇月、読売新聞社の従業員は組合を結成し、社長・正力松太郎ら幹部の戦争責任を追及するとともに、その退陣と社内民主化を要求した。それが拒まれると、組合は生産管理闘争に入った。一二月には正力が戦犯として逮捕され、組合側はひとまず勝利を得た（第一次読売争議）。この動きは各社に飛び火し、一一月には朝日新聞社で、翌月には西日本新聞社で、役員総辞職や従業員組合結成がなされるなど、全国の新聞社で労働争議が多発した。

長崎新聞社は、幹部に読売系が多いだけに、読売争議の影響は甚大だった。一九四五年一二月には長崎新聞従業員組合（委員長・中尾幸治、組合員一八三名）が結成されたが、それは読売系、旧長崎日日系、

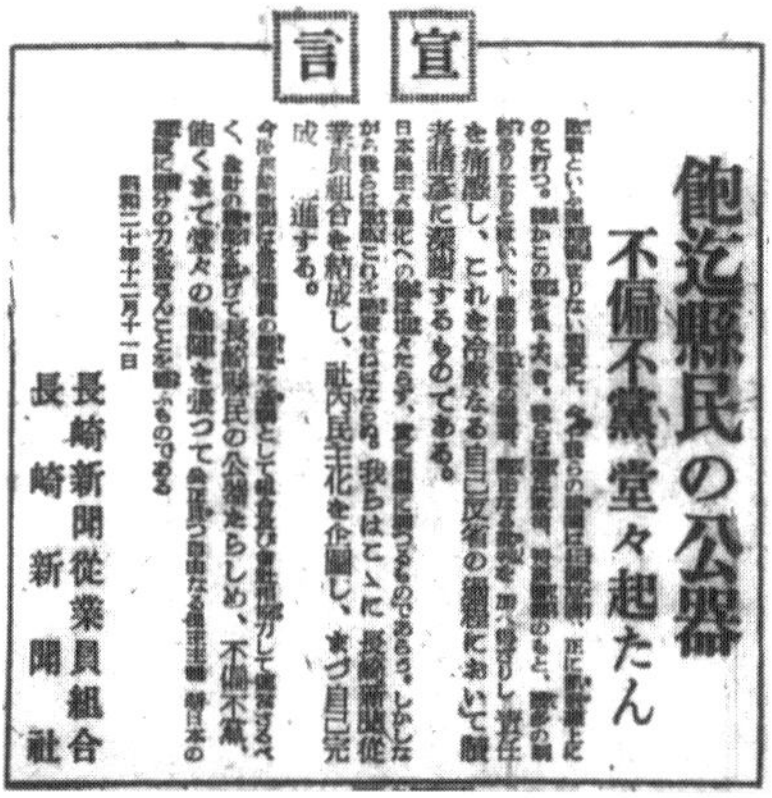

従業員組合による「社内民主化」社告（『長崎新聞』1945 年 12 月 12 日）

旧長崎民友系の対立も絡んで、複雑な様相を呈した。そこで糾弾の標的となったのが、取締役会長の竹次郎だった。

長崎新聞従業員組合は、一九四六年五月一〇日に全従業員を講堂に集めて大会を開催し、会長室を占拠した。読売出身の編集局長以下の組合員がストライキに参加し、新聞は組合員の手で発行された（『長崎新聞社史』：204－206）。翌五月一一日付の紙面に掲載された社告には、以下のように記されていた。

親愛なる読者諸君　親愛なる県民各位　我長崎新聞社はきのふ十日全従業員の総意により本社重役会長西岡竹次郎氏の退陣を要求して争議にはいりました。我々は独裁者西岡氏の悪だくみに、もはや我慢できなくなったのであります。西岡氏の悪だくみは一言で云へば社会の公器であるべき長崎新聞を私の利益に使い、そのため新聞の使命を一生懸命守らうとする社員を首切って、我々従業員に失業の憂目を見せようとしたのであります（同前：206　同紙一九四六年五月の所蔵館は不明）

ここまで竹次郎が糾弾される背景には、読売系・旧長崎日日系を中心とした組合側と旧長崎民友系の対立があった。読売争議の流れを汲む組合側には、「長崎民友系を抱きかかえて争議を起こせば、長崎日日側は支離滅裂になりかねない。それは長崎日日系の中は読売というより、九州日報から入ってきた人たちとの間に離反が起きる」との判断があった。それもあって、組合側と経営側の対立構図は、総じて読売・長崎日日系と長崎民友系の派閥対立に重ねられた。組合側は紙上において、「組合は昨年一一月結成してから何べんとなく西岡氏の意を受けた社員のためにかき乱され、紛争を続けるばかりで満足な活動もできないでおりました」と記し、竹次郎批判を繰り広げた（同前：205－206）。

もっとも、竹次郎は、「長崎新聞社のこん度の紛争は労働争議ではない。共産主義者と読売新聞の一部のものが我々長崎人の手から郷土の長崎新聞を乗っ取らんとする陰謀であり、派閥闘争である」との見方に立っており、組合側にもその旨の回答をしていた（『伝記』下：45）。

これに関し、竹次郎は書簡のなかで、こう記している。

読売新聞社から共産主義者が編集局長として派遣されており、その事を気付かざる内に、丁度、読売新聞社でやったのと同様な手段を以て、長崎新聞社を不法占拠し、東京から主義者が応援に来、長崎地区の共産主義者及び社会党の連中が人民戦線を結成して、非常な勢を以て闘いをいどまれました。自分の新聞で、十日間のあいだ、毎日西岡攻撃の記事を満載されました。

若し長崎新聞が闘いに敗れたとせば、長崎県の産業界、経済界、政界は、彼等の蹂躙《じゅうりん》するところと確認しましたから、私も一年、二年かかっても闘いに勝つ決意を致していました。（「鳩山氏追放指定に際する慰問」）

竹次郎の側の視点ではあるが、読売争議の影響が長崎新聞社にどう入り込んだのか、その一端が垣間見える。

四紙分離と一県一紙の破綻

とはいえ、「自分の新聞」という記述には、自らを新聞所有者とする認識が透けて見える。一県一紙の新聞統合で、地方紙は政党から切り離され、「不偏不党」「中立」となったはずである。地方紙は労働組合の機関紙であるべきではなかったが、かといって、(元)政治家一個人の代弁紙たることも、一県一紙体制には相容れなかった。

そうであれば、新聞統合で生まれた長崎新聞社が破綻し、もとの四社に分割されることは避けがたかった。竹次郎は、『朝日新聞』の取材に対し、「元来、本社〔長崎新聞社〕は特高の弾圧により長崎民友、日々、軍港、島原の四社が合併したものであり、社内明朗化のため分離して、旧に戻さうと思つてゐたところだ」「結局、自分はあくまで四社分立の実現によつて問題を解決する」との見解を示し、また重役会でも「解散分離(旧四社を分立創刊)」の方針を強硬に主張した(『朝日新聞』長崎版、一九四六年五月一一日・一二日)。

これらの内紛により、『長崎新聞』は部数を激減させた一方で、長崎原爆から一カ月にわたり委託印刷を引き受けていた『西日本新聞』は部数を伸ばし、半年後には長崎県下で第一紙となった(『西日本新聞百二十年史』：165)。前身のひとつである『福岡日日新聞』が、新聞統合以前に長崎県内でかなりのシェアを獲得していたことも、終戦直後の部数伸長につながった。

長崎新聞争議は決着の見通しが立たず、長期化の様相を呈した。事態を重く見た米軍長崎軍政部は、係官に調査をさせたうえで、長崎地方検事局検事正を通じて調停命令を出した。それを受けて、竹次郎と争議団代表は「合同前の各新聞社（長崎日日、佐世保軍港新聞、島原新聞、長崎民友新聞）に円満分離する」という旨の共同声明を、五月二九日に発表した。同年一二月九日、四社は正式に分離され、『長崎新聞』は終刊した（『長崎新聞社史』：207『伝記』下：47)。

翌一二月一〇日、竹次郎は長崎民友新聞社の社長に返り咲き、『民友新聞』第一号を発刊した。竹次郎は「発刊の辞――われらのゆく道」のなかで「いま、日本民族は亡びんとしている。国家は、生きるか、死ぬかの瀬戸際にある。小異をすてゝ大同につく気持が全国民の中に、長崎県民の中に湧き起らなければならない。全力をあげて、お互に助け合うべき時である」「われわれは、遠大なる企画のもとに、新聞人としての使命、生命を捧げる決意である」との思いを綴っていた。

『民友新聞』復刊号（1946年12月10日）

ちなみに、同時期に分離・再刊した『長崎日日新聞』の社長には、長崎新聞社時代に続いて、読売出身の渡貫良治が就任した。「社告」(『長崎日日新聞』一九四六年一二月一〇日)では、「『長崎日日』は再発足に当り自らの陣容を強化するに努めるはもとより、東京の読売新聞社との通信提携を更に強化し(中略)よりよき紙面をもつて連日読者各位にまみえんことを念願するものであります」と記述されている。そこからもうかがえるように、『長崎日日新聞』は『読売新聞』との緊密な関係を維持した。それは言わば、新聞統合直前に当時の社長・牧山耕蔵が敷いた路線を歩むことにほかならなかった。

2 公職追放と国政引退

自由党への参加

長崎新聞争議では組合員の糾弾にさらされた竹次郎だが、終戦後の日本社会には期待を抱いていた。竹次郎は、一九四五年一〇月の論説「新日本再建の道」において、こう述べている。

我々は悲惨にも戦に敗れた。しかしながらそれは日本民族の本来の素質が、かくの如き悲惨な敗戦を招くやうな低劣なものであつたがためでは断じてない。この日本民族が、誤れる軍閥、官僚から解放せられて、今日までの誤謬を完全に清算し、平和の愛好者として世界平和建設の勇敢なる使徒として起《た》ち上り、先づ国内に真の民主主義新日本を建設し、八千万の日本民族が、武力の武器に代えた真理の武器、道義の武器を真向から振りかざし、勇戦奮闘するならば、和平的道義国家として起ち上り諸大国と肩を並べてゆくことも敢て困難ではないと信ずる。（『伝記』下：16・口絵）

新聞統合により、自らが創刊した新聞社が奪われ、また、複数のフレームアップ事件を通して翼賛選挙から排除されたことを思えば、竹次郎の戦後に対する期待感は理解できなくもない。とはいえ、「占拠したる土地を戦場の兵士に与へよ」と主張し、アジア侵出や長期戦、政党解体を積極的に支持してきた言動については、顧みられていない。竹次郎のこうした矛盾は、戦後初の総選挙が近づくにつれて、あらわになった。

降伏の受諾に伴い、鈴木貫太郎内閣は総辞職し、皇族の東久邇宮稔彦《ひがしくにのみやなるひこ》が内閣を組織した。だが、GHQが治安維持法廃止や特高警察全廃を命じ、内相以下、内務省・警察関係者四〇〇〇名の罷免を発表すると、東久邇宮内閣は二カ月もたずに倒れた（五百旗頭 2001：253）。その後、首相に就いたのは、満洲事変以前に協調外交を主導した幣原喜重郎だった。以後、GHQの指令もあり、財閥解体、農地改革、婦人参政権、労働組合法など、さまざまな民主化政策が進められた。

政党の再編も進んだ。折しも東条内閣下の前回選挙から三年余が経過し、総選挙の実施が近づいていた。一九四五年一一月一六日、二七三名の議員を擁する日本進歩党が結成された。一九四二年の翼賛選挙後、議会内には翼賛政治会以外の会派は認められなかったものの、小磯内閣期には八〇名近くの議員が脱会し、翼壮議員同志会、護国同志会などを結成した。翼賛政治会は大日本政治会へと改編されたが、衆議院で七、八割の議席を占める最大勢力だった。進歩党は、かつての大日本政治会所属議員の大半、二七三名を集めて発足した政党だった。戦前の旧民政党や旧政友会中島派などの流れを汲む者が多かった。当然ながら、当時の議会でも、単独過半数を誇る第一党だった。しかし、一九四六年一月に公職追放令が出されると、町田忠治総裁（旧民政党総裁）はじめ九五パーセントの現職議員がその対象となり、総選挙への立候補資格を失った。

こうした動向に対し、旧政友会久原派の議員は、一九四五年一一月九日、日本自由党を結成した。総裁は鳩山一郎だった。鳩山は翼賛選挙の際には非推薦で当選し、翼賛政治会も脱会していた。また、自由党は旧来の政治家ではなく、官僚、学者、ジャーナリストら新人を多く発掘して、新しい政党を作ろうとした。それもあって、保守政党とは言え、進歩党に比べれば清新なイメージがあった（同前：276－278）。

そのほか、中道系の日本協同党や旧無産政党系の社会民主主義者を集めた社会党が結成され、日本共産党も再建された。

これらの政党が争う形で、一九四六年四月一〇日、戦後初となる第二二回総選挙が実施された。結果は、自由党が一四〇議席を獲得し、第一党になったのに対し、進歩党（九四議席）、社会党（九三議席）がそれに続いた（『院内会派編衆議院の部』：514）。自由党も公職追放で六五パーセントほどの現職議員を失っていたとはいえ、翼賛政治体制との連続性が顕著な進歩党よりは、はるかに大きな国民的支持を獲得した（五百旗頭 2001：278）。

竹次郎は自由党に所属した。かつて斎藤隆夫「反軍演説」への対応をめぐって、政友会久原派と決別した過去はあったが、その後の翼賛選挙では非推薦かつ入獄の身で落選していたことを考えれば、翼賛政治会の流れを汲む進歩党に近づく選択肢はなかった。結果的に、政友会時代の人脈が復活した形となった。

一九四六年一月五日には、自由党長崎支部が結成され、竹次郎は支部長に就いた。選挙に強く、長崎一区でトップ当選を重ね、かつて内紛状態にあった政友会長崎支部を自派に統合した実力が評価されてのことだったのだろう。『西日本新聞』（一九四五年一二月一二日）も、竹次郎の動向を以下のように論評し、その政治力に注目していた。

　さきの翼賛選挙に官憲の不当極まる圧迫を受けて、つひに落選の憂目にあつた旧政友系の旗頭西岡竹次郎氏が、雌伏五年の怨みをこの一戦に決すべく往年の闘士西岡氏に還《かえ》つて同志を糾合してゐるから、今次逐鹿戦《ちくろくせん》〔選挙戦〕の興味の頂点は橋本〔辰二郎〕、森〔肇〕両氏らの率ゐる進歩党と西岡氏らの所属する自由党の決戦にかけられ、その間隙《かんげき》に乗ぜんとする社会党、革新党、養正会などの作戦如何は、県下における新党の興廃を左右するものとして注目される。

翼賛選挙の「怨み」を晴らそうとする竹次郎が自由党長崎支部を率い、旧体制の延長上にある進歩党に戦いを挑む構図が、読み込まれていた。

「翼賛選挙への抵抗者」

一九四六年一月四日、自由党長崎支部は、結成通知の広告を『長崎新聞』に掲載した。そこには、翼賛政治体制に対する竹次郎の憤りを彷彿させる以下の記述が、盛り込まれていた。

如何にして帝国議会を革新することが出来るか。その途も只一つ。長き年月の間、官僚、軍閥と相結び、我国の政治を壟断《ろうだん》し、無謀なる戦争を始め、国民を騙《だま》して、戦場にかり立て、諸君の親兄弟、或は夫の生命を奪ひ、諸君のいとしい骨肉は戦災のため殺された。この苦しみと、悲しみとを味はせ、更に敗戦の苦杯を国民に飲ませたる、東条及び、其東条の御用代議士、即ち前回の選挙に東条から公認料を貰つて、東条から代議士に出して貰つた、いはゆる推薦議員、官選議員（長崎県選出全代議士）を議会から一掃する事である。

彼等は最初翼賛会と称《たた》え、次で翼賛政治会（総裁阿部〔信行〕大将、目下巣鴨刑務所に在り）それから大日本政治会（総裁南〔次郎〕大将、これまた戦争犯罪人として今巣鴨の刑務所に在る。彼は勾引を前にして、戦争の責任は東条にはない。国民に在るのだといつたのである）と名前を変へ、更に今度は進歩党と新しく看板をぬりかへ、新党の仮面を被《かぶ》つて、総選挙に臨まうとしてゐる。

あくまで、自由党長崎支部名義の文章ではあるが、支部きっての大物政治家である竹次郎の情念が最も色濃く反映されていると見るべきであろう。むしろ、竹次郎の「雄弁」そのものとも言える。進歩党ひいては旧翼賛議員に対する竹次郎の憎悪には、かくも根深いものがあった。

とはいえ、日中戦争勃発から翼賛選挙までの竹次郎の言動を眺めてみるならば、公職追放の対象となった他の多くの政治家に通じるところがあったことは、否めない。たしかに竹次郎は、新聞統合に抗ったがゆえに、翼賛選挙から排除され、県当局に弾圧された。とはいえ、それは戦時体制そのものへの抵抗を意味したわけではなかった。大陸侵出や長期戦、総動員体制を率先して支持し、既成政党の解消と「新体制」樹立に向けて積極的に動いたのは、ほかならぬ竹次郎自身だった。

新聞統合への抵抗と政党解体・「新体制」樹立は、本来相矛盾するはずだが、その矛盾を棚上げしたがゆえに、戦時動員体制と戦争遂行をつよく支持しながら、翼賛体制から排除されるというねじれが生じていたのである。しかし、戦後初の総選挙を前にして、竹次郎にはその矛盾を深く顧みる余裕はなかったのだろう。むしろ、翼賛議員対被弾圧者、進歩党対自由党という構図が、竹次郎のなかでも、また総選挙を取り巻く長崎の言説空間でも、支配的になっていた。

政界引退声明

しかし、旧翼賛議員らへの憤りを総選挙でぶつけることは、結果的には叶わなかった。公職追放令が竹次郎にも及んだのである。

GHQは来る総選挙を念頭に、民主化政策の一環として覚書「公職従事ニ適セザル者ノ公職ヨリノ除去ニ関スル件」を発した。日本政府はこれを法令化するとともに、公職適否審査委員会を組織し、公職追放が実施された。奇しくも、総司令部の覚書が発表されたのは、自由党長崎県支部が結成され、その告知広告を『長崎新聞』に掲載した一九四六年一月四日だった。

追放の対象者は、「A 戦争犯罪人」「B 職業陸海軍職員」「C 極端ナル国家主義的団体、暴力主義的団体又ハ秘密愛国団体ノ有力分子」「D 大政翼賛会、翼賛政治会及大日本政治会ノ活動ニ於ケル有力分子」「E 日本ノ膨張ニ関係セル金融機関並ニ開発機関ノ役員」「F 占領地ノ行政長官」「G 其ノ他ノ軍国主義者及極端ナル国家主義者」の七項目に分類されていた（『公職追放』：135－141）。竹次郎はB項に該当した。わずか五カ月弱とはいえ、阿部信行内閣下で海軍政務次官の職にあったことが、公職追放につながったのである。

ただ、追放が確定するまでには、時間を要した。立候補に際し、公職適否審査委員会の審査を受けなければならなかった。長崎県庁に立候補の届出を行った五〇名（申請取り消しは除く）のうち、竹次郎以外には告示日までに適格確認通知が届いたが、竹次郎には適否の通知が遅れた。竹次郎と自由党長崎県支部は、審査継続中とみなして、選挙対策を進めた。海軍政務次官の経歴は明らかにB項に該当するものの、前回選挙では「長崎県当局および翼賛会の連中の自由主義者西岡を葬れ、という西岡に対する圧迫、大干渉」と闘ったこと、および普通選挙運動など「西岡が三十有余年、自由主義のために闘った政治生活」が考慮される可能性に一縷《いちる》の望みを託し、三月二五日に立候補確認再申請を総司令部に提出した（『伝記』下：29－31）。しかし、最終決定が判明するはずの四月二日まで連絡がなく、竹次郎は立候補を断念せざるを得なかった。

さらに投票から一週間ほどが経った四月一七日、竹次郎は「政治は、私の生命である。今、私は、私のこの生命として来た政治から、永遠に別れを告げることに決意した」「私は政界を去り、この度の選挙を最後として、自由党から脱退し、政治的同志にも別れを告げたいと思ふ」との声明を発表し、自由党離党と政界引退の意思を明らかにした（『長崎新聞』一九四六年四月一八日）。口惜しさが入り混じる文言だった。

社長退任と「西岡の新聞」の持続

政治を手放した竹次郎に残されたのは、新聞経営だけだった。だが、政界引退直後に起こったのが、前述の長崎新聞争議である。会長を追われそうになった竹次郎は、統合前の四社分割を主張したわけだが、それは、政界を離れた後、新聞を手放さないためのぎりぎりの手立てでもあった。

だが、長崎民友新聞社社長に復し

西岡氏自由黨脱退
政界生活打切り=聲明發表

自由党脱党と政界引退の声明
（『長崎新聞』1946 年 4 月 18 日）

た竹次郎は、再び、その座を追われることとなった。いわゆる「言論パージ」である。

一九四七年一月四日、勅令第一号および閣令・内務省令第一号によって、公職追放の範囲が拡大され、言論関係者も多くその対象に含まれた。前年一月の総司令部覚書で示された追放対象G項（「其ノ他ノ軍国主義者及極端ナル国家主義者」）が拡大解釈され、発行部数二万部以上の新聞社・雑誌社の幹部層がその範囲に入れられたのである。閣令・内務省令第一号（一九四七年一月四日）の別表第二には、該当する新聞社等が列挙されていたが、長崎新聞社（一九四五年六月以前は長崎日報社）もそのなかに含まれていた（『公職追放』：79－80・181）。

竹次郎は、一九四四年九月以降、終戦をはさんで二年にわたり、長崎日報社・長崎新聞社の会長を務めていただけに、新たにG項が適用されることは明らかだった。竹次郎は、これらの法令が発せられた一九四七年一月四日、長崎民友新聞社の代表取締役辞任を発表し、三月上旬に正式に退任した（『伝記』下：53『長崎民友新聞』一九四七年三月一一日）。

それでも、竹次郎は「一市民」として『長崎民友新聞』紙上でさかんに言論活動を展開した。一九四七年六月には長崎県の食糧危機が深刻化し、長崎市では一七日、壱岐では一カ月の遅配となっていた（『長崎民友新聞』一九四七年六月一七日）。これに関して、竹次郎は「杉山知事に与うるの書」を六月二一日から二日続けて一面に連載し、知事の対応の鈍さ、および国・近県に対する働きかけの不十分さを苛烈に批判した。この連載二日目には、同じく一面の投書欄（「よろん」欄）でも「県会議員諸君の猛省を促す」と題し、知事への突き上げが甘い県会議員の姿勢を問いただした。

その矛先は県選出代議士にも向けられた。翌六月二三日より三日間連続で「代議士諸君に与うるの書」を連載し、「壱岐の島民見殺しにするか」「役人の仕事を常に監視せよ 大失態の実例ここにあり」と述べながら、食糧問題への対応が緩慢な代議士を糾弾した（『長崎民友新聞』一九四七年六月二四日・二五日）。

さらに、七月三〇日には杉山宗次郎知事・田代弘蔵副知事と会談し、その座談会記録「食糧問題について」を八月一日から五日にかけて掲載した。「私は、表向き政治運動は出来ません」と断わりつつも、すでに一ヵ月に及ぶ長崎市の食糧遅配や、困窮する引揚者等の住宅不足の問題について、竹次郎は知事らを面と向かって追及した（『長崎民友新聞』一九四七年八月二日・五日）。

本社移動編修局　夜の路上に大衆の聲を聴く

聞け！この聲・この叫び！

街頭の「よろん」爆發す　昨夜西濱町で第一回"わしら"の議会

道路までもうずめつくした二萬を越ゆる大群集

見よこの聴衆を

女も壇上に

泣きくずれる若い母

「本社移動編修局」の盛況（『長崎民友新聞』1947 年 9 月 7 日）

九月六日には、長崎民友新聞社は「本社移動編修局」と題した市民集会を開催し、多くの市民が「台所の声も、米ビツの空ツポの話も、ブチまけよう」とする場を設けた。その告知には「西岡竹次郎も出席します」と特筆されていた（『長崎民友新聞』一九四七年九月四日）。開催翌日（九月七日）の同紙は「道路までもうずめつくした二万を超ゆる大群衆」「泣きくずれる若い母 壇上に乳のみ児をだいて」「街頭の「よろん」爆発す」などの見出しで、政治への憤りを語る市民の様子を報じていた。竹次郎の県政批判の演説についても、写真入りで大きく扱われた。

その意味で、『長崎民友新聞』はたとえ竹次郎が社長職を退いても、あくまで「西岡竹次郎の新聞」だった。竹次郎が紙上において県政批判の「雄弁」をなし、読者たちは「街頭の「よろん」」を爆発させる。それはさながら、竹次郎が熱弁を振るう演説会場を思わせた。『長崎民友新聞』は、竹次郎が政治や新聞経営を離れても、その「雄弁」のメディアであることに変わりはなかった。

言論からの撤退

竹次郎の県政批判の根底には、法律の厳格運用を至上命題とするかのような官僚政治への反感があった。

竹次郎は一九四七年八月一二・一三日の二日にわたり、『長崎民友新聞』一面に「公開状」を寄せている。そこでは、知事・杉山宗次郎が内務省出身で最後の官選知事でもあったことを念頭に、「こういう御時世には法など、時によって、事柄によってはチヨット…忘れて、腹で、生きた政治をやるべき時だ」「長崎の役人は、官僚の一枚の通知をお守りの札の様に大事にしている」「統制令などは政府が出すのだ。しかし、所によって、時によって、実行する場合には手加減がいる」と論じられていた（「公開状」下）。竹次郎にしてみれば、かつての強権的な新聞統合や選挙干渉を思い起こさせるものだったのだろう。

このことは、被爆地・広島との比較につながった。一九四七年八月六日の広島平和祭では、花電車運行や演芸大会など、県や地元紙、地元財界の協賛で祝祭的な行事が多く挙行され、話題になった（福間2011：221－224・468）。竹次郎は、長崎の原爆被災日イベントが連合青年団主催・長崎民友新聞社後援の盆踊り大会のみにとどまっていたことにふれながら、「原子の被害地という特殊事情も忘れた、間のぬけた政府の通牒など紙屑籠にホリ込んで、ナゼ、長崎県民のために、精霊のために、平和祭をやる、という決心がつかなかつたか」と述べ、原爆被災日イベントが広島にはるかに劣る規模であったことの県の責任を問うていた。今日の目からすれば、広島の「お祭り騒ぎ」こそが批判を受けそうなものではあるが、竹次郎にとって、広島のそうした姿は、むしろ羨望の対象だった。そして何より、長崎と広島の差は、「大臣まで引つぱり出して来て、平和祭のお手伝いをさせた腹芸のあるのとないの」との相違だった（「公開状」下）。

しかし、ほどなくして、竹次郎は紙面からも去らなければならなくなった。

一九四七年一〇月に追放仮指定が出されたが、竹次郎は中央公職適否審査委員会に二度目の異議申立書を提出し、追放解除にむけて手を尽くしていた。だが、翌一九四八年三月一一日、正式に追放指定が発せられた（『伝記』下：56－64）。竹次郎は同年四月一五日に公職資格訴願委員会に訴願書を提出し、追放指定の解除を求めたが、その困難もつよく認識していたのだろう。竹次郎は『長崎民友新聞』（一九四八年四月九日）一面トップの「感謝のことば――長崎民友を去るにのぞんで」において、「この度、私に対する追放該当が確定した。海軍政務次官、新聞社長たりし、という理由をもつて。来る十日を最後として、私は三十七年の新聞生活を去る」と記し、新聞経営のみならず、『民友』紙上の言論からも、一切身を引くことを明言した。

妻ハルの新聞経営参画

竹次郎の落胆は大きかった。公職追放は「格子なき牢獄」であり、「長崎の町も雨の日と夜しか歩けない。雨の日はカサで人目を避けられる……」とも漏らすこともあった。雲仙国立公園指定一五周年記念式に功労者として知事表彰を受けた際には、式後の祝賀会を避けるように、足早に立ち去った。バスで同乗した知人は、竹次郎の姿に「雲を失った龍のようなわびしさ」を感じたという（『激動二十年』：197）。

こうしたなか、竹次郎と入れ替わるように、妻のハルが長崎民友新聞社の経営に加わった。一九四七年一月四日の勅令第一号では、公職追放該当者の三親等以内の親族・配偶者は、追放指定から一〇年間は原則的に当該公職に就けないこととされていた（『公職追放』：158）。したがって、ハルの入社可否は微妙なものではあったが、一九四八年一〇月七日、資格審査を経て、西岡ハルの公職追放非該当が確認された（『年譜』）。それを承けて、翌一〇月八日、ハルは常務取締役として長崎民友新聞社に入社した。

竹次郎が政治家であり新聞社主であったとはいえ、ハルはあくまで、東京や長崎で子育てなど西岡家の家政全般を担っており、新聞社経営や政治に深く関わることはなかった。長女は当時、すでに成人していたものの、長男・武夫（当時一二歳）以下三男一女を抱え、末子の四男はまだ二歳だった。当時四二歳のハルが急遽、新聞社経営陣の一員となった戸惑いは、容易に察せられる。だが、見方を変えれば、それが可能になったことは、あくまで『長崎民友新聞』が「西岡竹次郎の新聞」であったことを如実に示している。

ハルの長崎民友新聞社での具体的な活動は、残された資料からは判然としない。『伝記 西岡竹次郎』（下巻）には、「ハル夫人は、何よりもまず「一つ屋根の下で一緒に汗を流して働らく人びとの和」を第一と考え、全社員の母親になったつもりで、業務が深夜に及ぶときには、家から小麦粉をとりよせてうどんをつくったり、時には握り飯をつくったりして、懸命に努力した」との記述があるのみである（68）。

長崎民友新聞社に経営参加した頃のハルと竹次郎と子どもたち（1948年10月、『伝記』下）

編集や営業、経理の統括責任者というよりは、社主家の代表としての経営参加だったのだろう。

とはいえ、以前よりハルが竹次郎の活動を手伝うことも、少なくはなかった。終戦直後の長崎新聞争議の折には、ハルが組合関係者等との折衝にあたることもあったとされる。また、女学校を出て竹次郎との同居を始めて間もない頃から、「新聞社を経営する主人、政治家として活躍する夫の為に、一面よき内助者としての努力の外に猛烈な社会学と政治学の勉強をした」との逸話もある（「切捨御免――西岡ハル」）。こうした姿勢を見込んで、竹次郎はハルを新聞社経営に送り込んだのだろう。

後述するように、ハルは長崎民友新聞社の経営参画を足掛かりに、のちに同社社長に就き、さらには参議院議員まで務めることとなる。ハルが「長崎の三女傑」と称されるゆえんである（同前）。

追放解除

時を同じくして、国内外では冷戦の影響の深刻さがあらわになった。北大西洋条約機構（NATO）発足から半年後の一九四九年一〇月には、中華人民共和国が成立した。国共内戦で人民解放軍（中国共産党）に敗れた国民党は、台湾に逃れた。これを機に沖縄では、米軍基地建設が従来にも増して加速した。一九五〇年六月二五日には、朝鮮人民軍の南進により朝鮮戦争が勃発し、朝鮮半島では地上戦が繰り広げられた。極東地域の冷戦は、「熱戦」へと転じた。

国際情勢の変化は、GHQの対日占領政策にも影響を及ぼした。総司令部は、日本を共産圏に対する防波堤とすべく、非軍事化・民主化から経済的自立や共産主義の抑制に重点を移すようになった。

こうしたなか、経済復興の妨げとなる経済パージばかりではなく、すべてのパージの終結が、一九四八年五月に宣言された。追放解除業務も一九四九年以降本格化し、一九五〇年一〇月一三日、政府は追放解除者一万〇九〇名のリストを発表した。また、それと前後して九月二七日と一〇月三〇日には、陸海軍下級将校三二五〇名の追放解除も公表された（『公職追放』：97）。

その一方で、一九五〇年五月のマッカーサー声明以降、占領軍の共産党排除の姿勢は鮮明になった。同年末までに、共産党員や同調者ら一万数千人が職場を追われた。公職追放解除の動きは、これらレッド・パージの加速と軌を一にするものであった。

竹次郎の名は、一九五〇年一〇月一三日の追放解除リストに含まれていた。新聞経営から離れて三年七カ月、政界で議席を失ってからであれば、八年半もの歳月が流れていた。竹次郎はすでに還暦を迎えていた。

竹次郎は翌月五日、早くも長崎民友新聞社社長に復帰し、翌一九五一年一月一〇日には自由党長崎県支部長に返り咲いた(『長崎民友新聞』一九五一年一月一一日)。当然ながら、その先に見据えていたのは、国政復帰だった。戦後初の総選挙(一九四六年四月)において、やむなく立候補を断念したことを考えれば、当然のことではあった。とはいえ、前回総選挙は一九四九年一月に実施されており、直近での衆院選の見込みは立っていなかった。むしろ、県支部長としての竹次郎の当面の課題は、一九五一年四月実施予定の長崎県知事選挙だった。竹次郎は、かつて内務官僚である県知事との間に数々の軋轢を経験してきただけに、党員の知事候補者を探していた。

当時は、最後の官選知事であり(一九四六年一月着任)、その後、最初の公選知事として当選を果たした杉山宗次郎が在職中だった。前述のように、かつて竹次郎は食糧遅配などをめぐって『長崎民友新聞』紙上で杉山知事を批判するなど、必ずしもその行政手腕を評価していたわけではなかった。しかし、杉山が自由党に入党するのであれば、県支部として再選を支援する意向を固めていた。

だが、再三の入党勧誘にもかかわらず、杉山は入党の意思を示さなかった。保守・革新の政党から広く推薦を取り付け、でき得れば無投票当選をねらう意図があったとされる。自由党県支部幹事会は、一九五一年一月二六日、杉山擁立を断念し、竹次郎に知事選出馬を要請した。国政復帰への思いがつよかった竹次郎は、出馬に消極的だったが、二月には自由党総裁・吉田茂が直々に上京中の竹次郎に知事選出馬を勧めた。竹次郎は二月一五日、東京で開かれた県選出の代議士会において、県知事選の出馬を表明した（『伝記』下：78）。

県知事選出馬

竹次郎の立候補に焦りを覚えた杉山は、二月一六日に農相・広川弘禅《こうぜん》を訪ねて自由党入党と知事選出馬の意向を伝え、応援を依頼した。二四日には、総裁・吉田茂の大磯別邸を訪れている。これを受けて、吉田茂は前言を撤回し、竹次郎に出馬断念を促す書簡をたびたび送った（『伝記』下：79『長崎県議会史』6：493・523）。

前回の知事選挙（一九四七年四月）では、杉山が対立候補の本多市郎（前衆議院議員、のちの行政管理庁長官）に大差で勝利していたうえに、追放解除早々の竹次郎には約一〇年もの政治的ブランクがあることを考えれば、杉山のほうが当選の確実性が高いと思われたのだろう。竹次郎を国政に推す動きも根強かった。自由党総務会長・益谷秀次は竹次郎に対し、「知事選出馬は見合わせて次の総選挙に打って出るべきだ」と働きかけていた（『長崎県議会史』6：493）。

だが、いったん出馬の意志を固めた竹次郎は、譲歩を拒んだ。また、ハルも上京して、吉田総裁や幹事長・佐藤栄作、吉田側近の広川弘禅らと面会し、竹次郎の胸中を伝えた（『伝記』下：79）。自由党県選出議員団の「西岡擁立」の意向も固く、最終的に、自由党が竹次郎を公認することで決着した（『長崎県議会史』6：493－494）。

対する杉山は無所属ながら、民主党および社会党・県労評の支援を得るなど、支持基盤は保守・革新にまたがった。一九五一年四月三〇日の長崎県知事選挙は、この両者の一騎打ちとなった。

知事選にのぞんだ竹次郎は、「新しき長崎県の構想」として、「道路の徹底的改善」「産業道路の開通」「離島の開発」「観光施設の完備」など、地方の「実利」に関する政策を多く掲げた。県知事選であるだけに、地方実利を前面に掲げるのは当然のことではあったが、それはかつて普通選挙や婦人参政権、政党解体、聖戦といった「理念」を多く語っていたことを考えれば、やや異質なものであった。だが、これらは、一九二四年の総選挙初出馬の際に長崎の「実利」として掲げた「長崎の六大問題」に通じていた。

さらに言えば、それらは「平等」の理念に根差していた。竹次郎は知事選にあたって、「長崎県は、今日まで中央からママ子扱いにされてきた」「これをまず改めさせる」「中央政府と長崎県と直結させて「新しき長崎県の建設」を行う」などを、「政策の根本」として挙げていた（『伝記』下：80－84）。

「入党問題」の追い風と知事当選

選挙戦では、竹次郎は県下を精力的に回り、演説を行った。杉山が代理人を派遣していた郡部の小規模会場にも、竹次郎は積極的に自ら足を運んだ。衆議院総選挙では長崎一区から出馬していたので、都市部では一定の支持を見込めたものの、他の地域については楽観視できなかった。竹次郎は各地で「素っ裸で西岡竹次郎が選挙民の皆様の前に立ち、ご批判を仰ぎにまかり出ました」との第一声ののち、得意の弁舌を振るった（『伝記』下：94）。

佐世保市の白南風小学校を会場とする立会演説会では、杉山の演説中にマイクが故障し、演説を中断しなければならなくなった。しかし、かつて雄弁会で鳴らした竹次郎は、平然とマイクなしで演説をこなし、聴衆のなかに分け入って所信を述べた（『伝記』下：94）。

これらが功を奏したのか、選挙結果は杉山が三〇万六〇〇七票だったのに対し、竹次郎は三九万三三七八票を獲得した。現職知事を三割も上回る得票での圧勝だった。

杉山の選挙事務長をしていた神近志能夫は、のちの回想のなかで、「〔杉山が〕勝てる自信があったが、立会演説会で西岡に人気を奪われた。いうなれば雄弁とトツ弁の戦いだった。西岡が〝県政を郷土人の手に〟と叫ぶので、杉山も本籍を長崎に移したほどだった」と語っている（『激動二十年』：197）。早稲田の雄弁会で鍛えられ、弁舌一本で政界にのし上がった竹次郎の演説の技量は、たとえ政治的なブランクがあったとしても、東京帝国大学土木工学科を出た元内務官僚の杉山を、はるかに凌駕していた。

杉山の自由党入党問題も、竹次郎にとって追い風となった。一九五一年二月末には、『長崎日日新聞』『長崎民友新聞』両紙は「自由党入りはせぬ」「嵐呼ぶか杉山入党」などの見出しで、これを連日大きく報じた。二月二八日の県議会では、中村禎二議員より「〔杉山は〕立候補するなら不偏不党、超党的立場で立候補することが望ましい。最近の新聞報道によれば、自由党に入党したとか、しないとか諸説紛々、

（中略）このような疑惑を一掃するため、知事の率直な所見を賜りたい」との緊急質問が出された。これに対し杉山は、「私は自由党に入党していない」として、入党問題をめぐる報道を打ち消していた（『長崎県議会史』６：492）。

だが、「入党疑惑」はこれで収まることはなく、かえって地元メディアの関心を掻き立てた。『長崎日日新聞』（一九五一年三月三日）は「杉山知事の知事選再出馬をめぐり「自由党入党か」「否か」について「入党届を見た」という西岡氏と「入党届は出していないし入党もしていない」と言明する杉山氏とが微妙な対立を見せ、いずれが〃真か〃〃偽か〃県民注視の的となっている」と報じていた。

杉山氏入黨問題の眞相を衝く
二度出た入黨届書
一度は東京次は長崎
東京での工作
西岡氏出馬の報に狼狽
慌て、廣川農相に入黨届出
間違いない印鑑
長崎での工作
西岡氏の断念懇望
挾撃に會う新
最大の激戦

投票日直前に改めて杉山入党問題を大きく報じた『長崎民友新聞』（1951 年 4 月 29 日）

選挙直後ではあるが、『長崎民友新聞』（一九五一年五月二日）でも、「今回の知事選挙で、異常な興味を集めた杉山入党問題は、杉山氏が公席の議会席上、これを真っ向から否定した時から本格的な選挙戦の様相を示し、激しい前哨戦が展開された」「その結果は、自由党吉田総裁からの度々の書簡や、杉山氏の自由党公認問題などひきもきらぬ中央通信などで、県民の杉山氏にたいする疑惑が深まる」と書かれていた。

実際、『長崎民友新聞』やその夕刊紙『夕刊ナガサキ』は、あえて投票前日や前々日に「杉山氏入党問題の真相を衝く」二度出た入党届書」「狙つた両天秤《てんびん》の策」といった見出しで、改めて「疑惑」を争点化し、杉山に追い打ちをかけていた。

こうした報道は、「竹次郎の立候補を阻むために、自由党に入党しようとした県外出身の元内務官僚」対「苦節一〇年を経て再起をめざす郷土政治家」という対立図式を生み出した。後者が判官贔屓《ほうがんびいき》を得やすいのは、自明の理だった。「県民のほとんどが予期していた接戦の予想を裏切り西岡氏の完勝がなつた」理由の一端は、そこにあった（『長崎民友新聞』一九五一年五月二日）。

知事選での圧勝は、「政界の古強者《ふるつわもの》」としての竹次郎の存在を、改めて思い起こさせることとなった。『時事通信』（日刊時事解説版、一九五一年六月一四日）の「知事三面鏡」欄には、以下のような人物評が掲載されている。

知事選勝利を喜ぶ竹次郎夫妻と支援者（1951年、『伝記』下）

官僚土木知事杉山宗次郎を相手どりみごと民選二代目知事のイスにすわつた西岡竹次郎――。
政治屋の型に〝訥弁《とつべん》〟型と〝立板に水〟型があるが、西岡は人心の機微を摑《つか》むに妙、反対党の

> 面々さえいつの間にか拍手を送ったというほどの雄弁家。
> 早稲田大学法科を出てから新聞界を転々。昭和〔大正の誤記〕一三年〝長崎民友新聞〟を創刊した。この間、代議士に六回当選、またかつて海軍政務次官の地位にもあつた。昨今の駈け出し大臣より二、三枚上の政界の古強者だ。とつて六〇才。
> 　彼の白タビとワンマンぶりは吉田〔首相〕以前から有名だが、チトちがうのは貴族趣味でなく大衆にとけ込むのが身上。四年間の追放にもかかわらず、復帰と同時に政界の惑星ぶりを発揮する機略縦横さは、未知数ながら一分《いちぶ》の隙もない。しかしこの隙のなさが、一面冷徹なワンマンぶりにあらわれ、さらに目的のためには手段を選ばない性格となつて、有識者間の批判のマトとなつているのもいなめない事実である。（中略）
> 　ともあれ公約らしい公約をもたず、県政は県民の世論で行うと一声しただけの野人知事西岡が、多事多難を予想される県政に、はたしてどんな手を打つか、県民の期待は大きい。

「雄弁家」「大衆にとけ込む」といった竹次郎の特質とともに、「昨今の駆け出し大臣」とは比較にならぬ重鎮ぶりが記されている。

　一九五一年五月七日、竹次郎は長崎県庁に知事として初登庁した。ほぼ一〇年ぶりの政界復帰であった。その「一面冷徹なワンマンぶり」「目的のために手段を選ばない性格」が県政にどう投影されたのか。それを以下に見ていきたい。

3 「開発」の県政

「道路知事」

知事になって早々に竹次郎が手掛けたのは、長崎駅前の舗装工事だった。梅雨に入ると、未舗装で悪路の多い長崎市内は、至るところで「泥の道」が出現していた。なかでも長崎駅前は「終戦以来荒れ果てゝいて、雨がひどく降れば田植でも出来るような状態」であった。知事就任翌日、竹次郎は土木部長にこのことを問いただし、「いずれにしても今日から始め給え、そして八月十日までに完成してくれ」と言い渡した（「知事就任半歳を顧みて」：23）。

工事は、のべ六八〇〇名の作業者、二〇〇〇台のトラック、四〇〇台のブルドーザーを費やし、急ピッチで進められ、わずか三カ月で完工した。総工費は九九〇〇万円にのぼった（同前：23『伝記』下：109）。

このことは、議会での非難を招くこととなった。竹次郎が舗装工事を命じたのは、議会閉会中の時期だった。それゆえに竹次郎は知事の専決事項として処理したわけだが、そのことは、議会軽視との批判を生んだ。舗装工事完了直前の八月四日の県議会では、「知事は長崎駅前の舗装工事を専決事項で実施したが、あの工事には九百九十万円もかかっている。こういう工事を議会を無視して専決事項でやることは妥当でない」「議会の議決に反した予算の執行をすることは議会中心主義ではない。あの駅前の舗装に支出された県費は道路維持修繕費である。そのために他の都市の道路維持修繕が遅れている事実がある。なぜ議会に了解を求めなかったのか」と追及された（『長崎県議会史』6：553－554・558）。

だが、竹次郎はその後も、交通インフラ整備に力を注いだ。一九五三年五月には、佐世保－彼杵、佐賀－諫早、唐津－佐世保、長崎－佐世保の各線を二級国道に編入した。コンクリート舗装は、一九五四年末までに、県下五一カ所、延長三八・六キロメートル、道路改良は四四カ所、五八キロメートルに及んだ（『年譜』『伝記』下：233）。

知事二期目の一九五七年三月末には、改良済みの一級国道が全国では四八・五パーセントなのに対し、長崎県は八三パーセント、舗装道は全国で二七・七パーセントに対し、長崎県は六四パーセントに達した（『伝記』下：328－329）。かつてであれば、「長崎県と佐賀県とは道を見れば分かる」と言われたほどに長崎県は悪路で知られていたが、西岡県政期の道路行政を通じて、その意味が逆になったことは、しばしば指摘される（『続佐世保政治史』：378）。竹次郎は、「道路知事」と呼ばれた（『伝記』下：327）。

長崎民友

縣會・驛前工事に攻撃集中

『私が全責任を負う』

知事　確固たる所信披瀝

交通は産業の根源

長崎駅前道路工事をめぐる県議会での知事批判報道『長崎民友新聞』（1951年8月5日）

「陸の孤島」の架橋

交通インフラ整備は、長崎県の地理的な特徴とも密接に結びついていた。長崎は急

西海橋竣工命名式（1955 年 10 月、『伝記』下）

傾斜地が多く、農地に乏しかった。当然ながら、食糧自給率は低く、他県からの移入に頼らざるを得なかった。主要産業は、造船、石炭採掘、水産、観光であり、これらを考えれば、物流や人的移動が県民の生活を左右することは明らかだった。だが、急傾斜地の多さは、道路整備の困難に直結した。かつ、長崎県は、島原半島、長崎半島、西彼杵半島、北松浦半島という四つの半島で構成されているため、陸路での県内移動では、迂回《うかい》を強いられることが少なくなかった。そのことも、物流や人的移動を阻害した。

竹次郎が主導した道路行政は、こうした制約を少しでも緩和しようとするものだった。竹次郎が「産業の振興も、文化の向上も観光資源の開発も、すべては、先ず道路の整備から」を掲げたのも、そのゆえである（『伝記』下：232）。なかでも、西海橋の完成は、その象徴的な事業だった。

西海橋は、佐世保市と西彼杵半島をまたぐ固定アーチ橋で、一九五五年に完成した。もともと西彼杵半島と佐世保市の間の交通はもっぱら船に頼るしかなかったが、それは日本三大急潮のひとつに数えられる伊ノ浦瀬戸を通過しなければならず、危険を伴った。直線距離では目と鼻の先の佐世保市は「魔の海峡」に阻まれ、長崎市には陸路で五〇キロ近くも離れていただけに、西彼杵半島は長らく「陸の孤島」と呼ばれていた（「「西海橋」（国指定重要文化財）」）。

伊ノ浦瀬戸をまたぐ橋梁建設は、すでに昭和初期から県に要望が出されており、一九五〇年に建設が始まった。しかし、着工早々に対日援助見返金（占領軍の対日援助）が打ち切られたことで、建設は暗礁に乗り上げた。時を同じくして知事に着任した竹次郎は、国と折衝し、全額国費で賄うとともに、建設費用償還のために一定期間を有料橋とすることで、工事再開を実現させた。道路整備特別措置法（一九五二年六月）に基づくものであり、全国初の有料道路となった（『伝記』下：135－136・140）。

竹次郎はその後も西彼杵半島開発に力を注いだ。知事二期目の一九五七年一一月には、「西彼杵開拓道路事業の国営化に関する陳情書」を農林大臣・赤城宗徳《むねのり》に提出した。これは、西彼杵半島の開拓のために、中心部を縦貫する南部線、北部線、外海線（延長五八キロメートル）およびそこから分岐する幹線一五路線（延長四五・八キロメートル）を建設しようとするものだった。

その背景には、いわゆる二三男問題もあった。敗戦後の兵士たちの復員とベビーブームにより、農村は過剰人口を抱えていた。田畑を相続できない大量の二三男たちは、農繁期に農作業に従事するだけで定職がなく、将来の展望を持てなかった。一九五〇年代半ば以降、彼らの多くは集団就職などで都市部に出て、工場労働等に従事した。

西岡県政下の西彼杵半島開発は、農村の二三男を第二次・三次産業に誘うものではなかったが、未開発地域の開拓を通じて、彼らの入植と安定的

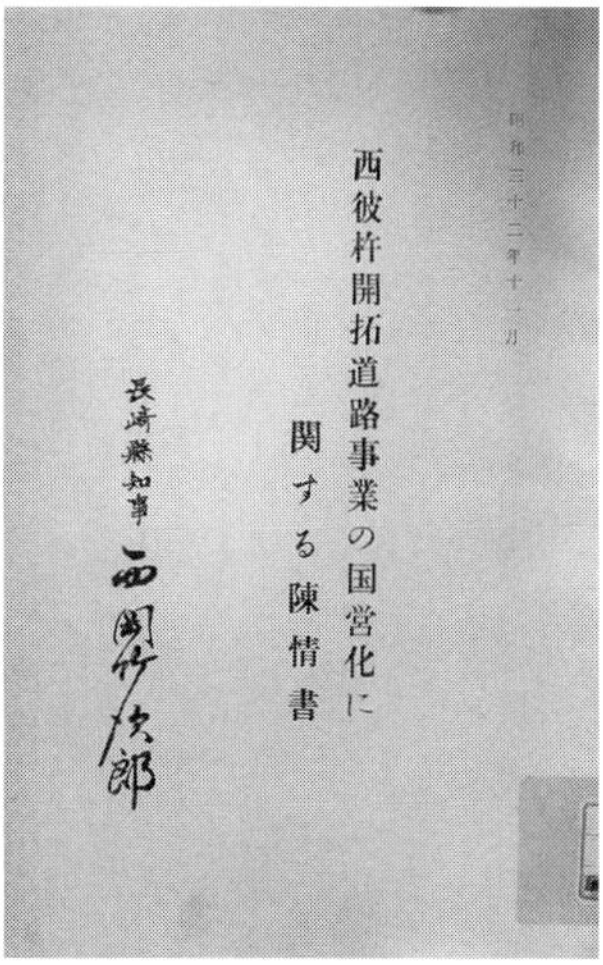

「西彼杵開拓道路事業の国営化に関する陳情書」（1957年11月、長崎県立長崎図書館郷土資料センター所蔵）

な自作農創出を促そうとした。先の陳情書でも、「この周辺地域の農家は、概して小規模な農業経営が多く、これらの農家の二、三男は、将来の安定した自作農家になることを目指し、ただいま、開拓地への入植を非常に熱望」しているものの、開拓道路や幹線道路の整備の見通しが立たないために、「入植後の営農が極めて憂慮され、現地入植を躊躇している」実状が指摘されていた（「西彼杵開拓道路事業の国営化に関する陳情書」：2－4）。

離島の不平等をめぐって

竹次郎は、離島開発にも力を入れた。竹次郎は東京、新潟、島根、鹿児島の各知事にはかり、一九五三年七月に離島振興法制定を実現させた。それによって全国事業費の約三割（二〇億六五〇〇万円）を長崎県の離島振興に充当できることとなった（『年譜』『伝記』下：166）。

長崎県の離島数（外周一〇〇メートル以上の自然島）は、全国最多の一四七九に及ぶ。離島振興法指定の有人離島数も五一で、全国で最も多い。その面積は、県総面積の三七・五パーセントを占めている（「長崎県の離島」）。これらの離島はいずれも、産業や交通、食糧問題などで、たびたび危機に瀕してきた。なかでも、県内離島で最大の面積を有する対馬は、その典型だった。

対馬は九州本土から一三〇キロも離れているのに対し、朝鮮半島までは五〇キロ弱の距離にある。そのゆえに、戦前・戦時期には島の大半が要塞地帯として軍の管制下にあり、生活道路・産業道路の整備など、島内の開発は手つかずのまま放置されていた（『対馬総町村組合百年史』：617）。県議会土木委員会は、戦後間もない離島の陸路、とくに対馬の状況について、報告書のなかで以下のように記していた。

全島ほとんど山岳地帯で道路は全く未開発の一語に尽きる。部落民が通常通行する道は雨水によって自然に形成された石塊の水路であって、降雨時はもちろん降雨後も数日は通行出来ない状況である。しかも這って登るような急坂がいたるところに散在し、身をもって地元民の苦難を体験した。（『長崎県議会史』6：1226）

こうした移動の困難のゆえに、終戦間もない時期には、対馬支庁があった厳原《いづはら》（対馬南部）と上県郡《かみあがたぐん》豊崎（対馬北端部）の往復に、一週間ほどを要したという（『戦後対馬三十年史』：19）。海路の困難も大きかった。五島や対馬は、水際より絶壁がそそり立つ地形が多く、港湾建設は容易ではなかった。九州本土との定期船は、玄界灘の荒海を航行するため、冬から春にかけて欠航することも多かった。対馬－壱岐－博多を結ぶ連絡船は、相次いで触雷等で沈没したため、終戦後はわずか一五〇トン前後の小型老朽船が就航するにとどまっていた（『長崎県議会史』6：1226『対馬総町村組合百年史』：608）。

しばしば生じる海上交通の途絶は、島内の深刻な食糧危機をもたらした。地理や交通の制約のため、島内の農業や工業はもともと振るわなかった。終戦直後には、海上交通が途絶えて、主食の遅配が一カ月にも及ぶことがあり、非常用食糧の備蓄は焦眉の課題であった（『長崎県議会史』6：1226）。

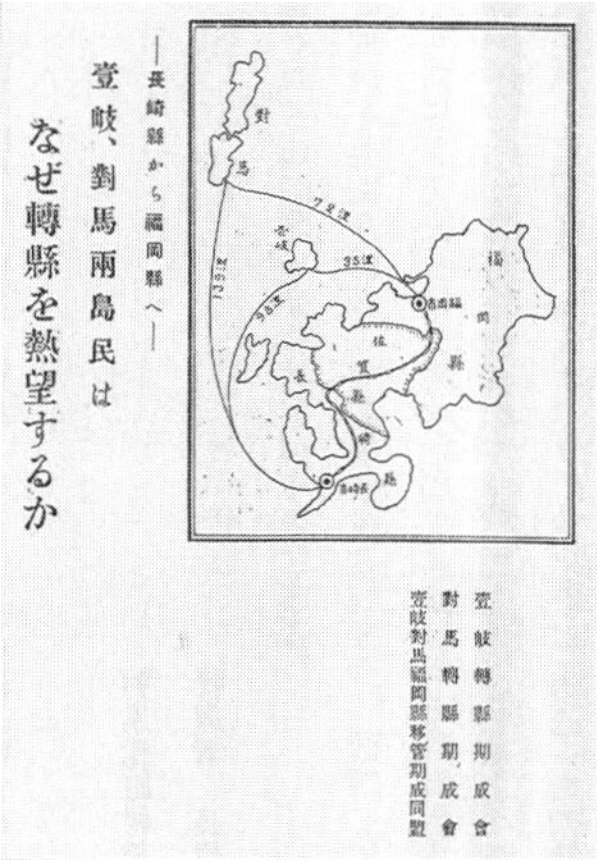

壱岐・対馬の転県要望書（1946 年、『対馬総町村組合百年史』）

それに加えて、県庁所在地がある長崎市へのアクセスの悪さも、大きな問題だった。対馬・厳原港から博多港まで一三三キロなのに対し、長崎港までは二五七キロと倍近くを要した。定期連絡船にしても、対馬－博多間は毎日もしくは隔日の運航だったが、長崎直行の海上交通手段はほとんどなかった。長崎市に赴くには、博多経由で鉄路を利用せねばならず、さらに往復一二時間ほどを要した。乗り継ぎなども考慮すれば、長崎までの行き来には一週間近くを見込まなければならなかった。福岡市までの往復が概ね一泊二日で済んだのとは、大きな隔たりがあった（『対馬総町村組合百年史』：608）。

こうした事情から、対馬や壱岐などの離島部では、長崎県から離脱し、福岡県への所属をめざす転県運動がたびたび起きた。一九四六年五月、対馬総町村組合議会は転県決議を採択し、同年七月には壱岐島とともに転県の陳情を本格化させた。九月には、長崎県議会に陳情書を提出している。そこには、壱岐・対馬全世帯を対象とした転県希望調査の結果が記載されているが、その数は壱岐で八二・七パーセント、対馬に至っては九八・五パーセントにものぼっていた（『対馬総町村組合百年史』：604－611）。

これらの要望が長崎県議会で採択されることはなかったが、対馬や壱岐における転県運動の盛り上がりは、長崎県による離島開発を促すこととなった。

離島開発のうえでは、電力インフラ整備も焦眉の課題だった。対馬では水力資源が少なく、戦時期には電力供給は一部地域に限られていたうえに、一九四六年二月には九州配電（九州電力の前身）厳原発電所が火災で焼失した。東邦亜鉛対州鉱業所の発電設備より臨時送電を行うなどの対応がとられたものの、送電時間は一九時一五分から二二時三〇分に限られた。しかも、送電先は島内一三町村のうち厳原と鶏知《けち》のみにとどまり、他町村はランプ生活を続けなければならなかった（『戦後対馬三十年史』：16）。

その後、厳原発電所や峰村発電所の増強が進み、一九五四年四月には、電灯普及率は九〇パーセントに達したが、それでも未点灯地区は、対馬一五八部落のうち一七にも及んでいた（『対馬総町村組合百年史』：739－740）。

こうした状況を念頭に、竹次郎は知事着任後間もない一九五二年八月四日の県議会において、「電力、航路、土地改良は、離島振興策の三問題だが、どうして今まで放置されていたのか不思議にたえない。電灯会社に相談するという程度でとどめておくべきものではなく、根本にメスを入れていきたい。航路もまた同様である」と答弁していた。八月六日の議会でも「〔対馬の〕縦貫道路は四年かからないでやる」と言明するなど、離島の交通インフラ整備へのつよい意欲を語っていた（『長崎県議会史』6：554－555・557）。

同年内には、長崎県、対馬支庁、地元関係者の検討をふまえて対馬総合開発計画をまとめあげ、政府への陳情を行っている。これは、道路、港湾、地下資源の開発を主体とし、総額二五億円にのぼる案だった（『戦後対馬三十年史』：53－54『対馬総町村組合百年史』：747）。

長崎大干拓構想

だが、これらにも増して竹次郎が力を入れたのが、長崎大干拓構想だった。前述のように、長崎県は他県に比べ、農業生産力が低かった。漁獲高は北海道に次いで全国第二位を占めてはいたが、米、麦、野菜については、県内で賄うことは不可能だった。にもかかわらず、長崎県は多くの人口を抱えただけに、終戦直後の食糧難は、他の地域とは比較にならないほど深刻だった。食糧の遅配・欠配はときに二〇日以上に及び、「餓死寸前」ともいうべき状況に追い込まれることもあった（『長崎県議会史』6：27）。毎日新聞社長崎支局が取りまとめた『激動の二十年――長崎県の戦後史』（一九六五年）は、当時の県食糧課長の苦労を以下のように綴っていた。

まだ日中はむし暑い昭和二十二年九月のある日、熊本県庁の知事室では、長崎から米の供出懇請に出かけた食糧課長山崎寛二（現長崎魚市常務）ら数人が、ひたいをテーブルにすりつけるようにして頼みこんでいた。「長崎県には、あと数日分しか米がありません。なんとか助けてください……」。このとき熊本県の桜井知事（故人）が立ち上がり「困っているのは、どこも同じです。米がないなら水でも飲ませておけばよいでしょう」と答えた。おとなしい山崎も、このことばには顔色を変えた。「長崎はその水も出んのです。同じ日本人じゃありませんか。困っているときは、助け合うのが…」といっているうちに、くやし涙がこぼれてきた。そのころ長崎市では断水がつづき、市民は〝食〟と〝水〟のききんにあえいでいた。

「県民の命をあずかっているという信念から、どんな暴言も甘んじて受けてきたが、あのときだけはいま思い出しても、くやしくてならない。当時は米ほしさのあまり、頭を下げることだけしか知らなかった。私だけでなく、県食糧課や各地方事務所の担当者も、よくがんばった」と山崎は苦しかった食糧難時代を回想している。(154)

熊本県知事の発言がはたして事実なのかどうか、あるいはその背後にどのような経緯があったのかはさておき、長崎県の食糧難の深刻さと県担当者の筆舌に尽くせぬ苦労が浮かび上がる。先に述べたように、一九四七年当時の竹次郎は、食糧問題を解決できない杉山県政をつよく批判していた。だが、そこには、このような長崎特有の困難もあったのである。

竹次郎が知事に就いた一九五〇年代前半にもなると、食糧事情はかなり好転したとはいえ、食糧不足の再来をめぐる懸念は、うすれてはいなかった。一九五四年当時で長崎県の人口は一七三万人にのぼったが、県内の米生産量は一年間の需要の三分の一しか満たせなかった。その不足分は海外や他県からの輸入・移入で賄っていたわけだが、それが途絶しないとも限らない。そこに「消費県長崎の深刻な悩み」があった。そうした問題の解決のために、「海を開発すること」が構想された（「長崎大干拓につい

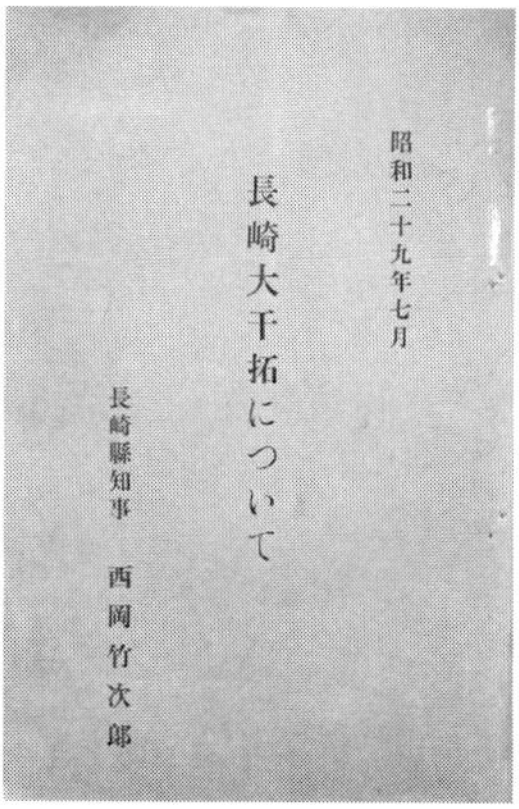
昭和二十九年七月

長崎大干拓について

長崎縣知事　西岡竹次郎

「長崎大干拓について」（1954 年7 月、長崎県立長崎図書館郷土資料センター所蔵）

百六十億の巨費投じ
有明海の干拓へ
知事、政府へ猛運動を準備
綱紀粛正の特別委
大村市会設置に決定
大村市議会の教委に三島氏
選挙は十一月中旬
大村市長選の下馬評
芦田均氏らを検事控訴

長崎干拓構想を報じた新聞記事（『長崎民友新聞』1952年10月30日）

て」）。

この計画は、有明海に面した諫早湾のすべて（総面積一万二〇〇〇ヘクタール）を干拓すべく、小長井村と神代村を結ぶ全長一〇キロメートルもの防潮堤を築き、約九〇〇〇ヘクタールの耕地を造成しようとするものだった（『長崎県議会史』6：738・756）。「長崎県知事・西岡竹次郎」の名で出された「長崎大干拓について」（一九五四年七月）によれば、諫早湾は干潮時には数キロメートルにわたって歩くことができるほど浅く、耕地造成は容易と見られていた。また、一帯には潟が沈積しており、土地が肥沃《ひよく》なため、二毛作や無肥料栽培が可能であり、五〇〇〇戸の自作農創出と米二五万石、麦一五万石の増産が見込まれた。湾が陸地化することで交通の利便性も高まり、干拓による経済効果は三六億五〇〇〇万円とされていた。事業費は二一〇億円の見込みなので、約六年で償却できる計算だった。

諫早市では、すでに一九世紀末に、小野町や長田町などが干拓で造成されていた。しかし、諫早湾一帯のすべてを干拓しようとするこの計画は、長崎のみならず日本全体で見ても、かつてない大規模なものだった（「長崎大干拓について」）。竹次郎はラジオ演説（NHK「県政の一年を顧みて」一九五三年一二月二九日）のなかで「私が最も力を入れ、長崎県の力を、いや、日本の力を世界に示すに足るであると信じております長崎大干拓が、着々と実現に近づいているところでございます」と述べるなど、この事業の実現に熱を入れた（『伝記』下：199）。

開発の後遺症

この計画は、当初、一九五二年一〇月三〇日に『長崎民友新聞』紙上で発表され、同年末には農林省に計画書が提出された。一九五四年三月には、農林省開墾課長・技術課長とオランダ国立工科大学教授のP・ヤンセンの視察を受け、同年七月には農林省長崎干拓調査事務所が設置された（『伝記』下：209「長崎大干拓について」：3）。

長崎干拓視察団に実地説明を行う竹次郎（1954年、『伝記』下）

あまりに規模の大きい干拓であるがゆえに、県議会ではさまざまな批判が出された。一九五三年三月の定例会では、「長崎大干拓は予算百二十二億を要する大事業だが、夢ではなく現実性があるのか」との質疑がなされ、予算規模と実現可能性について懸念が示された（『長崎県議会史』6：749）。ちなみに、翌年には前述のように、予算は二一〇億円に膨らんでいる。

漁業従事者への補償も、大きな論点となった。同じ定例会では、議員が「長崎大干拓は、南高〔南高来郡〕二万数千の漁民にとっては、漁場を奪われるという死活の問題であり、国家的大事業なりとして簡単に賛成するわけにはいかない。（中略）知事は漁民に対する補償をどう考えているのか」「この事業はおそらく五年、十年の歳月を費やし、膨大な補償金を用意しなければならないと思う。漁民が真に納得する調査と補償の用意をしない限り、この大事業は簡単に遂行出来ない。どんな方法で補償されるのか発表していただきたい」と詰め寄る場面も見られた（『長崎県議会史』6：750・758）。

それでも、一九五四年七月には県議会で「長崎大干拓事業促進に関する意見書」が採択され、農水大臣らに提出された（『長崎県議会史』6：1164）。

だが、先の懸念は、数十年ののちに現実のものとなった。一九六九年にもなると「米あまり」が問題化し、生産調整も始まったことで、この構想は消滅した。そこで県や国は、事業目的を工業用地や畑作、水道水確保、防災などに切り替えた（長崎南部地域総合開発計画、一九七〇年）。しかし、水道水需要や防災効果はさほど見込めなくなったうえに、漁民や地域住民の反発を招き、事業は膠着した。その後、規模は縮小されたものの、事業費は二五三〇億円へと膨れ上がり、得られる便益はそれを下回っていた（国営諫早湾干拓事業、一九八六－二〇〇八年）。一九九七年には閉門が実施されたことで、周辺漁業が大打撃を受けた。それ以降も、開門の是非をめぐって、判決が割れる状態が続いた。いわゆる諫早湾干拓問題である（「諫早湾干拓とは？」）。

事態がここまでこじれたのは、西岡県政のはるか後のことであるとはいえ、諫早湾干拓問題は、ときに分断や軋轢を生む戦後開発政治のひとつの帰結を示している。

ハルの国政進出

西彼杵半島総合計画、対馬総合開発計画、長崎大干拓構想など、大がかりな県内開発に取り組むなか、竹次郎は東京に出向き、関係省庁・政治家との調整に忙殺されることが多くなった。県選出の国会議員にもたびたび働きかけを行った。だが、つねに事がうまく運んだわけではなく、また、長崎を離れられないときもあり、しばしば「東京と長崎に身体が二つほしい」とこぼした（『伝記』下：175）。こうしたなか、竹次郎は側近の国政進出を考えるようになった。それは、妻のハルを参議院に送り出すことで実現した。

第三回参議院議員選挙（一九五三年四月二四日）において、自由党長崎支部は候補者調整に難航していた。予定していた候補が相次いで立候補を取りやめたためである。そこで急遽、県選出議員団はハルに出馬を求めた。

当時、ハルは長崎民友新聞社社長の任にありながら、小学校にあがる直前の末子・公夫はじめ、四名の子育てや家事に追われていた。当初は竹次郎もハル本人も、家庭のことを考えれば、出馬に積極的にはなれなかった。前年の衆院選のときにも、ハルに出馬の打診があったが、子どもたちが泣いて反対したという。

だが、ちょうど上京中だったハルに、自由党代議士・松野鶴平や総務会長・益谷秀次、幹事長・佐藤栄作らが面会し、「自由党は参議院に一人の婦人議員ももたない。あなただったら確実に当選するのだから、この際、多少の犠牲を忍んでも決意してほしい」「政治家としてそれ位の犠牲は当然である」と説得した。ワークライフバランスなどは、当然のように棚上げされていた。

党重鎮から直々の要請を受けて、ハルは「私個人としては子供も多いし、主人の手伝いなど家庭人でなければならないと思うが、昨年の総選挙のこともあって、相当苦しい立場にある。今の気持としては党議尊重の立場から、ある程度、家庭を犠牲にしてゆくようになるのもやむを得ぬことだと思う」と語り、立候補を受け入れることにした。

ハル参院選当選の祝電を手にする竹次郎と家族（1953 年 4 月、『伝記』下）

最終的に、竹次郎もハルの出馬に賛意を示し、「参議院全国区の候補決定については、県支部幹部の方から色々相談を受けたが、私としては知事二カ年の生活を通じて、どうしても地元出身の者でなければ県のためにならぬというのが信念になった。幸い家内の出馬が決まれば、県発展のために寄与してくれることを確信している」と語っていた（『伝記』下：176－177）。

参議院全国区に出馬したハルは、二七万六一九票を得て当選した。当選者五三名中二二位の成績であり、新人候補としては良好な結果となった。長崎県下では二〇万二〇五四票を獲得し、県内の支持の厚さが浮き彫りとなった（『長崎民友新聞』一九五三年四月二七日・五月四日）。

ハルは参議院において厚生委員を四年、建設委員を二年間務めた。その間、戦没者遺族や引揚者への援護、売春防止法制定、児童福祉施設の整備促進に尽力したほか、長崎県内の道路整備や離島部などの簡易水道関係予算の獲得もつよく働きかけた（『伝記』下：180－181『長崎の女たち 第二集』：150）。その意味で、ハルの国政進出は竹次郎の県内開発行政を下支えするものでもあった。

平和博の失敗と『長崎民友』の斜陽化

竹次郎が県知事となり、ハルが参議院議員となったことは、『長崎民友新聞』と『長崎日日新聞』の激しい対立を招くこととなった。地方紙にとって県政は最重要とも言える主題である以上、創業者が県知事である『長崎民友新聞』において、与党的な立場が際立つのは否めなかった。その妻が社長で国会議員であることも、この傾向を強めた。そうなると、ライバル関係にあった『長崎日日新聞』が西岡県

二大懸賞論文募集
西岡竹次郎氏を論す
西岡縣政を論す
應募規定
長崎日日新聞社

西岡竹次郎論・県政論募集の広告（『長崎日日新聞』1953 年 9 月 13 日）

よろん
県民をまどわす長日の社説
ウソで固めた
的はずれの記事
西岡竹次郎
私は あくまで
積極政策で行く

西岡竹次郎「県民をまどわす長日の社説」（『長崎民友新聞』1956 年 4 月 1 日）

政批判を強めたことは、必然でもあった。

『長崎日日新聞』(一九五三年九月一三日)は、「西岡竹次郎と西岡県政を論ずる」とのテーマで懸賞論文を募集し、一二月から入選作を連載した。一九五六年三月には、前知事ら特別職三役に対する退職金六〇〇万円余の計上が、赤字財政再建のさなか問題となり、県議会が紛糾した(『長崎県議会史』7:154・187-188)。『長崎日日新聞』は社説「六百万円は妥当か」(一九五六年三月二二日)を掲載するなど、これに批判的な論陣を張ったが、対する『長崎民友新聞』(一九五六年四月一日)は、一面の大半を使って、「県民をまどわす長日の社説」と題した竹次郎の反論記事を掲載した。

竹次郎の県知事就任から間もない時期だが、すでに『新聞之新聞』(一九五一年八月一五日)は両紙のいがみ合いについて、「長崎民友と長崎日日は、長崎における地元紙として西岡氏の知事当選以来一段と与野党的色彩を鮮明にし、紙面の上においても折にふれては泥合戦を展開して」いることを批判的に指摘していた。同年八月一日の『長崎民友新聞』は、一面から四面まで西岡知事の写真を四枚も掲載しており、一部の読者からは「西岡氏の機関紙である」との非難を浴びていた。『長崎民友』『長崎日日』ともに「不偏不党」とは程遠い状況がうかがえる。

こうした「泥合戦」が続くなか、『長崎民友新聞』の勢いにさらなるブレーキをかける事態が生じた。同社主催の長崎復興平和博覧会である。この地方博は、一九五二年四月一〇日から六月一八日まで、約二カ月間にわたり、爆心地の長崎市松山町一帯で開催された。

この開幕を盛り上げるために、漫談家・大辻司郎が招かれていたが、乗り合わせた日本航空機もく星号が三原山付近で墜落し、乗員全員死亡の大惨事となった。通信メディアの混乱もあり、『長崎民友』『長崎日日』ともに「全員救助」との誤報記事を掲載した。だが、『長崎民友新聞』（一九五二年四月一〇日）はさらに、大辻の「生還談話」として、「僕の漫談材料がまたふえた訳で禍《わざわい》がかえつて福となるとは、まさにこのことでしょう」「長崎平和博では早速この体験談をやつて大いに笑わせてやるつもりです」とのコメントを写真入りで載せる失態を演じた。

一度は全員救助の報に接した大辻のマネージャーが「大辻氏が、あたかも語ったように、談話を発表」し、これを鵜呑みにしたことが、その原因ではあった（「誤報につき読者に陳謝す」）。だとしても、誤報のみならず「虚報」までもが紙面を大きく飾ったことは、『長崎民友新聞』に対する読者の信頼を著しく損なった。

待望の平和博きょう開幕
原爆の丘に白亜の大殿堂
春に奏でる大序曲
知名士六百名が参列
鳴る復興長崎の鐘
長崎平和博
私のお母さん
作文と図画
森永ミルクキャラメル

平和博覧会開催初日の紙面（『長崎民友新聞』1952年4月10日）

日航もく星號が遭難
漂流中を全員救助
乗客に平和博出演の大辻司郎ら
米海、空軍直ちに出動
漫談材料がふえたよ
やっと安心です
児童二千の旗
11ビワ丸がSOS

墜落事故報道と漫談家・大辻司郎の生還談話の虚報記事（『長崎民友新聞』1952年4月10日）

それに加えて、博覧会の来場者数も、見込みを大きく下回った。航空機墜落が出端《でばな》を挫《くじ》いただけでなく、開催期間中に長雨が重なり、客足が遠のいたことが響いた。そのことは、さまざまな問題を引き起こした。未整理の前売券は二万三〇〇〇枚に達し、赤字を埋めるために県観光課予算六〇万円が充当された。さらに、労務賃金の支払い遅延、出品者への返却・代金支払いの遅れも明らかになった。県から五〇〇万円の補助金が出された事業だっただけに、これらの問題をめぐって、長崎民友新聞社との関係が深い竹次郎は、議員たちの追及にさらされた（『長崎県議会史』6：701－704・730）。

長崎民友新聞社は劣勢を挽回すべく、創刊三〇周年記念イベントの一環として、一九五五年一月二九日から二月二〇日の会期で「世界動物大博覧会」を開催した。同年暮れには超高速度輪転機を導入し、翌年七月には五階建ての新社屋を完成させた。一九五七年九月一日には、ハルが社長を退いて「新長崎民友新聞社」が発足し、再起をはかった。新社長に小林知一（江迎町長）を迎え、常務には早稲田大学在学中の長男・武夫が就いた（『長崎民友新聞』一九五七年九月一日）。

だが、社勢の回復は見られなかった。一九五七年一〇月の県議会定例会では、長崎民友新聞社の県税・社会保険料の滞納、輪転機の差し押さえが問題となった（『長崎県議会史』7：433）。経営陣から退いた西岡ハルも、新社発足に際して「これまでの、債権債務一切は、私の方で責任をもって、処理致します」「民友新聞も、今や底値をついた。しかし（中略）不屈の民友魂は、失われていない」と語るなど、『長崎民友新聞』の苦境は隠せなかった（『長崎民友新聞』一九五七年九月一日）。

水害視察と病状悪化

竹次郎は一九五五年四月二三日の知事選挙に立候補し、再選を果たした。前回選挙と同じく、前知事・杉山宗次郎との一騎打ちだった。

だが、一九五一年の選挙とは異なり、熾烈な接戦となった。杉山が三四万四四八四票を得たのに対し、竹次郎は三六万一九四一票であり、その差は投票総数のわずか二・五パーセントほどでしかなかった。しかも、もともとの地盤だった長崎市では、杉山が七万四四〇五票を集めたのに対し、竹次郎は四万七三四一票と、その開きは大きかった。竹次郎が杉山に大差をつけたのは、西彼杵郡、北高来郡、南高来郡、北松浦郡、壱岐郡、対馬など、総じて大規模開発の対象となった地域だった（『長崎県議会史』7：4・6）。かつてとは異なり、都市中間層の離反とともに、地元利益を求める郡部からの支持の伸びがうかがえる。

竹次郎は二期目に入っても、県内の開発を重視した。一九五六年三月の県議会では、長崎大干拓事業や西彼杵半島農業開発へのつよい意志を語っていた（同前：158）。大村火力発電所の誘致にも成功し、一九五六年五月一〇日に起工式が行われた。さらに同月には、対馬縦貫道路の最大の難所とされた万関橋が完成した（『伝記』下：309・313）。

その一方で、竹次郎の体調不良も目立ちはじめた。一九五三年六月には、黄疸の症状があらわれた。しかし、同月中旬から翌月にかけて、九州北部一帯に豪雨が降り続き、竹次郎はその災害対応に追われた。人的被害は九州一帯で、死者・行方不明者一〇二八名、重傷者は七九二名に達した（『昭和二八年西

諫早水害による家屋倒壊（1957年7月、『長崎県戦後50年史』）

日本水害調査報告書』）。その際の過労もあって、同年九月に病状が悪化し、東大附属病院に入院した。その期間は二カ月余に及び、退院後も大分県湯ノ平などでの静養を余儀なくされた（『伝記』下：192－198）。

職務に復帰してからも、心労や過労に見舞われることが多かった。一九五七年六月には、六年にわたり竹次郎を支えてきた副知事・佐藤勝也との対立が表面化し、竹次郎は突如、佐藤を解任した。理由は「官僚の独善主義であり、消極主義の持主である」「補佐役として不適任」といったきわめて抽象的なものだった。

佐藤は「全く理解の出来ない措置であつて意外というほかはない」「西岡知事は最近、身体が悪いためか、やや精神的に常軌を逸しておるのではないか」と、戸惑いと批判を口にした（『長崎民友新聞』一九五七年六月二日）。県政界では「来るべき〔県知事〕選挙態勢への筋入れ」「庁内に根強い〔佐藤〕副知事勢力を除去するために、時期的に解任措置をとり、知事三選の決意を固めたのではないか」との噂も囁かれたが、真相は判然としない（『長崎日日新聞』一九五七年六月三日）。

これについて『長崎日日新聞』（一九五七年六月三日）は、「〔六月〕一日抜打ち的に行われた西岡知事の佐藤副知事罷免は県議会、県庁職員および県民一般に大きなショックを与えたもようで、キツネにつままれたような表情で、あれこれの憶測とうわさが流れ、県下はこの話でもちきっている」と報じていた。

その直後に生じたのが、諫早大水害である。七月二五日早朝から、長崎県南部を豪雨が襲い、諫早・大村地区では七〇〇ミリという驚異的な雨量を記録した。とくに諫早では、本明川《ほんみょうがわ》堤防九カ所が決壊し、市内は深さ二―四メートルの濁流に飲み込まれた。被災者は二六日午前三時時点で、諫早市民の七割に相当する四万人にのぼった。一時水勢が弱まったため、市民の気が緩み、就寝中の住民が多かったことも災いした。諫早、大村、島原など、県内の死者・行方不明者は八一五名に達した。なかでも諫早は本明川の氾濫と山津波の発生により、五三九名の死者・不明者を出し、「諫早市は死と廃墟の町と化した」と言われた（『長崎県戦後50年史』：74－75『長崎県議会史』7：424）。

静養先に県政報告と見舞に訪れた県庁職員らと（佐賀県古湯温泉にて 1957 年、『伝記』下）

竹次郎は療養中の身ではあったが、自衛隊や海上保安部への出動依頼、食糧確保、国との救護・復旧対策の調整など、連日徹夜で指揮に追われた。竹次郎は病軀を押して、現地に赴いたときのことを回想して、こう語っていた――「私は、過労のために医師の忠告により療養中であったが、病を押して現場にのぞんだ。諫早市の死者収容所、家の下敷きになっているいたましい姿、母親が子供を抱いたまま一家十人の家族が枕をならべて死んでいる状況を見て、慰める言葉も出なかった。実に悲惨の極みであった。私は原子爆弾を広島、長崎の両市で経験したが、そのときの悲惨な惨状よりも、このたびの水害によるショックがひどかった」（『伝記』下：364）。

原爆投下時とは異なり、自らが県知事として災害対応を指揮し、一人でも多くの命を救わなければならないという心理的重圧もあったのだろう。それだけに、竹次郎にとって、諫早水害は二重被爆体験をも上回るものとなった。

政争下の「最後の正月」

ひとまずの緊急対応が一段落した八月一六・一七日、県議会では臨時会が開かれ、竹次郎は諫早水害の被害状況や経過、今後の対応について説明を行った。これが竹次郎にとって、最後の県議会出席となった。翌一八日には、諫早市で行われた合同慰霊祭に出席し、犠牲者の冥福を祈った。

その後、公舎に戻ったものの、災害対応の身体的・心理的負荷もあってか、体調を悪化させ、体を思うように動かせなくなった。八月下旬から九月上旬にかけて、雲仙や佐賀県古湯《ふるゆ》で療養したが、一向に回復のきざしがないため、九月九日に九州大学附属病院に入院した。一一月二九日になってようやく退院したものの、引き続き小浜での療養を余儀なくされた（『伝記』下：373）。

一〇月や一二月の議会定例会・臨時会は立て続けに欠席せねばならなかったが、そのことへの批判も見られた。年内最後の第四回定例会の初日（一二月一七日）には、「知事の病状から知事自身の県政運営は限度に来ている」「知事が欠席する以上、知事の職務代行者をおくべきだ。知事以外の副知事、部長らに県政の質問を行っても意味はない」との声が上がったことから、西岡派と反西岡派の議員双方が激昂し、あわや乱闘となる場面も見られた（『長崎県議会史』7：449）。反西岡派のなかには、諫早市長との調整不足で本明川の改修工事が遅れたことが諫早水害の被害を拡大させたとして、竹次郎を追及しようとする動きもあった（『伝記』下：369）。

自民党長崎県支部でさえ、一枚岩ではなかった。一九五五年一一月の保守合同により、自由党は民主党と合同して、自由民主党が結成された。それに伴い、自由党長崎県支部は自民党の県支部へと切り替わった。だが、一九五七年五月の県会議長選出をめぐって、自民党県議団の内紛が表面化し、党を除名された一五名が「自民本党」を結成した（『伝記』下：348『長崎県議会史』7：403）。議会病欠をめぐる県知事批判も、元をただせば自民党県支部分裂をめぐる遺恨が関わっていた。

家族一人ひとりと記念撮影を行った最後の正月（1958年、長女・晶子と、『伝記』下）

こうした事態への対応が思うに任せず、心労も絶えないなか、竹次郎は一九五七年一二月三〇日、約四カ月ぶりに知事公舎に戻った。本来であれば、小浜で療養を続けるほうが望ましかったが、「どうしても正月は自宅で迎えたい。家族一人も欠けないようにして、お雑煮を食べたい」との思いから、一時的に公舎のある長崎市に戻ることとなった。

帰路に自動車で千々石《ちぢわ》付近の工事中の道路に差し掛かった折、座席に横たわっていた竹次郎は半身を起こして、「ああ、これだね、工事中の新道は……」と感慨深く窓の外を眺めたという。県

県葬で設けられた祭壇（県立長崎東高校体育館、1958 年 1 月 19 日、『伝記』下）

内開発の思い入れのゆえであろう（『伝記』下：379－380）。

竹次郎の希望どおり、正月は家族全員と過ごすことができた。紋服姿で屠蘇《とそ》を口にし、「ああ、今日はお屠蘇がおいしかった。もう一ぱいほしい」と、二杯目を求めた。酒を嗜《たしな》まない竹次郎には、珍しいことだった。夕刻には家族の一人ひとりと記念撮影を行った。

一月四日には、ラジオ長崎「県民の窓」に出演し、アナウンサーとの対談に臨んだが、声や息遣いは苦し気で、痛々しい様子さえあったという。

その翌々日、竹次郎の代理でハルが知人の結婚披露宴に出席し、折詰を持ち帰った。竹次郎はその巻き寿司を二つ口にした。これが竹次郎の最後の食事となった。その後、竹次郎の容態は急変し、血便が続いた。輸血をしても回復の兆しは見られなかった。一月九日には「ああ、苦しい。気が狂いそうだ」と激しい頭痛を訴え、その後、昏睡状態に陥った。以後、危篤が続き、一九五八年一月一四日の一四時五五分、肝性中毒による心臓衰弱のため、死去した。享年六七歳だった（『伝記』下：379－384）。

同日の閣議で、政府は竹次郎に勲二等瑞宝章を贈ることを決定した。衆議院議員・現職県知事として、国政と県政に尽くした功績によるものだった。翌日には県臨時会が召集され、県葬執行を可決、一九日に県立長崎東高校講堂にて執り行われた（『伝記』下：385－386『長崎県議会史』7：455）。

終章

「苦学」と「雄弁」の帰結

西岡竹次郎像（長崎市立山、1974年 11 月建立、筆者撮影）

しかし、いまや父西岡竹次郎は他界し、一カ年をすでに経た。私事の感傷ではなくして、父が、長崎民友新聞について、何等の遺言も私に残さなかったことが、新しい郷土紙の在り方への転化を私に暗示していたのではなかっただろうか。父の死より一年を経て、私はそう思う。

このようにして私が、本県新聞界統合に全力をあげて努力しようと、決意したのは数カ月前であった。(西岡武夫「長崎日日新聞との合併にあたって2」『長崎民友新聞』一九五九年一月六日)

「竹次郎の死」のインパクト

竹次郎が死去したのち、長崎新聞界には大きな変化があらわれた。

戦後一五年近くに及ぶ『長崎民友新聞』『長崎日日新聞』の対立は、全国紙やブロック紙の流入を招いていた。『朝日新聞』『毎日新聞』『西日本新聞』は、争い合う両紙の間隙を縫って、県内通信網を拡充させた。なかでも、一九五七年に創刊八〇周年を迎えた『西日本新聞』は、翌年初頭から長崎をはじめとする県庁所在地支局を総局に格上げした。同年四月には長崎県版を二ページに拡充し、さらに九月には販売局を独立させて攻勢を強めた。地元紙にしてみれば、二〇年前に直面した中央紙・県外紙の脅威に、再びさらされることとなった。

放送メディアも勢いを増しつつあった。一九五四年一〇月には、ラジオ長崎とラジオ佐世保が合併して、長崎放送（NBC）が発足した。一九五八年一二月には、NHK長崎局とNBCがともにテレビ放送を開始した。テレビ受信世帯数はまだごくわずかだったとはいえ、伸長しつつある放送界に比べ、地元紙の劣勢は明らかだった（『長崎新聞社史』：238）。

こうしたなか、地元二紙のなかでは、「一県一紙」化を望む声が高まった。奇しくも、竹次郎の死去から間もない時期のことだった。

新長崎民友新聞社常務の西岡武夫は、父・竹次郎の没後に一度、長崎日日新聞社会長・桑原用二郎から統合の打診を受けたことがあった。だが、そのときは「父の興した「長崎民友」に対する愛情」や「過去における長崎日日新聞の性格」を考慮し、その提案を拒んだ。しかし、一年半にわたり「新聞事業を理論の上でなく身をもつて苦しくも味あつた経験」を経て、長崎日日新聞社との統合に傾くようになった（「長崎日日新聞社との合併にあたって」一）。早稲田大学在学中の身でありながら、新長崎民友新聞社の経営を担った武夫には、同紙を取り巻く苦境が如実に感じ取られたのだろう。

だが、それればかりではなく、地方紙をめぐる反省もあった。武夫は『長崎民友新聞』（一九五九年一月五・六日）に寄せた「長崎日日新聞社との合併にあたって」（一・二）のなかで、「現在、長崎県下全世帯数約三十五万を対象に発行されている新聞は、その絶対的過半数を県外紙によつて占められて」いる状況を念頭に、こう述べている。

両社の無用の戦いがもたらすものは、過去の幾多の事例が教えて来た通り、ただ県民の損失であり、いたずらに県外紙の勢力を助長拡大させ、郷土長崎の自主性を、そしてその香を抹消させるのみであることを痛切に感じたのである。

今日まで、長日、民友両社共に社会の公器という使命の下に、努力しつつも、本質的には、その個人会社的経営内容の故に、完全に社会の公器としての任務を遂行し得なかつたといわねばならない。もつと穿《うが》つて表現すれば、公衆からみれば、一方は、桑原用二郎氏の新聞であり、一方は、西岡竹次郎の新聞であつた。

一昔前までは、それでもよかつた。だが、今は公衆の新聞に要望するものは、全く異質の在り方である。

創業者であり県知事でもあった竹次郎の死去は、『長崎民友新聞』が「西岡竹次郎の新聞」であることの必然性を低下させた。それは、対抗的な立ち位置にあった『長崎日日新聞』にも、見直しを迫ることとなった。政治家や社主の個人紙ではなく、政党政派の縛りを受けない「社会の公器」としての地方紙のありようが、県外紙の脅威も相俟って、ようやく模索されるようになったのである。

長崎日日新聞社との合併にあたって（その一）
西岡武夫
新聞の置かれている立場　そして郷土紙としての反省
長崎県に一県一紙の強力なる郷土紙を創るべきこと

西岡武夫「長崎新聞社との合併にあたって」
（『長崎民友新聞』1959年1月5日）

「一県一紙」化と「社会の公器」の発見

長崎日日新聞社と新長崎民友新聞社は一九五九年一月一五日に合併し、長崎新聞社が発足した。「対等合併」（『長崎新聞社史』：239）が謳われてはいたものの、総じて旧長崎日日の上層部が新社の経営トップを担った。会長には桑原用二郎が、社長には市川謙一郎が就いたが、いずれも直前まで長崎日日新聞社で同じポストを務めていた。市川はさらに論説委員長を兼務した。その他の旧長崎日日新聞社取締役・監査役も、全員、新社の役員となった。

旧長崎民友からは、西岡武夫が新社でも引き続き常務取締役を務め、社長室長を兼務した。しかし、あくまで四名の常務のうちの一人に過ぎなかった。取締役には、顧問として西岡ハルが入ったほか、竹次郎の公職追放中に長崎民友新聞社の代表取締役を務めた田中丈平も就任した。だが、新社役員に名を連ねたのは彼らだけであり、旧長崎民友で取締役だった原勇（主筆）、松尾等（編集局長）、浜田数雄（工務局顧問）らは、新社役員を外れた。長崎新聞社取締役・監査役の二〇名のうち、旧長崎日日出身者は一六名、旧民友出身者は三名（残る一名は不詳）だったことを考えれば、旧二社の力関係は歴然としていた（『日本新聞年鑑』一九五八・五九年版）。

社屋については、編集・企画・工務部門は旧長崎日日（船津町）に置かれたのに対し、社長室・総務・業務・広告部門は旧長崎民友（出町町）に配置された。経営基幹部門が旧民友ビルに入ったのは、四年前に完成した新社屋だったためなのかもしれない。

ちなみに、新たに創刊された『長崎新聞』（一月一五日）の号数は四三九〇号となっているが、これは前日刊行の『長崎日日新聞』を受け継ぐものである。そこからも、新『長崎新聞』は旧『長崎日日新聞』の延長上に位置づけられており、『長崎民友新聞』は実質的にそこに吸収された。

合併の告知は、同年一月三日の『長崎日日新聞』『長崎民友新聞』両紙に掲載された。そこでは、戦時期の新聞統合にもふれつつ、こう記されている。

すべて自由経済下における事業は自由競争を原則として進歩発達を図るのは当然でありますが、

> しかし、それには自由競争を可能ならしむる社会基盤、経済基盤の存在を前提とします。そういう前提を度外視した自由競争は、いたずらに共食いとなり、共倒れを招きやすく、ひいては事業の発展を阻害し、言論活動、報道活動また完全たり得ぬのは改めて説くまでもありません。現に全国各地の新聞界は、九州各県をはじめ、その大部分が戦時統合の姿をそのまま継承し、一県一紙の強力な体制を崩していません。せっかくの統合を再び分解、乱立させた本県新聞界のごときは、まことに時代に逆行する異例、変則の姿と断ずべきであります。

かつて『長崎民友新聞』が強烈に拒もうとし、また『長崎日日新聞』も相応に抗った戦時期の新聞統合は、大手紙進出の脅威もあって、あるべき姿として見出されるようになった。

新題号は「長崎新聞」

本社、長日と合併

十五日から・夕刊も発行（長崎市内のみ）

郷土の代表紙誕生

新長崎民友新聞社

『民友』『日日』の合併告知（『長崎民友新聞』1959年1月3日）

『長崎日日新聞』（一九五九年一月三日）には、会長の桑原用二郎が「一県一紙へ前進——『長崎新聞』の発刊に際して」と題した論説を寄稿した。「一県一紙」は、明らかに「前進」を意味していた。戦時下に模索された長崎の「不偏不党」は、戦後一四年を経て、ようやく実現に至ったのである。

だが、見方を変えれば、そのことは、竹次郎の死のインパクトがいかに大きかったのかを如実に物語る。妥協を許さない強烈な個性と弁舌の巧みさを併せ持った竹次郎にとって、新聞は手放せないものだった。竹次郎が県政を担ったことは、それをなおさら根強いものにした。竹次郎の死は、こうした状況に終止符を打ち、地元紙に「社会の公器」「不偏不党」の装いを選び取らせることとなった。それは、「西岡竹次郎の時代」の終焉を暗示するものでもあった。

桑原用二郎「一県一紙へ前進」（『長崎日日新聞』1959年1月3日）

竹次郎が生きた六七年間は、日清戦争直前から戦後の高度経済成長初期までの時代に相当する。その間、日本は、日露戦争、大正デモクラシー、昭和恐慌とテロリズム、戦時ファシズム、敗戦、占領統治に直面した。こうした激動の時代のなかで、竹次郎自身も波乱の人生を歩んだ。それは、政治史やメディア史の教科書に大きく名を残すものではなかっただろう。だが、むしろそこにこそ、教科書的な歴史理解ではうかがえない近現代の幾多のひずみを見出すことができるのではないだろうか。以下では、そのことを念頭に置きつつ、改めて「西岡竹次郎の時代」を振り返ってみたい。

「敗者復活」の余地

竹次郎は小学校に入学して間もない頃から、一人で家族を養わねばならず、行商や農家の子守りをいくつも掛け持ちしていた。一〇代になっても、牛乳・新聞配達や職工の仕事を重ねる日々が続いた。言わば、極度の貧困と「ヤングケアラー」の幼少期・少年期だった。にもかかわらず、なぜ代議士や県知事にまで上り詰めることができたのか。

むろん、貧困から身を起こした政治家は、さほど珍しいわけではない。だが、幼少期より日にいくつもの仕事をこなし、家族を一人で扶養せねばならないほどの困窮から、ここまでの立身出世を果たすケースは、そう多くはない。では、何がそれを可能にしたのか。そこで大きかったのは、私立学校の存在とキリスト教人脈だった。

竹次郎が進んだ東山学院は、新設の私立中学であり、地域最難関の旧制長崎中学などに比べると、比較的入学しやすかった。後発で拡張政策を取っていたことも、義務教育の修了さえ定かでない竹次郎を受け入れることにつながった。そして、中学進学が可能になったことが、高等教育に進む「希望」を掻き立てることとなった。

とはいえ、登下校の前後に行商や新聞・牛乳配達をこなさねばならない環境のもとでは、学業に身を入れることは困難であり、積み上げが必要な数学などの学科は、疎《おろそ》かになりがちだった。しかも、同盟休校や過労による結核で、中学を中退しなければならなかった。

にもかかわらず高等教育に進むことができたのは、私立大学、なかでも専門部の存在による。

帝国大学の実質的な予科である旧制高校に進むためには、中学卒業資格を必要とした。専門学校入学者検定試験（専検）を受験する道もあったが、それはかなりの難関で、現実的な選択ではなかった。これらの条件をクリアしたとしても、さらにハードルの高い入試が待ち受けていた。

それに比べ、大正前期の私立大学は、さほど入学は困難ではなかった。多くの場合、旧制中学卒業者であれば、無試験で入学できただけではなく、その卒業資格がなくても、平易な学力確認試験を受験すれば、入学を認められた。中学を中退した者、さらには私塾のような学制外機関で教育を受けた者にも開かれていたのが、私立大学だった。

むろん、私立大学は首都圏や京都・大阪に偏在していたため、地方出身者には下宿に伴う金銭的な出費がかさんだ。だが、学費と生活費さえ何とか工面できれば、旧制中学をドロップアウトした者にも、門戸が開かれていた。数少ないエリートのみを受け入れた旧制高校・帝国大学とは異なり、私立大学はそのレールから外れた者にも「苦学」の機会を提供していたのである。

専門部の存在も、竹次郎にとって大きかった。私立大学の大学部（三年課程）に進むためには、その高等予科を修了しなければならないため、さらに数年の在籍期間を必要とした。それは学費の問題に直結した。それに対し、大学専門部は三年間で卒えることができ、かつ、授業の多くは大学部と共通していた。「早稲田大学学士」のような称号を得ることはできなかったが、限られた期間と学費で高等教育に接することを可能にしたのが、当時の大学専門部だった。

私立中学にせよ私立大学にせよ、公立中学や官立高校・帝国大学に比べれば、あくまで「傍流」の存在でしかなかった。だが、エリートに閉じない傍流の私立学校、なかでも専門部の存在が、竹次郎の「敗者復活」を可能にしたのである。

キリスト教人脈の「弱い絆」

しかし、大正初期の私立中等・高等教育の門戸が広かったとはいえ、それだけで竹次郎の進学が可能になったとは言い難い。極度の貧困に喘ぎ、日々の労働で疲労が蓄積するなか、上級学校進学の「希望」を維持することは容易ではない。むしろ、「希望」を断念するか、せいぜい、手が届きそうな小さな目標に切り替えるのが、一般的だろう。

逆境にもかかわらず早稲田大学専門部に進んだ竹次郎に、「意志の強さ」を見出すのはたやすい。だが、考えるべきはむしろ、なぜ、そうした「意志の強さ」を持続できたのかである。「意志の強さ」は、本人の精神力といった属人的な問題のみに帰すべきではない。それを可能にした社会的な要因は何だったのか。それこそが問われなければならない。

そこに大きく与《あずか》ったのは、キリスト教人脈の存在だった。竹次郎が通った東山学院はミッション・スクールであり、そこでキリスト教に出会った。在学中は聖書を頻繁に繙き、教会にも足繁く通った。それは、中学を中退し、特段のあてもなく朝鮮半島に渡ってからも変わらなかった。そして、現地の教会で出会ったのが、総じて高学歴の会社員、官吏、およびその家族といった新中間層の人々だった。彼らに大学進学を勧められ、また東京の知人を紹介してもらえたことが、竹次郎にとって上京や進学への心理的な距離を縮めることにつながった。それがなければ、朝鮮半島での税関雇員や駅員といった「小さな目標」に甘んじたかもしれない。

むろん、教会での人脈は、後年になっても緊密な親交が続くほど、濃厚なものではなかった。だが、その「弱い絆」のゆえに、彼らは「軽い気持ち」で竹次郎に進学を勧めることができたのだろう。竹次郎は教会で、日常では接することの少ない高学歴層や高い文化資本を有する人々にふれることができた。そのなかで、進学を「手の届かない夢」ではなく、「現実的な選択肢」として捉えるようになったのである。

もっとも、竹次郎がキリスト教に関心を抱いたきっかけとしては、長崎で中学生活を送ったことも大きかった。江戸期よりオランダ文化の窓口だったこともあり、明治以降、長崎にはアメリカやオランダなどから宣教師が赴任し、キリスト教に根差した学校が多く創設された。竹次郎がミッション系の私立中学に入学し、聖書に親しんだのも、こうした長崎の土壌があってのことだった。

これらの要因が相俟って、中学をドロップアウトしたにもかかわらず、竹次郎は知識層や新中間層の人々とゆるやかに交流することができた。そのキリスト教人脈の「弱い絆」が、進学や上京の「希望」の消滅を阻んだのである。

「雄弁」のメディア

高等教育に進んだとはいえ、それだけで政界進出が可能になるわけではない。竹次郎をその方面に押し出すうえでは、「雄弁」の存在が大きかった。竹次郎は東山学院時代から弁論に目覚め、早稲田の雄弁会でも活躍した。大正初期の大隈ブームの時期には、大隈伯後援会の実力派学生弁士として、各地で選挙応援に勤しんだ。このことは、政治への憧れをさらに掻き立てたのと同時に、第二次大隈内閣の閣僚はじめ、有力政治家との人的ネットワーク形成につながった。これらを通じて、政界進出は「現実的な夢」となった。

とはいえ、貧困の出自の竹次郎には、地元長崎で政財界とのつながりがあったわけでもなければ、選挙戦を有利に導くだけの財力があったわけでもなかった。にもかかわらず、竹次郎の政界進出を可能にしたのは、「雄弁」というメディアだった。演説は、特段の資金がなくとも、人々の共感や熱狂を醸成し、有名性を獲得できる手段だった。「地盤」「看板」「カバン」を持たない竹次郎にとって、自らを政界に押し出す唯一の手立ては、「雄弁」以外にあり得なかった。折しも選挙権の範囲が拡大し、普通選挙も到来しようとするなか、竹次郎は軒並み演説会場を満員にし、人々の共感をつかんだ。

演説はことに、長崎市のような都市部で有効だった。竹次郎は、早稲田雄弁会時代から「天下国家」を論じ、普通選挙実現などの「理念」を多く語ってきた。それは、三菱長崎造船所はじめ大手・中堅企業が集まり、したがって会社勤めの新中間層が多い長崎一区で支持を集めることにつながった。彼らは進取の気性に富み、デモクラティックで新しい政治思想に親和的だった。裏を返せば、弁舌に重きを置く竹次郎のスタイルは、郡部の利益誘導や地域ボス政治にはなじまなかった。

竹次郎の「雄弁」は、その「声」によるものだけではなかった。政治家になる前には、弁論雑誌『青年雄弁』を出していた。自らも論説をそこに書いたほか、著名政治家やジャーナリストも寄稿した。それが可能になったのは、早稲田雄弁会や大隈伯後援会による人的ネットワークがあってのことだったが、見方を変えれば、それは「紙」の上での「立会演説会」でもあった。

『長崎民友新聞』の創刊も、自らの「雄弁」の代替を意図してのことだった。政党・政派ごとに地元紙が乱立し、竹次郎への誹謗が絶えないなか、自らの訴えを伝えるメディアとして構想されたのが、同紙だった。全国紙ではすでに一九一八年の白虹事件以降、「不偏不党」「厳正中立」が題目として掲げられるようになってはいたが、それは地方にまでは波及せず、地方紙は総じて政党支部の機関紙として機能していた。憲政会系と政友本党系が対立し、政友会系のなかでも内紛が絶えなかった長崎では、その傾向が顕著だった。

「理念」と「実利」

そこには、ナショナルな「理念」とローカルな「実利」の混濁も見られた。弁論雑誌の『青年雄弁』は、普通選挙、婦人参政権、軍縮といった政治理念を語るメディアであったが、地方紙たる『長崎民友新聞』は、それにとどまるわけにはいかなかった。雲仙の国立公園化などは、全国メディアである弁論誌では、読者の興味を引くテーマになりにくかったが、長崎においては、地域利益や郡部開発の点で重要な論点だった。『長崎民友新聞』は地方紙である以上、「理念」に偏重し「実利」を避けることなどできなかった。

それは、竹次郎の政治にも表れていた。地域ボスや地元財界との関係がうすく、雄弁会で弁舌を鍛えた竹次郎は、総じて「理念」を説く政治家だった。若い頃には普通選挙運動にのめり込み、「普選の闘士」と呼ばれた。その後も婦人参政権の獲得や労働組合法の成立に力を注いだ。これらはいずれも、特定地域の実利に直結するものではなく、「国のあるべき姿」を構想するものだった。戦時期には既成政党の解体を唱え、「昭和維新」「聖戦」を重んじた。これも、政治のあり方や国際秩序の刷新をめざす点で、個別具体的な「実利」の問題というよりは、ナショナルな「理念」の問題系に属するものだった。

だが他方で、竹次郎は長崎での水族館建設、大学誘致などを政策として掲げ、雲仙の国立公園化にも力を入れた。戦後は県知事として、郡部や離島の経済振興、県内の交通インフラ整備に取り組んだ。竹次郎が『青年雄弁』と『長崎民友新聞』という相互に異質なメディアを立ち上げたのと同じく、自身の政治活動においても、ナショナルな「理念」とローカルな「実利」とが混在していた。

「平等」の錯綜と危うさ

その「理念」と「実利」を媒介したのは、「平等」の希求だった。幼少期より極度の貧困にさらされた竹次郎にとって、「平等」は切実な要求だった。普通選挙や婦人参政権など、竹次郎が語った政治理念の多くは、「平等」をめざすものであったが、それは長崎の「実利」にも通じていた。傾斜地が多く平坦地が少ない長崎県は、農業生産力に限りがあった。大手造船企業やその下請けが多く集まる都市部はさておき、郡部は交通アクセスも悪く、産業振興に限りがあった。また、軍の要塞地帯となっていた離島部は、発送電設備の不在や生活道路の未整備など、さらに状況が悪かった。これらを立て直し、地域の「平等」の達成をめざしたのが、竹次郎の地方政治だった。

「平等」の希求は、リベラリズムとファシズムをつなぐものでもあった。

かつて竹次郎が労働運動に近く、普通選挙や婦人参政権のリベラリズムに立っていたことを思えば、その後の政治行動は一見、矛盾するものにも見える。戦時期の竹次郎は、戦地慰問を積極的に行い、日中戦争勃発早々に『占拠したる土地を戦場の兵士に与へよ』を自費出版した。それは、露骨な大陸侵出を掲げる議論にほかならなかった。

だが、こうした議論は、昭和恐慌に喘いだ下層出身の兵士たちの「生活向上」をはかろうとする意図に根差していた。竹次郎は、このパンフレットの発刊後も、斎藤隆夫の「反軍演説」を糾弾し、斎藤除名に消極的な政党の解体を強硬に主張した。戦時翼賛体制への積極的な支持は明確で、その熱情は、戦争の長期化を批判して東条政権に弾圧された観念右翼などを、はるかに上回るものだった。竹次郎にとって、反軍演説や既成政党は、末端兵士に「土地」を分配する戦争遂行を阻むものでしかなかった。

そこに浮かび上がるのは、「平等の希求」の危うさであろう。「占拠したる土地」を兵士たちに分配することは、とりもなおさず、大陸の住民から家屋や農地を奪い、彼らの生活を破綻させることにほかならない。普通選挙運動や婦人参政権運動の根底にあった「平等」は、大陸侵出を推し進めるナショナリズムとも接続可能なものだった。さらに言えば、挙国一致の戦争遂行を可能にすべく、政党政治を否認するロジックをも導いた。政党政治と護憲運動を支えた普選のリベラリズムは、その延長で、自国の欲望しか顧みないナショナリズムや政党そのものの否定をも、導いたのである。

体制に弾圧される体制派

戦時体制への積極的な支持をそれほどまでに示していたにもかかわらず、竹次郎は戦時体制に弾圧された。翼賛選挙では非推薦候補となったうえに、選挙違反や外国為替管理法違反の容疑で収監された。竹次郎に対する県当局の弾圧は、戦時議会でも問題にされるほど、苛烈なものだった。

こうした事態の背景には、新聞統合への拒絶があった。実質的な政党機関紙だった地方新聞は、戦時期に政党が解体されるなかで、「一県一紙」への統合が進められた。だが、竹次郎は自らの「雄弁メディア」が奪われることに激しく抵抗し、新聞統合をギリギリまで受け入れなかった。そのことは、「一県一紙」の完遂を迫られていた地方内務官僚の焦燥と反感を招き、特高警察をはじめとする県当局の弾圧を招いたのである。

もっとも、総選挙で六回もの勝利を重ね、そのほとんどでトップ当選を果たしていたことを考えれば、すでに長崎一区には竹次郎の地盤は形成されており、自紙に必ずしも頼る必要はなかったのかもしれない。むしろ、新聞統合をあっさり認めることで、翼賛政治体制協議会の推薦を得れば、翼賛選挙で当選することは至って容易だっただろう。だが竹次郎は、政党解体は主張しても、自紙を手放し新聞統合を認めることは、頑なに拒んだ。創業者ゆえのつよい思い入れもあったのだろう。そのことが、結果的に竹次郎に対する県の弾圧につながった。

この弾圧経験は、戦後になって、一種の「勲章」へと読み替えられた。一九五四年六月三〇日の長崎県議会定例会では、県議・豊島徳治が公安委員の人選について質《ただ》す場面があった。それに対して、県知事の竹次郎は、こう答弁していた。

人権侵害、弾圧などというお話であったが、過去において長崎県で私ぐらい警察から弾圧を受けた者はあるまいと思っている。ちょうど豊島議員が警察官でおいでになった当時であるので、そういうご心配をされるのはごもっともであると思う。（『長崎県議会史』6：986）

豊島は、かつて外国為替管理法違反事件で、竹次郎の追及にあたった警部だった（『昭和史の長崎』：38）。そのことへの意趣返しを込めた答弁ではあったが、同時に、弾圧経験が戦後民主主義体制下の自己の正当性を導いているようにも見える。

一九四七年七月には、長崎民友新聞社は、追放令G項適用に対する反証文を出しているが、そこでも以下のように、弾圧経験が自由主義や民主主義に結びつけられていた。

大正十三年、長崎民友新聞創刊当時から、今日まで、常に民衆の味方となって、軍閥、官僚と血みどろの戦を続けて来た。光栄ある『長崎民友新聞』であります。創刊当時より、社長西岡竹次郎氏の自由主義、民主主義の精神を具現して、民衆の先駆となり、そのため、軍部、官僚から、「世界に比類なし」と言われた程の弾圧、圧迫を受けて来た、『長崎民友新聞』であり、社長西岡竹次郎氏であったのであります。(『伝記』下：55)

この文面を見ると、竹次郎や『長崎民友新聞』が自由主義的であり民主主義的であったがゆえに、軍部や官僚から苛烈な弾圧を受けたと読める。だが、実際はそうではなかったのは、既述のとおりである。「弾圧の記憶」は、戦時ファシズムを熱烈に支持した竹次郎の過去を覆い隠すものとして機能していた。

「雄弁」とポピュリズム

戦時期に一度は統合された長崎新聞界は、終戦後、再び元の四紙に分裂した。そのことは、『長崎民友新聞』が「西岡竹次郎の新聞」として再興し、『長崎日日新聞』がその対抗紙となることを意味した。竹次郎の県知事選出は、両紙の与野党的な性格をさらに鮮明にした。

だが、竹次郎の死去に伴い両紙の統合が進み、長崎では再び「一県一紙」が実現した。奇しくも統合紙の紙名は、かつてと同じ「長崎新聞」だった。長崎地方紙は、ここにきて政治家個人や政派から離れ、「不偏不党」を掲げ得るものとなった。それはすなわち、「雄弁」と地方紙が結びついた時代の終焉を暗示していた。

では、以上に見てきた「西岡竹次郎の時代」の歴史から、現代のわれわれは何を汲み取ることができるのか。そのことを最後に改めて、考えてみたい。

前に述べたように、「雄弁」はさほどのコストを要することなく、自らの意見を公にできる「メディア」であった。すぐれた弁舌は、聴衆を共感と熱狂の渦に巻き込んだ。こうした弁論文化は、帝国大学、私立大学、旧制高等学校はもとより、地方の青年団でも盛り上がりを見せていた。だが、今日の日本社会ではこうした現象は見られない。大学弁論部がエリート学生文化の花形であった時代は、もはや過去のものである。

とはいえ、インターネット空間では、すでに誰もが政治的意見を公にできる状況が生まれている。SNSの出現は、その動きを加速した。熱狂的な共感コメントが多く寄せられることもあれば、批判を浴びて「炎上」を招くことも少なくない。往時の演説会を思わせるものをネット空間に見出すことは、意外にたやすい。

そのゆえか、今日の政治は、SNSを無視できなくなっている。組織票ではなく浮動票の獲得が成否を決める現状では、多くの政治家がSNSを通して活動報告や政論を発信し、日々有権者の共感の獲得に勤しむのは、当然のことである。

こうしたメディア状況は右派と左派とを問わず、ポピュリズムにも結びつきやすい。複雑に入り組んだ事象を丁寧に分析したうえでの立論よりは、わかりやすさとインパクトが重んじられる。

希代の雄弁家であった竹次郎も、それとは無縁ではなかった。普通選挙や婦人参政権の議論は、大正デモクラシー期の世論に合致していた。政党解体論、戦時翼賛体制論は、既成政党に対する人々の反感や「清新」な軍部への共感、そしてナショナリスティックな心性に重なり合うものだった。大衆の耳目への心地よさという点では、総じて一貫していた。

これらの議論は、格差や不平等を批判的に問いただす意図に根差していたが、見ようによっては、「一億総中流」の時代から遠く離れた現代社会にも通じている。排外主義的なネット言説は、現代の格差やナショナリズムとも無縁ではない。国内外にも目を転じるならば、「不平等」への苛立ちが、対話不能なほどの分断や「フェイクニュース」の素地にもつながっている。

むろん、ときに二時間にもおよぶ「雄弁」と短時間でのインパクトが求められるネット・メディアを同一視することはできない。だが、文字ではなく声のみに頼る「雄弁」は、論文や著書とは異なり、複雑な分析や論理展開にはなじみにくい。いかなる大演説であろうと、共感やインパクトを重視する点で、「雄弁」は今日のネット・メディアとも意外に近い距離にある。

とはいえ、両者の相違もないわけではない。竹次郎が若かりし頃の雄弁会には、選抜が存在した。大学横断の連合演説会や地方遊説に出るには、雄弁会内の競争を経なければならなかった。そのためには、一定以上の読書量や思考力が必要とされた。あからさまな事実無根も受け入れがたかった。

また、雄弁会をはじめとする大学弁論部には、さまざまな政治的スタンスが共存していた。時期的な齟齬はあるものの、小日本主義の石橋湛山、自由主義の斎藤隆夫、アジア主義の中野正剛、社会主義の浅沼稲次郎らも雄弁会に集《つど》い、また大隈重信、高田早苗ら早稲田首脳陣のほか、安部磯雄や大山郁夫らのちの無産政党に近い教授陣が参加することも多かった。「壇下の雄弁」（野次）に対する説得性を重視せざるを得なかった点で、雄弁会をはじめとする大学弁論部は、少なくともひと頃までは、立場を超えた立論を模索する場でもあった。自らの興味関心や価値観に閉じやすいネット空間の「フィルターバブル」とは異なるものを、そこに読み込むこともできるだろう。

「西岡竹次郎の時代」と現代社会

「開発」をめぐる問題についても、「西岡竹次郎の時代」は現代にさまざまな問いかけをなしている。県知事時代の竹次郎は、離島振興や西彼杵半島開発、県内の道路整備など、「開発」に力を入れた。それは「理念」の政治というより、「実利」の政治だった。そのなかでも、竹次郎が最も重視したのが、長崎大干拓事業だった。戦後初期の長崎の食糧危機への対応を意図したこの事業は、その後紆余曲折を経て、諫早湾干拓事業へと至り、漁業者と営農者の分断や環境・防災をめぐる論争を惹起《じゃっき》した。

そこには、福島原発事故にも重なる問題系を見出すことができる。福島原発は、炭鉱閉山と地域経済の失速を背景に誘致された。これは、首都圏をはじめとする中央に電力を送り、事故のリスクを引き受ける代わりに、国からの補助金と地域雇用を導くものだった。そのひずみが一気に露見したのが、二〇一一年の福島原発事故だった。諫早湾干拓問題にも、それに通じる開発の病理を見出すことができる。「平等の希求」が、ときにいかなる危うさをもたらすのか。竹次郎の「開発」は、その困難を暗示していた。

他方で、竹次郎の階層上昇を可能にした「傍系」の学歴には、現代において汲むべきものがあるように思われる。かつてであれば、「正系ルート」からの脱落者を救い上げるものとして、私立大学専門部という「傍系ルート」が存在した。官立の高等教育機関とは異なる私立のそれは、中学中退のような「敗者」にも門戸が開かれていた。なかでも専門部はその色彩が際立っていた。

今日では、国公立・私立を問わず、大学進学のためには高校卒業の資格を必要とし、それを逸脱した者の上級学校進学は容易ではない。かりに高校を卒業したとしても、一度就職したあとに大学進学することには、困難がつきまとう。戦後のひと頃までは夜間大学や夜間課程も少なくなかったが、今日の日本ではその数は減少し、働きながら大学に通うことは難しい。放送大学や私立大学通信教育部にしても、「学び直し」「リスキリング」に資するものではあっても、一度は大学進学をあきらめた人々の「リターンマッチ」の場として、十全に機能しているとは言い難い。

教育以外に目を向けても、同様のことが言える。卒業後に就職や職業経験でつまずいた場合、新たに一定条件の正規職を得ることは容易ではない。しかも、それは学卒時の景気動向の影響を受けがちである。「就職氷河期世代」の問題も、これに起因する。さまざまな支援策が講じられようとはしているが、その苦境にある人々の生活全般を底上げするには至っていない。そこには、「敗者復活」を阻む現代社会の息苦しさが浮かび上がる。

その意味で、竹次郎の生涯は、じつは現代社会のひずみをも暗示している。竹次郎の生誕から一三〇年以上、死去してからでもすでに六五年以上が経過している。だが、そこで示唆されるものは、決して遠い過去のものではない。「敗者復活」の可能性、「平等の希求」の危うさ、「雄弁」のポピュリズム――これらは、ネット・メディアと格差が広がる現代社会をめぐる問いでもある。

西岡竹次郎はいまとなっては忘れられたメディア政治家である。メディア史やジャーナリズム史はもとより、政治史においても顧みられることは少ない。だが、長崎という地を拠点に格差を問い続けたその生涯を眺めてみると、そこには「平等」の可能性と危うさがさまざまに浮かび上がる。それは決して「雄弁」が華やかなりし過去に閉じるものではない。「西岡竹次郎の時代」は、その問いの重さを現代にも雄弁に語っている。

あとがき

二〇一〇年の夏頃、長崎県立図書館に出向き、郷土資料室で戦後初期の地元紙を閲覧したことがある。原爆被災日前後のメディア言説から、被爆体験論の変容を読み解くための資料収集であり、拙著『焦土の記憶——沖縄・広島・長崎に映る戦後』（新曜社、二〇一一年）や共編著『複数の「ヒロシマ」』（青弓社、二〇一二年）をまとめる作業の一環だった。

そこで目にとまったのが、『長崎民友新聞』（一九四七年八月一二日）所収の論説記事「公開状」だった。同年の広島市では、八月六日をはさんで「平和祭」が行われ、「お祭り騒ぎ」と評されるほど、祝祭的な行事が繰り広げられた。今日の目からすれば、眉をひそめたくなるむきもあるかもしれない。だが、「公開状」はむしろ、広島に比べて祝祭性を欠いた長崎の「八・九」のありようを嘆くものだった。その論説を記したのが、西岡竹次郎だった。地元大手紙の社主が、原爆被災日に祝祭行事を求めつつ、広島への羨望や劣等感を語っていることが、当時の筆者にはとても興味深かった。

しかし、そのときは、西岡竹次郎について、それ以上に深掘りすることはなかった。その頃は戦争体験論史を主な研究テーマとしていただけに、永井隆や山田かん、福田須磨子など、長崎文化人の思想史への関心がつよかった。

その後も、暇を見つけては、長崎県立図書館にたびたび通った。そこで、何かの待ち時間に、郷土書籍コーナーを歩きながら、書棚を漫然と眺めたことがあった。そこでたまたま目に付いたのが、『伝記西岡竹次郎』(全三巻)だった。計一二〇〇ページもの伝記がまとめられることは、著名政治家でもそうあるものではない。その意外性から、何の気なしに手に取ったのだが、そこで、先の「公開状」の著者の波乱に満ちた生涯を知ることとなった。筆舌に尽くせぬ貧困に喘ぎ、初等教育(六年)・中等教育(五年)も修了できなかったにもかかわらず早稲田大学専門部に進学したこと、新聞・雑誌社を創業し、衆議院議員・県知事にまで上り詰めたこと、普通選挙運動や婦人参政権運動にのめり込みながら、のちに戦時ファシズムや開発政治に深入りしたことなど、紆余曲折に満ちた個人史に初めてふれた。

大正期の政治史や普通選挙運動史の領域では、西岡竹次郎の名前は多少は知られているかもしれない。だが、それを専門としない筆者にとって、その存在を知ったのは、まったくの偶然だった。たまたま先の「公開状」の記事を目にし、『伝記』を手に取ることがなければ、西岡竹次郎について一書を著すことはなかっただろう。

そもそも、筆者のこれまでの仕事からすれば、西岡竹次郎という政治家の評伝を取りまとめることは、やや奇異に見えるかもしれない。筆者は、戦争体験をめぐる思想史・メディア史のほか、「格差と教養」の歴史社会学、学知とナショナリズムといった問題系を扱ってきたが、政治史には縁遠かった。むろん、関心がないわけではなかったが、新書や選書、学術書にふれることはあっても、自らの研究に直接的に関わるほどではなかった。

とはいえ、ここに書き終えてみると、改めて、これまでの自分の研究の延長というか、必然的な帰結でもあるように思う。貧困・格差、学歴、都市と地方（農村）という問題系は、『「働く青年」と教養の戦後史――「人生雑誌」と読者のゆくえ』（筑摩選書、二〇一七年）や『「勤労青年」の教養文化史』（岩波新書、二〇二〇年）の問題関心に連なるものである。旧制高校－帝国大学というルートとは異なる「傍系」の高等学歴軌道については、『司馬遼太郎の時代――歴史と大衆教養主義』（中公新書、二〇二二年）のひとつの主題だった。戦時ナショナリズムについては、最初の単著である『辺境に映る日本――ナショナリティの融解と再構築』（柏書房、二〇〇三年）のほか、日本主義を扱ったいくつかの論考でも論じている。地方メディア史や長崎近現代史への関心は、先に挙げた『焦土の記憶』の延長線上にある。そう考えると、西岡竹次郎というメディア政治家を研究することになった偶然も、じつは必然だったのかもしれない。

ただ、こうした研究関心のゆえに、「人物伝」とは異なる記述スタイルを模索したのも、事実である。政治史に重きを置くのであれば、政治家としての西岡竹次郎の軌跡と、そこに至る人生の歩みに焦点を当てるのが順当なのかもしれない。だが、筆者は政治史研究者ではなく、メディアや教育をめぐる歴史社会学に関心がある。それだけに、西岡竹次郎の生涯そのものというよりは、貧困・苦学経験やメディア経験、政治家としての歩みが相互にどのように絡み合っていたのか、そこからいかなる社会の変化やひずみを見出せるのか。そこに焦点を当てることとなった。

西岡竹次郎は、首相に就くほどの大物政治家だったわけではないが、その生涯を跡付けることで初めて見える近代史もあるように思う。「敗者復活を可能にした私学の傍系学歴」「「雄弁」と階層上昇、都市中間層、ポピュリズムの接合」「普選のリベラリズムと戦時ファシズム、開発政治の連続性」——これらは、西岡竹次郎という最貧困からのし上がったメディア政治家の軌跡にこそ、浮かび上がる。いまとなっては「無名」な政治家の歩みは、ともすれば見過ごされてきた近代日本の幾多の裂け目を映し出している。それは決して、個人史に閉じるものではない。その意味で、本書が描こうとしたのは、「西岡竹次郎伝」ではなく、「西岡竹次郎の時代」である。

＊　＊

西岡竹次郎の墓所は、長崎三大寺のひとつとして名高い大音寺《だいおんじ》（浄土宗）の一角にある。一六一七年創建の由緒ある寺院で、松平図書頭《ずしょのかみ》の墓があることでも知られている。山門をくぐり、やや長い階段を上って左手にあるのが、西岡家の墓である。本堂にほど近く、見晴らしのよい立地である。そこを二度、訪れたことがある。前著『司馬遼太郎の時代』を書き終え、今回の研究に本格的に着手した二〇二二年九月と、本書の執筆を終えた二〇二四年二月である。いつも掃き清められ、生花が活けられているのが、印象的だった。

墓所中央には、長男・西岡武夫（文部大臣・参議院議長を歴任）没後の二〇一三年一一月に建立された「西岡家之墓」があるが、その左に一九五九年に武夫が建立した「西岡竹次郎家之墓」が置かれている。

中央の真新しい墓石とは対照的に、六五年の歴史を醸すその墓碑の左側面には、「昭和三十四年西岡武夫が敬愛する父西岡竹次郎の為に建立した墓石なれば その意を大切にし ここに保存するものなり 平成二十五年十一月」と刻まれている。新自由クラブの立ち上げ（一九七六年）に関わった西岡武夫にとって、父・竹次郎の存在はじつに大きなものだったのだろう。

西岡家墓所（筆者撮影）
左端は「西岡竹次郎家の墓」、右手前は「西岡竹次郎同志の碑」

西岡家墓所の右手前には、「西岡竹次郎同志の碑」が置かれている。碑名は、西岡倶楽部の草創期からのメンバーで、『長崎民友新聞』主筆も務めた原勇の筆によるものである。竹次郎は、中央のみならず地元の政界・官界・メディアとの軋轢に、たびたびさらされてきた。貧困からのし上がったがゆえの自負や性格的な先鋭さもあった。だが、他方で、家族のみならず「同志」の信望には、厚いものがあっただろう。犬養毅や尾崎行雄らが、『青年雄弁』を立ち上げて間もない若き竹次郎を支えたのも、それに通じるものがあったのかもしれない。この墓所が竹次郎の人となりの一端を醸すものであるだけに、墓前で手を合わせながら、さまざまな思いが去来した。とくに二度目の墓参の際には、つい長く佇《たたず》んでいたような気がする。

本書は、あくまで「西岡竹次郎の時代」を描く歴史社会学の書なので、西岡竹次郎への感情移入は抑制し、なるだけ一歩引いて近現代を読み解くことを心掛けた。とはいえ、晩年期の執筆の際には、自分の感情もやや重いものとなり、「ああ、これが最後の正月なのか……」との思いがよぎることもあった。折しも二度目の墓参は、こうした気分の余韻がまだ濃厚な頃だった。

西岡竹次郎の人物像を考えるうえでは、ご令孫・西岡秀子氏に話をうかがえたことが大きかった。現職代議士の多忙さの合間を縫って、インタビューの時間を割いていただき、ご父君の故武夫氏の竹次郎への敬愛の念など、遺家族ならではの人物像を詳しくご教示いただいた。本書にそれを生かしきれたのかどうかは心もとないが、史資料を繙きながら、筆者なりに西岡竹次郎という存在を身近に感じ取ることができた。心より御礼申し上げます。

この研究を手掛けた直接的なきっかけは、佐藤卓己先生主宰のメディア政治史研究のプロジェクトに加えていただいたことだった。「格差と教養・メディア」の問題系に関心を持つようになって、一〇年以上になるが、中央・地方の政治史や私学教育史に議論を広げる面白さに気づくことができたのは、このプロジェクトで列伝執筆の機会をいただいたことによる。当初は、やや不慣れな領域に踏み込む苦労もないではなかったが、書き終えてみれば、これまでに上梓した一三冊の単著書のなかでも、かなり思い入れのある一書となった。

この列伝シリーズの著者でもある井上義和さんと片山慶隆さんには、第一稿に目を通していただき、教育史や政治史の観点から貴重なご助言をいただいた。年末・年度末の忙しい時期に時間をとらせてしまったことは、申し訳ない気持ちでいっぱいだが、史的背景の叙述を見直すうえで、お二人のアドバイスから得たものは大きかった。

院生時代からの研究仲間である谷本奈穂さん、高井昌吏さんのほか、前田至剛さん、山本昭宏さんらによる「メディア文化研究会」でも、本書の構想や草稿をたびたび発表させていただいた。人物研究に閉じない広がりを模索していただけに、文化社会学やメディア文化論など、歴史研究とは異なる観点からコメントをいただけたことは、たいへん有難かった。

本書の編集では、創元社・山﨑孝泰さんにお世話になった。以前にも共編著『知覧の誕生』（柏書房、二〇一五年）などで仕事をご一緒させていただいたが、今回もじつに手際よく編集作業を進めていただいた。厚く御礼申し上げます。

二〇二四年四月

福間良明

※本書は、科学研究費基盤研究（B）「近代日本の政治エリート輩出における「メディア経験」の総合的研究」（代表者・佐藤卓己、研究課題 20H04482）および同挑戦的研究（萌芽）「戦後日本における勤労青年の教育・教養文化に関する歴史社会学的研究」（代表者・福間良明、研究課題 20K20794）による研究成果の一部である。

参考文献一覧

・飽田町誌編纂委員会編『飽田町誌』飽田町役場・一九七二年
・天川晃ほか編『公職追放』(GHQ日本占領史6)・日本図書センター・一九九六年
・天野郁夫『高等教育の時代』上下・中公叢書・二〇一三年
・有馬学「戦争のパラダイム――斉藤隆夫のいわゆる『反軍』演説の意味」『比較社会文化』創刊号・一九九五年
・有馬学『「国際化」の中の帝国日本』(日本の近代4)・中央公論新社・一九九九年
・有馬学『帝国の昭和』(日本の歴史23)・講談社・二〇〇二年
・有山輝雄『近代日本メディア史』(Ⅰ・Ⅱ)・吉川弘文館・二〇二三年
・五百旗頭真『戦争・占領・講和』(日本の近代6)・中央公論新社・二〇〇一年
・井川直衛編『東山五拾年史』東山学院・一九三三年
・壱岐転県期成会・対馬転県期成会・壱岐対馬福岡県移管期成同盟「壱岐、対馬両島民はなぜ転県を熱望するか」・一九四六年九月(対馬総町村組合百年史編纂委員会『対馬総町村組合百年史』対馬総町村組合百年史・一九九〇年、所収)
・石橋湛山『湛山回想』岩波文庫・一九八五年
・伊東久智「明治・大正期における早稲田大学雄弁会」『早稲田大学史記要』第四三巻・二〇一二年
・伊東久智『「院外青年」運動の研究』晃洋書房・二〇一九年
・伊藤之雄『政党政治と天皇』(日本の歴史22)・講談社学術文庫・二〇一〇年
・井上寿一『政友会と民政党』中公新書・二〇一二年
・井上義和「文学青年と雄弁青年」『ソシオロジ』四五―三・二〇〇一年
・井上義和『日本主義と東京大学――昭和期学生思想運動の系譜』柏書房・二〇〇八年
・井上義和「戦時体制下の保守主義的思想運動」『日本史研究』五八〇号・二〇一〇年
・井上義和「雄弁青年と右傾学生」『大学史研究』二七号・二〇一九年

・岩手県農村文化懇談会編『戦没農民兵士の手紙』岩波新書・一九六一年
・江口礼四郎『続佐世保政治史』佐世保商工新聞社・一九五八年
・遠藤興一『田川大吉郎』（シリーズ福祉に生きる4）・大空社・一九九八年
・遠藤興一『田川大吉郎とその時代』新教出版社・二〇〇四年
・太田理一「選挙公報長崎県第一区　昭和十二年四月三十日執行衆議院議員選挙」長崎県立長崎図書館郷土資料センター所蔵
（本文では「選挙公報　第二〇回総選挙」と略記）」
・太田理一「選挙公報長崎県第一区　昭和十七年四月三十日執行衆議院議員選挙」長崎県立長崎図書館郷土資料センター所蔵
（本文では「選挙公報　第二一回総選挙」と略記）
・岡本淡山（正一）『実地東京苦学案内』学静舎・一九一一年
・奥健太郎『昭和戦前期　立憲政友会の研究』慶應義塾大学出版会・二〇〇四年
・尾崎士郎『早稲田大学』岩波現代文庫・二〇一五年（初刊は文藝春秋新社・一九五三年）
・尾崎行雄「君の欠点長所に就て」『青年雄弁』一九一八年七月号
・笠原十九司『南京事件』岩波新書・一九九七年
・加藤シヅエ『加藤勘十の事ども』加藤シヅエ・一九八〇年
・雁住又朗「長崎市に於ける青年改造連盟の演説」『青年雄弁』一九二〇年二月号
・河井常三郎「寄宿舎のころの話」西岡竹次郎伝記編纂会編『伝記　西岡竹次郎』上・西岡竹次郎伝記編纂刊行会・一九六五年
・川見禎一編『斎藤隆夫』斎藤隆夫先生顕彰会・一九五五年
・木坂順一郎『太平洋戦争』（昭和の歴史7）・小学館・一九八二年
・北岡伸一『政党から軍部へ』（日本の近代5）・中央公論新社・一九九九年
・木舎幾三郎『戦前戦後』政界往来社・一九五六年
・九州大学農学部農業経済学教室『九州農業史史料第三輯　肥後藩干拓史概説』九州大学農学部農業経済学教室・一九六七年（本

文では『肥後藩干拓史概説』と略記）
・草野重松「初の衆院選の思い出」『伝記 西岡竹次郎』上・西岡竹次郎伝記編纂刊行会・一九六五年
・工藤直太郎『武蔵野のほとりで』早稲田大学出版部・一九六一年
・黒澤良『内務省の政治史――集権国家の変容』藤原書店・二〇一三年
・講談社社史編纂委員会編『クロニック講談社の90年』講談社・二〇〇一年（本文では『講談社の90年』と略記）
・小林浩吉「一昔を顧みて」『雄弁』一九二〇年一一月号
・小林昌樹編『新聞雑誌発行部数事典――昭和戦前期 附．発禁本部数総覧』金沢文圃閣・二〇一一年
・小林道彦『桂太郎』ミネルヴァ書房・二〇〇六年
・小山正『天明村誌』小山正・一九六一年
・小山俊樹「第二次護憲運動と加藤高明内閣」筒井清忠編『大正史講義』ちくま新書・二〇二一年
・小山俊樹『五・一五事件』中公新書・二〇二〇年
・斎藤隆夫『回顧七十年』中公文庫・二〇一四年
・斎藤隆夫「支那事変処理に関する質問演説――一九四〇年二月二日、第七十五議会」『回顧七十年』中公文庫・二〇一四年
・斉藤隼人『戦後対馬三十年史』対馬新聞社・一九八三年
・酒巻源太郎『東京苦学成功案内』帝国少年会出版部・一九〇九年
・坂本正雄「野間主幹に呈して吾等青年の心事を訴ふ」『雄弁』一九一五年九月号
・櫻井良樹『加藤高明』ミネルヴァ書房・二〇一三年
・佐藤卓己『現代メディア史 新版』岩波書店・二〇一八年
・里見脩『新聞統合――戦時期におけるメディアと国家』勁草書房・二〇一一年
・篠原静交『独立自活東京苦学の栞』山岡商会出版部・一九〇九年
・清水唯一朗『原敬――「平民宰相」の虚像と実像』中公新書・二〇二一年
・清水唯一朗・瀧井一博・村井良太『日本政治史――現代日本を形作るもの』有斐閣・二〇二〇年

・衆議院事務局編『衆議院要覧 大正一二年一月』下巻・衆議院事務局・一九二三年
・衆議院事務局編『衆議院議員総選挙一覧』（第一四－二二回）・衆議院事務局・一九二四－五〇年
・衆議院・参議院編『議会制度百年史――院内会派編衆議院の部』衆議院・参議院・一九九〇年（本文では『院内会派編衆議院の部』と略記）
・衆議院・参議院編『議会制度百年史――衆議院議員名鑑』衆議院・参議院・一九九〇年（本文では『衆議院議員名鑑』と略記）
・新聞研究所『日本新聞年鑑』新聞研究所・一九二五―四二年
・季武嘉也「原敬政党内閣から普選運動へ」『大正史講義』ちくま新書・二〇二一年
・高島米峰「農村青年の苦学成功熱」『雄弁』一九一五年一月号
・高瀬航平「一八九九年文部省訓令第一二号の成立過程における学校教育と宗教の関係の再編」『宗教研究』九五－一・二〇二一年
・高橋信雄『東洋日の出新聞 鈴木天眼――アジア主義 もう一つの軌跡』長崎新聞社・二〇一九年
・竹内洋『学歴貴族の栄光と挫折』（日本の近代12）・中央公論新社・一九九九年
・竹内洋『教養主義の没落――変わりゆくエリート学生文化』中公新書・二〇〇三年
・竹内洋「帝大粛正運動の誕生・猛攻・蹉跌」竹内洋・佐藤卓己編『日本主義的教養の時代』柏書房・二〇〇六年
・竹内洋『教養派知識人の運命――阿部次郎とその時代』筑摩選書・二〇一八年
・中等教科書協会編『中等教育諸学校職員録 大正一一年』中等教科書協会・一九二六年
・鎮西学院編『鎮西学院百年史』鎮西学院・一九八一年
・鎮西学院人物伝編纂委員会編『敬天愛人の系譜――鎮西学院人物伝』鎮西学院・二〇一六年
・鎮西学院創立一一〇周年記念事業部編『鎮西学院一一〇年の歩み』鎮西学院創立一一〇周年記念事業部・一九九一年
・鎮西学院一二五周年誌編纂委員会編『鎮西学院物語』鎮西学院・二〇〇六年
・対馬総町村組合百年史編纂委員会編『対馬総町村組合百年史』対馬総町村組合・一九九〇年

・筒井清忠『昭和戦前期の政党政治』ちくま新書・二〇一二年
・筒井清忠「関東大震災後の政治と後藤新平」筒井清忠編『大正史講義』ちくま新書・二〇二一年
・筒井清忠『近代日本暗殺史』PHP新書・二〇二三年
・筒井清忠編『大正史講義』ちくま新書・二〇二一年
・都雲生「適齢に達した丁未倶楽部の歓交会」『雄弁』一九二七年四月号
・内務省警保局編『出版警察報』一一〇号・一九三七年一〇－一二月・警保局図書課（複製版・一九八二年・不二出版）
・内務省警保局編『禁止単行本目録 昭和十年－十三年』内務省警保局・一九三九年
・長崎県「「西海橋」（国指定重要文化財）」https://www.pref.nagasaki.jp/bunrui/machidukuri/doro-kotsu/saikaibashi/（二〇二四年六月三日最終閲覧）
・長崎県「長崎県の離島」https://www.pref.nagasaki.jp/shared/uploads/2024/02/1708922958.pdf（二〇二四年六月三日最終閲覧）
・長崎県議会史編纂委員会編『長崎県議会史』第五巻・長崎県議会事務局・一九六八年
・長崎県議会史編纂委員会編『長崎県議会史』第六巻・長崎県議会事務局・一九七七年
・長崎県議会史編纂委員会編『長崎県議会史』第七巻・長崎県議会事務局・一九八〇年
・長崎県警察史編集委員会編『長崎県警察史』上・長崎県警察本部・一九七六年
・長崎県警察史編集委員会編『長崎県警察史』下・長崎県警察本部・一九七九年
・長崎市史編さん委員会編集『新長崎市史』第三巻・近代編・長崎市・二〇一四年
・長崎女性史研究会編『長崎の女たち 第二集』長崎文献社・二〇〇七年
・長崎新聞社編『長崎新聞に見る 長崎県戦後50年史 1945-1995』長崎新聞社・一九九五年（本文では『長崎県戦後50年史』と略記）
・長崎新聞社社史編纂委員会編『激動を伝えて一世紀――長崎新聞社史』長崎新聞社・二〇〇一年（本文では『長崎新聞社史』と略記）
・中島岳志『朝日平吾の鬱屈』筑摩書房・二〇〇九年

・中山民也『昭和史の長崎』中山初子・一九九七年
・奈良岡聰智『加藤高明と政党政治――二大政党制への道』山川出版社・二〇〇六年
・成田龍一「田川大吉郎年譜」『民衆史研究』一四号・一九七六年
・成田龍一『大正デモクラシー』岩波新書・二〇〇七年
・南總堂編集部編『東京最近苦学良法』南總堂書店・一九一五年
・西岡武夫「長崎日日新聞社との合併にあたって」（その一・二）『長崎民友新聞』一九五九年一月五・六日
・西岡竹次郎「晴れの舞台の人たるべき田川氏のことゞも」『青年雄弁』一九一八年七月号
・西岡竹次郎「先づ青年の団結より」『青年雄弁』一九二〇年二月号
・西岡竹次郎「青年雄弁時論――議論より実際運動へ」『青年雄弁』一九二〇年二月号
・西岡竹次郎「青年雄弁時論――大正維新論」『青年雄弁』一九二〇年三月号
・西岡竹次郎「未曾有の大惨害に遭遇した同胞諸君へ」『雄弁』一九二四年二月号
・西岡竹次郎「余の政見」『実業』一九二四年六月号
・西岡竹次郎「長崎民友新聞発刊について」一九二四年一一月一日（西岡竹次郎伝記編纂会編『伝記 西岡竹次郎』上・西岡竹次郎伝記編纂刊行会・一九六五年、所収）
・西岡竹次郎「婦人参政権問題に就て」『政友』一九二八年八月号
・西岡竹次郎「音声上の秘術」『雄弁』一九二九年二月号
・西岡竹次郎「婦人公民権獲得の賛成演説」渡辺貴知郎編『議政壇上を直視して 附・第五十六帝国議会の演説集』普選徹底会出版部・一九二九年
・西岡竹次郎「長崎礼賛」『文藝春秋』一九三一年一一月号
・西岡竹次郎「選挙公報長崎県第一区 昭和十一年二月二十日執行衆議院議員選挙」長崎県立長崎図書館郷土資料センター所蔵（本文では「選挙公報 第十九回総選挙」と略記）
・西岡竹次郎「将に将たる大器」『黒木親慶君追悼伝記』黒木親慶氏追悼伝記編纂所・一九三七年

・西岡竹次郎「選挙公報長崎県第一区　昭和十二年四月三十日執行衆議院議員選挙」長崎県立長崎図書館郷土資料センター所蔵（本文では「選挙公報　第二〇回総選挙」と略記）
・西岡竹次郎「燃えてゐる上海」『文藝春秋』一九三七年一一月号
・西岡竹次郎「選挙公報長崎県第一区　昭和十七年四月三十日執行衆議院議員選挙」長崎県立長崎図書館郷土資料センター所蔵（本文では「選挙公報　第二一回総選挙」と略記）
・西岡竹次郎『占拠したる土地を戦場の兵士に与へよ』西岡竹次郎・一九三七年
・西岡竹次郎「情の武人永津鬼部隊長」『少女倶楽部』一九三七年一二月号
・西岡竹次郎「先覚者にして普選第一の功労者 中村太八郎先生」平野義太郎編『普選・土地国有論の父 中村太八郎伝』日光書院・一九三八年
・西岡竹次郎「私の雄弁修業時代――処女演説と学生時代」『雄弁』一九三九年七月号
・西岡竹次郎「久原総裁の食言」『政界往来』一九四〇年五月号
・西岡竹次郎「鳩山氏追放指定に際する慰問」一九四六年（西岡竹次郎伝記編纂会編『伝記 西岡竹次郎』下・西岡竹次郎伝記編纂刊行会・一九六五年、所収）
・西岡竹次郎「杉山知事に与うるの書」（一－二）『長崎民友新聞』一九四七年六月二一－二二日
・西岡竹次郎「県会議員諸君の猛省を促す」『長崎民友新聞』一九四七年六月二二日（「よろん」欄）
・西岡竹次郎「代議士諸君に与うるの書」（一－三）『長崎民友新聞』一九四七年六月二三－二五日
・西岡竹次郎「公開状」（上・下）『長崎民友新聞』一九四七年八月一二－一三日
・西岡竹次郎「民主主義に対する寄附金の強要」『長崎民友新聞』一九四七年一〇月二三日
・西岡竹次郎「タブロイド新聞について――お答えします」『長崎民友新聞』一九四七年一〇月二五日
・西岡竹次郎「復刊一周年を迎えて」『長崎民友新聞』一九四七年一二月一〇日
・西岡竹次郎「昭和廿三年を迎えて」『長崎民友新聞』一九四八年一月一日
・西岡竹次郎「感謝のことば――長崎民友を去るにのぞんで」（上・下）『長崎民友新聞』一九四八年四月九・一〇日

・西岡竹次郎「知事就任半歳を顧みて」『自治時報』四－一二・一九五一年
・西岡竹次郎「西岡知事の新春放談 二」『長崎民友新聞』一九五二年一月三日（以下、この連載は本文では「新春放談」と略記）
・西岡竹次郎「西岡知事の新春放談 三」『長崎民友新聞』一九五二年一月四日
・西岡竹次郎「西岡知事の新春放談 四」『長崎民友新聞』一九五二年一月五日
・西岡竹次郎「西岡知事の新春放談 五」『長崎民友新聞』一九五二年一月六日
・西岡竹次郎「西岡知事の新春放談 七」『長崎民友新聞』一九五二年一月一〇日
・西岡竹次郎「西岡知事の新春放談 一二」『長崎民友新聞』一九五二年一月一九日
・西岡竹次郎「西岡知事の新春放談 一三」『長崎民友新聞』一九五二年一月二一日
・西岡竹次郎「民選知事と官僚知事の相違」『政界往来』一九五二年一月号
・西岡竹次郎「続知事放談 五」『長崎民友新聞』一九五二年三月二日
・西岡竹次郎「新聞特権への抗議」『政界往来』一九五二年一〇月号
・西岡竹次郎「長崎－大牟田連絡路開発について」『港湾』一九五三年三月号
・西岡竹次郎「ピカドン後の長崎」『政界往来』一九五三年四月号
・西岡竹次郎「長崎県の観光」『公園緑地』一九五三年四月号
・西岡竹次郎「祝辞・挨拶」『政界往来』一九五四年一月号
・西岡竹次郎「私の学生時代」『政界往来』一九五四年四月号
・西岡竹次郎「長崎物語――税金をとらなかった港」『政界往来』一九五五年一月号
・西岡竹次郎「若かりし頃の一こま」磯矢隆輔編『鹿垣――公務員随筆集』書肆飛龍閣・一九五五年
・西岡竹次郎「「忘れ得ぬ慕情」に出て」『政界往来』一九五六年一〇月号
・西岡竹次郎「日本港湾協会の総会に当つて」『港湾』一九五六年一〇月号
・西岡竹次郎「長崎県勢の全貌」『港湾』一九五六年一〇月号
・西岡竹次郎（長崎県知事）「長崎大干拓について」長崎県・一九五四年七月（長崎県立長崎図書館郷土資料センター所蔵）

・西岡竹次郎（長崎県知事）「西彼杵開拓道路事業の国営化に関する陳情書」一九五七年一一月（長崎県立長崎図書館郷土資料センター所蔵）
・西岡竹次郎ほか「座談会 われ等は何故政党革新を叫ぶか」『政界往来』一九三七年四月号
・西岡竹次郎ほか「上海戦線視察代議士座談会」『政界往来』一九三七年一一月号
・西岡竹次郎ほか「座談会 支那をどうする」『文藝春秋』（事変・第五増刊）・一九三七年一二月号
・西岡竹次郎ほか「座談会 斎藤問題」『政界往来』一九四〇年四月号
・西岡竹次郎ほか「座談会 食糧問題について」（一－五）『長崎民友新聞』一九四七年八月一－五日
・西岡竹次郎ほか「対談 電燈もんだいについて」（一－四）『長崎民友新聞』一九四七年一一月一三－一六日
・西岡竹次郎ほか「座談会 長崎民友の創刊を語る」『長崎民友新聞』一九五四年一一月二四日
・西岡竹次郎ほか「座談会 闘いの歴史・民友三十年」『長崎民友新聞』一九五四年一一月二四日
・西岡竹次郎伝記編纂会編『伝記 西岡竹次郎』全三巻・西岡竹次郎伝記編纂刊行会・一九六五－六八年（本文では『伝記』上中下と表記）
・西岡竹次郎伝記編纂会編『西岡竹次郎年譜――伝記西岡竹次郎下巻付録』西岡竹次郎伝記編纂刊行会・一九六八年（本文では『年譜』と表記）
・西日本新聞社『西日本新聞百年史』西日本新聞・一九七八年
・西日本新聞社編『西日本新聞百二十年史』西日本新聞社・一九九七年
・西日本水害調査研究委員会編『昭和二八年西日本水害調査報告書』土木学会西部支部・一九五七年
・則元卯太郎「重藤鶴太郎・本田英作離党の件」（植木元太郎宛）一九三八年五月六日・長崎県立長崎図書館郷土資料センター所蔵
・橋川文三『昭和ナショナリズムの諸相』名古屋大学出版会・一九九四年
・服部龍二『広田弘毅――「悲劇の宰相」の実像』中公新書・二〇〇八年
・花田準一「一代の風雲児――悪人でない西岡君」西岡竹次郎伝記編纂会編『伝記 西岡竹次郎』上・西岡竹次郎伝記編纂刊行

会・一九六五年
・馬場元治「選挙公報長崎県第一区　昭和十七年四月三十日執行衆議院議員選挙」長崎県立長崎図書館郷土資料センター所蔵（本文では「選挙公報 第二一回総選挙」と略記）
・原勇「創刊当時の想い出」『長崎民友新聞』一九五四年一一月二四日
・百年史編集委員会編『早稲田大学雄弁会百年史』早稲田大学雄弁会OB会・二〇〇二年（本文では『雄弁会百年史』と略記）
・福田修「磨屋町夜学校の研究」『山口大学教育学部研究論叢 第三部』四七号・一九九七年
・福間良明『「戦争体験」の戦後史』中公新書・二〇〇九年
・福間良明『焦土の記憶――沖縄・広島・長崎に映る戦後』新曜社・二〇一一年
・福間良明「昭和の日本主義」山口輝臣・福家崇洋編『思想史講義 戦前昭和篇』ちくま新書・二〇二二年
・古川隆久『戦時議会』吉川弘文館・二〇〇一年
・古川隆久『政治家の生き方』文春新書・二〇〇四年
・星島二郎「実現期に入つた婦選問題」『政友』一九二九年一月号
・本田英作「選挙公報長崎県第一区　昭和十七年四月三十日執行衆議院議員選挙」長崎県立長崎図書館郷土資料センター所蔵（本文では「選挙公報 第二一回総選挙」と略記）
・毎日新聞西部本社（柳本見一）編『激動二十年――長崎県の戦後史』毎日新聞西部本社・一九六五年（復刻版、葦書房・一九九四年）
・前田哲男『戦略爆撃の思想』（新訂版）・凱風社・二〇〇六年
・松田恵美子「近代日本女性の政治的権利獲得運動」『名城法学』七一―一・二〇二一年七月
・真辺将之「大隈内閣成立と大隈ブーム」筒井清忠編『大正史講義』ちくま新書・二〇二一年
・源川真希『総力戦のなかの日本政治』（日本近代の歴史6）・吉川弘文館・二〇一七年
・御厨貴『明治国家の完成』（日本の近代3）中央公論新社・二〇〇一年
・御手洗辰雄『伝記 正力松太郎』大日本雄弁会講談社・一九五五年

・宮崎亀千代「雲仙あれこれ――西岡さんを中心に」西岡竹次郎伝記編纂会編『伝記 西岡竹次郎』中・西岡竹次郎伝記編纂刊行会・一九六五年
・村井良太『政党内閣制の成立――一九一八～二七年』有斐閣・二〇一四年
・村上兵衛「戦中派はこう考える」『中央公論』一九五六年四月号
・村瀬信一「大正政変――第一次護憲運動」筒井清忠編『大正史講義』ちくま新書・二〇二一年
・明治学院百五十年史編集委員会『明治学院百五十年史』明治学院・二〇一三年
・文部省『学制百年史』記述編・資料編・帝国地方行政学会・一九七二年
・文部省調査局『日本の成長と教育』文部省・一九六二年
・吉見義明・横関至編『資料日本現代史』第五巻・大月書店・一九八一年
・早稲田大学『早稲田大学一覧 大正二年』早稲田大学・一九一三年
・早稲田大学大学史編集所編『早稲田大学百年史』第一巻・早稲田大学出版部・一九七八年
・早稲田大学大学史編集所編『早稲田大学百年史』第二巻・早稲田大学出版部・一九八一年
・渡邊貴知郎「雄弁練習時代の思ひ出」『雄弁』一九二〇年一一月号
・渡辺清「私の戦争責任」『わだつみのこえ』第三号・一九六〇年
・「早稲田大学雄弁会の設立」『早稲田学報』七八号・一九〇二年一二月
・「丁未倶楽部懇親会」『雄弁』創刊号・一九一〇年二月
・「青年改造連盟九州遊説日記」『青年雄弁』一九二〇年新年号
・「日比谷原頭の大獅子吼」『青年雄弁』一九二〇年新年号
・「第五十九回帝国議会衆議院労働組合法案外一件委員会議事録（速記）第四回」一九三一年二月二八日（本文では「労働組合法案外一件委員会議事録 第四回」と略記）
・「第五十九回帝国議会衆議院国立公園法案委員会議事録（速記）第六回」一九三一年三月九日（本文では「国立公園法案委

員会議事録 第六回」と略記）
・植木家資料「衆議院議員立候補のあいさつ」一九三六年二月・長崎県立長崎図書館郷土資料センター所蔵（倉成庄八郎「立候補の御あいさつ」および西岡竹次郎による推薦文書も同封）
・「第七十三回帝国議会衆議院国家総動員法案委員会議事録（速記）第十四回」一九三八年三月一六日（本文では「国家総動員法案委員会議事録 第十四回」と略記）
・「知事三面鏡――政界の古強者」『時事通信 日刊時事解説版』一九五一年六月一四日
・「誤報につき読者に陳謝す」『長崎民友新聞』一九五二年四月一一日
・「金的をねらう顔⑧――馬場元治氏」『長崎民友新聞』一九五五年二月一一日
・「切捨御免――西岡ハル」『西九州』（佐世保商工新聞社）・一九六一年三月号
・「被爆25周年・新聞づくりの裏話」『長崎新聞』一九七〇年八月八日
・「女性山河（一）――西岡ハル」『長崎新聞』一九七三年二月二日夕刊
・「特集 長崎の女」『長崎文化』（長崎国際文化協会）三六号・一九七七年六月号
・「諫早湾干拓とは？・」『朝日新聞』二〇二二年三月二五日

西岡竹次郎　略年譜

※西岡竹次郎が執筆した論説や対談記事のほか、比較的まとまった談話記事については、＊印を付している。
※戦前期の『長崎民友新聞』については、所蔵がほぼ見当たらないため、入手できたごく一部のみを挙げている。

一八九〇（明治二三）年（〇歳）
五月二八日　長崎市銀屋町六五番地に、牛島常次郎・マツの次男として生まれる。ほどなく隣家の西岡伊三次・カネ夫婦の養子となる。

一八九二（明治二五）年（二歳）
養父・西岡伊三次が病を得て、伏せがちになり、勤務していた郵便局を退職。その後、親戚を頼って、熊本県飽託郡海路口村に養父母とともに移り住む。
四月一八日　養父・伊三次、病没（四一歳）。以後、養母カネは針仕事などで生計を立てる。
四月一九日　実家・牛島家で三男・庄八郎生まれる（のちに倉成家の養子に）。

一八九六（明治二九）年（六歳）
海路口村小学校に入学。
一〇月二日　義妹・ノブ生まれる（父親不詳）。

一八九八（明治三一）年（八歳）
養母・カネ、リウマチのため身体の自由がきかなくなり、生計が困難になる。竹次郎が行商などで生計を立て、養母と義妹の生活を支える。

一九〇〇（明治三三）年（一〇歳）
小学校の勉学のかたわら、行商などで養母・義妹の生計を支えていたことで、村役場で表彰される（駐在巡査の推薦）。すでに義務教育（尋常小学校四年）を終える年齢だが、卒業は定かではない。

一九〇三（明治三六）年（一三歳）
「孝行竹次郎」として熊本県知事表彰を受け、『九州日報』で報じられる（掲載日不詳）。これを機に実家・牛島家は竹次郎の消息を把握し、竹次郎との再会を果たす。

一九〇五（明治三八）年（一五歳）
養母・カネ死没（四七歳）。長崎市中川町八〇番地の実家・牛島家に義妹とともに引き取られる。新聞配達、行商、三菱造船職工などをしながら、磨屋町夜学校に通う。

一九〇六（明治三九）年（一六歳）
技能養成を目的とする三菱工業予備学校に通う。大浦出雲町の吉岡牧場に住み込み、牧夫として働く。

一九〇七（明治四〇）年（一七歳）
一二月一七日　実父・牛島常次郎死没（六六歳）。

一九〇八（明治四一）年（一八歳）
前年に中学校として認定されたばかりの私立東山学院に、二年次編入する。新聞・牛乳配達のかたわら、学業と弁論部の活動に勤しむ。校内弁論大会で「グラッドストーンの雄弁」と題した演説を行い、受賞する。クリスチャンの漢文教師・草野芳槌に傾倒し、キリスト教に関心を抱く。

一九一〇（明治四三）年（二〇歳）
八月　東山学院で同盟休校事件が生じ、竹次郎らが主導する。
九月　草野芳槌が東京神学社で学ぶために同校退職（のちに復職）するのと時を同じくして、竹次郎も東山学院を中途退学する。

一九一一（明治四四）年（二一歳）
四月　ミッション系の鎮西学院に四年次編入。二カ月後に肺結核のために中途退学。
六月頃　遠戚を頼って朝鮮・鎮南浦に渡る。新義州の駅員として勤務。
七月　鉄道を辞め、税関雇員として働く。この頃から現地の日本基督教会に出入りする。

一九一二（明治四五・大正元）年（二二歳）
三月　進学を志し、上京する。新聞・牛乳配達で生計を立てる。
九月　早稲田大学専門部法律科に入学。田川大吉郎の書生となる。以後、雄弁会で演説に熱を入れる。

一九一四（大正三）年（二四歳）
二月　早稲田大学寄宿舎に転居。
四月　田川大吉郎の紹介で都新聞社に入社（校正係など）。
六月　第二次大隈内閣成立（四月）に伴い、大隈伯後援会が結成され、各地で選挙応援演説に出向く。のちに、寄宿舎弁論部「梓会」を立ち上げる。
この頃、吉岡牛乳店の娘・吉岡シズ子と同棲生活を始める。
八月　久留米連隊に入隊（三カ月で除隊）。シズ子、長崎に帰郷。

一九一五（大正四）年（二五歳）
早稲田大学雄弁会幹事となる。大隈伯後援会の遊説部員として、衆院選に向けて各地で弁を振るう。
一二月　妻シズ子、長崎にて病没。婚姻届と死亡届を同時に提出。

一九一六（大正五）年（二六歳）

三月　早稲田大学寄宿舎長排斥運動の先頭に立つ。
七月　早稲田大学専門部法律科を卒業。
九月　『青年雄弁』を創刊し、社長兼主筆となる。

一九一七（大正六）年（二七歳）

四月　長崎市での応援演説中に、寺内正毅政権下での田川大吉郎弾圧を批判し、拘引・収監される。
五月　北昤吉の論文を『青年雄弁』に掲載したことが新聞紙法にふれ、罰金処分を受ける。
六月－九月　早稲田騒動がおこる。石橋湛山らとともに天野派の先頭に立ち、同盟休校と大学占拠を主導する。

一九一八（大正七）年（二八歳）

＊「晴れの舞台の人たるべき田川氏のことゞも」『青年雄弁』一九一八年七月号

一九一九（大正八）年（二九歳）

一月　普選期成同盟会幹事に就任する。
二月　全国学生同盟会などとともに一八の大学・専門学校の学生三〇〇〇名を集めて普選促進示威運動を実施。
一一月二日　青年改造連盟を結成し、常任委員となる。発会大会を日比谷公園で開催する。
一一月三日　青年改造連盟委員七名とともに首相・原敬に面会し、普通選挙実現を要求。
一一月七日　青年改造連盟委員一〇〇名あまりで憲政会総裁・加藤高明宅に押しかけ、普選への消極姿勢を咎めて引退勧告をなす。
一一月一九日　憲政会本部で浜口雄幸、安達謙蔵ら幹部に普選実現を要求する。
一一月二七日－一二月一〇日　青年改造連盟の九州遊説班員として、九州各地にて巡回演説を行う。感銘を受けた朝日平吾が同行。

一九二〇（大正九）年（三〇歳）

＊「先づ青年の団結より」『青年雄弁』一九二〇年一月号
二月一日　両国国技館で青年改造連盟主催の「普選促進全国青年大会」を開催し、来場者は三万人に達する。銀座街頭でデモを行う。
二月二日　青年改造連盟や小石川労働会関係者二十数名とともに、床次竹二郎内相に面会し、普選問題で糾弾する。
この頃、朝日平吾が東京の竹次郎宅を訪れ、半年ほど居候する。

＊「青年雄弁時論――議論より実際運動へ」『青年雄弁』一九二〇年二月号

＊「青年雄弁時論――大正維新論」『青年雄弁』一九二〇年三月号

五月一〇日　第一四回総選挙で原政友会が圧勝。竹次郎は被選挙権年齢に達しないものの、東京一〇区（小石川）で立候補を届け出る（不受理）。

この頃、ハダカクラブ（西岡倶楽部の前身）が生まれ、北川久次郎、原勇ら長崎の同志が竹次郎の支援のために結集する。

＊「青年雄弁時論――我等は勝たざる可らず」『青年雄弁』一九二〇年五月号

＊「青年雄弁時論――現代社会の倫理的基調 成功主義を排す」『青年雄弁』一九二〇年六月号

＊「民衆の勝利」『青年雄弁』一九二〇年六月号

＊「青年雄弁時論――物価下落と社会的不安」『青年雄弁』一九二〇年七月号

＊「青年雄弁時論――新人とは此の如きものか 中野正剛君に詰問す」『青年雄弁』一九二〇年九月号

一九二一（大正一〇）年（三一歳）

八月四日　神戸港より英国留学に出発。ロンドン大学等で学ぶ。

一九二四（大正一三）年（三四歳）

一月　衆議院解散を見越して、立候補のためアメリカ経由で帰国の途につく。

二月六日　横浜港に入港。

＊「未曾有の大惨害に遭遇した同胞諸君へ」『雄弁』一九二四年二月号

三月　衆議院選挙出馬表明（長崎一区）。

五月一〇日　第一五回衆議院総選挙で初当選。長崎一区で最多得票を獲得。

五月一三日「長崎の六大問題」につき、選挙違反で憲政会・本田英作より告訴される。

五月三〇日　中正倶楽部の立ち上げに参加する。

＊「余の政見」『実業』一九二四年六月号

七月一二日　第四九議会衆議院本会議で普通選挙法案提案説明の演説を行う。

一一月二四日『長崎民友新聞』創刊（長崎市大浦町）。社長兼主筆に。

一九二五（大正一四）年（三五歳）

二月二〇日　選挙違反により大審院で罰金五〇円の判決を受け、代議士失格となる。

四月一一日　『佐世保民友新聞』創刊（佐世保市島瀬町）。

一九二六（大正一五・昭和元）年（三六歳）

四月一九日　『長崎民友新聞』に「天草の生んだ名花珍しき孝行芸者」が掲載され、不敬事件を引き起こす。

五月　政友会に入党。

六月　不敬事件により長崎民友新聞社社長を一時、引責辞任。

一九二七（昭和二）年（三七歳）

四月二二日　長崎県議選補欠選挙で実弟・倉成庄八郎当選。

八月九日　長女・晶子生まれる。

一〇月　長崎市での電車運賃値上げ反対の市民大会で中心的な役割を果たし、長崎電軌鉄道と対立。

一九二八（昭和三）年（三八歳）

二月二〇日　普通選挙法による初の衆議院総選挙（第一六回）。長崎一区で最高点で当選（二回目）。

五月　政友会幹事となる。

＊「御あいさつの言葉――知事公選について私の感じのまゝを」「婦人の選挙権について 長崎の御婦人にさゝぐ――私の気持ちのまゝを」「嬢ちゃん、ぼっちゃんに暑中おみまい」『中央新聞』一九二八年八月一五日

＊「婦人参政権問題に就て」『政友』一九二八年八月号

一九二九（昭和四）年（三九歳）

二月七日　第五六帝国議会に婦人公民権権法案を提出し、提案理由の説明演説を行う（衆議院本会議）。

＊「音声上の秘術」『雄弁』一九二九年二月号

九月一五日　『長崎民友新聞』は『福岡日日新聞』の姉妹紙となり、夕刊紙に転じる。

＊「婦人公民権獲得の賛成演説」渡辺貴知郎編『議政壇上を直視して 附・第五十六帝国議会の演説集』普選徹底会出版部、一九二九年

一九三〇（昭和五）年（四〇歳）

二月二〇日　第一七回衆議院総選挙で当選（三回目）。長崎一区で得票数第二位。

一二月　政友会政務調査会理事に就く。

一九三一（昭和六）年（四一歳）

衆議院国立公園法案委員会にて、同法成立と雲仙国立公園指定に奔走。

＊「雲仙の国立内定は慶びに堪えぬが阿蘇と一丸は不利甚し」『長崎民友新聞』一九三一年六月七日

＊「長崎礼賛」『文藝春秋』一九三一年一一月号

一九三二（昭和七）年（四二歳）
二月二〇日　第一八回衆議院総選挙（長崎一区）で最高点で当選（四回目）。
八月　政友会院内総務に就任。
一〇月一六日　長崎南座で雲仙国立公園指定祝賀演説会を開催。

一九三三（昭和八）年（四三歳）
三月二八日　市議選で西岡倶楽部より二八名が立候補し、一五名が当選、市議会で最大勢力に。
六月七日　選挙違反（三月市議選）及び菊花紋章菓子事件の容疑で、浦上刑務所に収監される。
六月二五日　妻ハル、チフスと急性肝炎のため、危篤に陥る。

一九三四（昭和九）年（四四歳）
一〇月一九日　選挙違反及び菊花紋章菓子事件で無罪判決（第二審長崎控訴院）。
一一月二五日　竹次郎を慰労する「雪冤会」が、東京会館で開かれる。
一二月　『長崎新聞』を名誉棄損で告訴。

一九三五（昭和一〇）年（四五歳）
＊「御詫と感謝のごあいさつ——信ずる人の心を裏切らなかつた喜び」『中央新聞』一九三五年六月七日
一〇月一二日、永野ハルと正式に結婚。媒酌人は、政友会の松野鶴平・大崎清作。

一九三六（昭和一一）年（四六歳）
二月一二日　長男・武夫生まれる。
＊「弟倉成庄八郎のためにあなたの御同情に御すがり申す」一九三六年二月（倉成庄八郎「衆議院議員立候補の御あいさつ」所収）
二月二〇日　第一九回総選挙に、実弟・倉成庄八郎とともに出馬し、ともに当選（竹次郎は最高得票を獲得、当選五回目）。

一九三七（昭和一二）年（四七歳）
四月三〇日　第二〇回総選挙に長崎一区より倉成庄八郎、太田理一とともに出馬し、全員当選（竹次郎は馬場元治に次ぐ得票第二位で、当選六回目）。
＊座談会「われ等は何故政党革新を叫ぶか」『政界往来』一九三七年四月号
九月一一－二〇日　衆議院議員皇軍慰問団の団長として上海戦線を視察。
九月二一日－一〇月二日　衆議院議員皇軍慰問団の団長として、台湾駐屯軍を訪問。
＊『占拠したる土地を戦場の兵士に与へよ』自費出版、一九三

七年一一月（憲兵隊に押収され、即日発禁処分）。
＊座談会「上海戦線視察代議士座談会」『政界往来』一九三七年一一月号
＊「燃えてゐる上海」『文藝春秋』一九三七年一一月号
＊「情の武人永津鬼部隊長」『少女倶楽部』一九三七年一二月号
＊座談会「支那をどうする」『文藝春秋』（事変・第五増刊）一九三七年一二月臨時増刊号
＊「将に将たる大器」黒木親慶氏追悼伝記編纂所編『黒木親慶君追悼伝記』黒木親慶氏追悼伝記編纂所、一九三七年

一九三八（昭和一三）年（四八歳）

三月一六日　衆議院国家総動員法案会で賛成演説を行う。
四月二二日　実弟・倉成庄八郎、急逝。
五月一日　民政党長崎支部重鎮の本田英作・重藤鶴太郎が離党し、政友会西岡派に合流。
八月一四日－九月二五日　衆議院視察団の団長として、大野伴睦らとフィリピン、台湾、南洋諸島方面を視察。
＊「華僑らのデマで南洋では恐日病——西岡代議士の土産話」『大阪朝日新聞』（長崎版）一九三八年一〇月一六日
一二月三〇日　二女・松子生まれる
＊「先覚者にして普選第一の功労者 中村太八郎先生」平野義太郎編『普選・土地国有論の父 中村太八郎伝』日光書院、一九三八年

一九三九（昭和一四）年（四九歳）

四月　政友会、中島派と久原派に分裂。竹次郎は久原派に所属。
五月　政友会長崎支部本流（山田派）が政友会西岡派に合流し、政友会長崎支部が統一。竹次郎は同支部長に就任。
＊「私の雄弁修業時代——処女演説と学生時代」『雄弁』一九三九年七月号
九月　阿部信行内閣の海軍政務次官に就任。

一九四〇（昭和一五）年（五〇歳）

一月　海南島、広東方面を視察。
一月一四日　阿部信行内閣総辞職に伴い、海軍政務次官を退任。
二月二日　民政党代議士・斎藤隆夫「反軍演説」。以後、竹次郎は斎藤除名運動の急先鋒に。
三月二四日　斎藤除名問題をめぐって政友会久原派総裁・久原房之介を批判し、本田英作や向井倭雄らとともに脱党。
三月二五日　政友会中島派ほか各派有志とはかり、聖戦貫徹議員連盟を結成。
＊座談会「斎藤問題座談会」『政界往来』一九四〇年四月号
＊「久原総裁の食言」『政界往来』一九四〇年五月号

一一月 『長崎民友新聞』『長崎日日新聞』に対し、県警察部長よる合併命令。
一二月二三日 二男・辰夫生れる。
一二月二六日 外国為替管理法違反事件で長崎地方検事局に起訴される。

一九四一（昭和一六）年（五一歳）

一〇月三一日 外国為替管理法違反事件につき、長崎地裁で禁固五カ月、執行猶予二年の有罪判決。竹次郎は控訴。

一九四二（昭和一七）年（五二歳）

三月三〇日 新聞統合をめぐる選挙干渉で、西岡陣営及び長崎民友新聞社首脳の田中丈平らが収監される。
四月一日 『長崎民友新聞』『長崎日日新聞』『軍港新聞』『島原新聞』が統合され、『長崎日報』が創刊される（長崎県における一県一紙の成立）。
四月四日 翼賛選挙に非推薦で立候補。
＊「翼賛議会建設のために――立候補の御あいさつ」（発行・西岡竹次郎）、一九四二年四月頃
四月八日 東京から長崎駅に降り立つと同時に、選挙違反容疑で拘引、浦上刑務所に収監。
四月三〇日 翼賛選挙（第二一回衆議院総選挙）で次点で落選。
六月二三日 三男・正剛生れる。
六月三〇日 外国為替管理法事件につき、長崎控訴院で有罪判決。

一九四三（昭和一八）年（五三歳）

二月一七日 貴族院予算委員会で、翼賛選挙における竹次郎らへの選挙干渉が問題視される。
四月二六日 外国為替管理法事件につき、大審院は原審判決を破棄し、広島控訴審に移送。
六月一三日 三男・正剛死去。

一九四四（昭和一九）年（五四歳）

三月一三日 衆院選選挙違反事件につき、大審院で無罪判決。
四月二四日 外国為替管理法事件につき、広島控訴院で無罪判決。
九月 長崎日報社取締役会長に就任。

一九四五（昭和二〇）年（五五歳）

三月一〇日 東京・市ヶ谷の自宅、空襲により一部消失。
四月二八日 一家で雲仙に疎開。
五月二五日 空襲により東京自宅全焼。
七月一日 『長崎日報』から『長崎新聞』に紙(社)名変更。
八月六日 東京から第二総軍司令部（広島）を訪れる途中で、広島に原爆投下。惨状を目の当たりにする。長崎に戻り、

県知事に対策の必要性を建言（八日）。

八月九日　長崎に原爆投下。雲仙の疎開先に向かっていたため、直接被災を免れる。長崎新聞社は全焼し、新聞発行不能に。

八月一四日　日本政府、ポツダム宣言受諾（翌日、玉音放送）。

九月一四日　『長崎新聞』、自社印刷再開。

＊「新長崎再建の道」（上・中・下）『長崎新聞』一九四五年九月二五－二七日

＊「新日本再建の道」（上・下）一九四五年一〇月（掲載紙不詳）

一九四六（昭和二一）年（五六歳）

一月四日　日本自由党長崎県支部結成、支部長に就任。衆院選出馬を準備。

四月二日　公職追放に伴い、衆院選出馬を断念。

四月一七日　自由党脱退と政界引退の声明を発す。

四月二一日　四男・公夫生れる。

五月一〇日　長崎新聞争議、勃発。

一二月九日　長崎新聞社は解散し、四社に分離。

一二月一〇日　『長崎民友新聞』を創刊し、竹次郎は同社の社長に。

＊「発刊の辞――われらのゆく道」『長崎民友新聞』一九四六年一二月一〇日

一九四七（昭和二二）年（五七歳）

三月　長崎民友新聞社社長を辞任（公職追放G項指定のため）。

＊「杉山知事に与うるの書」（一・二）『長崎民友新聞』一九四七年六月二一・二二日

＊「県会議員諸君の猛省を促す」『長崎民友新聞』一九四七年六月二二日（「よろん」欄）

＊「代議士諸君に与うるの書」（一－三）『長崎民友新聞』一九四七年六月二三－二五日

＊「田代副知事に注文四カ条」『長崎民友新聞』一九四七年七月一五日

＊座談会「食糧問題について」（一－五）『長崎民友新聞』一九四七年八月一－五日（県知事・副知事と西岡竹次郎の会談録、第四回より「西岡・知事・副知事問答」に見出し変更）

＊「公開状（上）平和祭は物語る　長崎のありのままの姿を」『長崎民友新聞』一九四七年八月一二日

＊「公開状（下）法のどれいとなつている長崎の官僚政治」『長崎民友新聞』一九四七年八月一三日

＊「貿易再開について」『長崎民友新聞』一九四七年八月一四日

＊「民主主義に反する寄附金の強要」『長崎民友新聞』一九四七年一〇月二三日（「よろん」欄）

＊「タブロイド新聞について――お答えします」『長崎民友新聞』一九四七年一〇月二五日（「よろん」欄、紙面や版型について

の読者からの質問に対して）
＊「西岡・赤羽九配支店長会見」（一－四）『長崎民友新聞』一九四七年一一月一三－一六日（電力不足問題に関するインタビュー記事）
＊「復刊一周年を迎えて」『長崎民友新聞』一九四七年一二月一〇日

一九四八（昭和二三）年（五八歳）

＊「昭和廿三年を迎えて」『長崎民友新聞』一九四八年一月一日
三月一一日　海軍政務次官、新聞社社長であったことにつき、追放該当者に指定される。
四月一〇日　長崎民友新聞社を離れる。
＊「感謝のことば――長崎民友を去るにのぞんで」（上・下）『長崎民友新聞』一九四八年四月九・一〇日
一〇月八日　妻ハル、常務取締役として長崎民友新聞社に入社（のちに社長に就任）。

一九五〇（昭和二五）年（六〇歳）

一〇月一三日　追放解除。
＊「よろこびを語る西岡さん――ただ感謝の涙で一ぱい」『長崎民友』一九五〇年一〇月一四日
一一月五日　長崎民友新聞社社長に復帰。
＊「自由の身となつて――はじめて筆をとる御あいさつ」『長崎民友新聞』一九五〇年一二月一日
＊「自由の身となつて――はじめて筆とる御あいさつ」『夕刊ナガサキ』一九五〇年一二月二日（タイトルは前日の『長崎民友新聞』掲載のものとほぼ同じだが、文章や字句は若干異なっている）
＊「編集者をケイベツされた中山君に答う――長崎民友本来の使命について」『夕刊ナガサキ』一九五〇年一二月五日
＊「見学団の記事について、お答え」『長崎民友新聞』一九五〇年一二月八日
＊「川南問題に就いて」『長崎民友新聞』一九五〇年一二月二九日

一九五一（昭和二六）年（六一歳）

＊「年頭の辞――つり鐘としゅ木」『長崎民友新聞』一九五一年一月一日
一月一〇日　自由党長崎県支部長に着任。
四月三〇日　長崎県知事選挙に出馬し、当選。
＊「〝魂の糧を失った〟――西岡新知事談」『長崎民友新聞』一九五一年五月三日（『長崎の鐘』などの著者である永井隆の死去に際しての談話）
五月七日　県知事として初登庁と記者会見。
＊「全てをよろこんで――西岡知事県民へ第一声」『夕刊ナガ

サキ』一九五一年五月九日

＊「自力復興で報いん――原爆の日に県民へ声明」『長崎民友新聞』一九五一年八月一〇日

＊「知事さん・よろんに答う――長崎市の助役問題 干渉や圧力など加えない」『夕刊ナガサキ』一九五一年八月九日（NHK長崎「県政の時間」の要旨報道）

＊座談会「講和後の産業再建の道――西岡知事を囲んで市長会談」『長崎民友新聞』一九五一年九月九日

＊「国境の第一線対馬を見る」（上・下）『エコノミスト』一九五一年一〇・一一月

＊「知事就任半歳を顧みて」『自治時報』四―一二、一九五一年一二月号

＊対談「昭和二十六年を顧みて――西岡知事、七カ月の苦労話」『夕刊長崎民友』一九五一年一二月二八日

一九五二（昭和二七）年（六二歳）

＊「年頭の辞（西岡県知事）日本一の長崎県を」『長崎民友新聞』一九五二年一月一日（同日の『夕刊長崎民友』にも再掲）

＊「誇りと責任を持て――西岡知事県庁御用始め式で激励」『夕刊長崎民友』一九五二年一月六日

＊「民選知事と官僚知事の相違」『政界往来』一九五二年一月号

＊「西岡知事の新春放談」（一―一三）『長崎民友新聞』一九五二年一月一日―二一日

＊「続知事放談」（一―五）『長崎民友新聞』一九五二年二月二四日―三月二日

＊「尾崎〔行雄〕先生の全快を確信します」『長崎民友新聞』一九五二年二月六日（NHK長崎「県政の時間」の要旨報道）

＊「長崎から肺病追放」『夕刊長崎民友』一九五二年二月一六日

＊「漁船拿捕に国家補償――西岡知事談」『夕刊長崎民友』一九五二年二月二一日

＊「知事から県民にお祝い――完遂まであと一息 農家のご苦労に感謝」『長崎民友新聞』一九五二年三月一三日（NHK長崎「県政の時間」の要旨報道）

＊「県民の幸福が私の希い」『長崎民友新聞』一九五二年四月三日（NHK長崎「県政の時間」の要旨報道）

四月一〇日　長崎復興平和博覧会（長崎民友新聞社主催）が開会（六月一八日まで）。

＊「何を以て報いんか――西岡知事追悼の辞」（県下戦没者合同慰霊祭）『長崎民友新聞』一九五二年五月七日

＊「巣鴨におられる郷土人を訪ねて」『長崎民友新聞』一九五二年七月五日

＊「長崎県の財政は健全なり――なぜウソを書くか 県民を迷わすためか」『長崎民友新聞』一九五二年八月二日

一〇月三〇日　長崎大干拓の計画を『長崎民友新聞』紙上に

て発表。
＊「新聞特権への抗議」『政界往来』一九五二年一〇月号
＊「食糧自給対策についての建言」（長崎県知事・西岡竹次郎）、一九五二年頃

一九五三（昭和二八）年（六三歳）

＊「今年は仕事をする」（年頭談話）『長崎民友新聞』一九五三年一月一日
＊「長崎－大牟田連絡路開発について」『港湾』一九五三年三月号
四月二四日　ハル、第三回参議院議員選挙（全国区）で当選。
＊「ピカドン後の長崎」『政界往来』一九五三年四月号
＊「長崎県の観光」『公園緑地』一九五三年四月号
六月　「昭和二八年西日本水害」に伴い、長崎県下の救援・復旧活動を指揮。過労により黄疸を悪化させる。
七月　東京、新潟、島根、鹿児島の各知事にはかり、離島振興法を成立させる。
＊「全世界に訴えよ――原爆八周年に当り」（知事談話）『長崎民友新聞』一九五三年八月九日
＊「西岡知事からのお答え――電車値上げ問題について」『長崎民友新聞』一九五三年九月五日
九月　胆嚢炎・肝臓炎により東大附属病院に入院。
一一月　東大附属病院を退院し、年末まで大分県湯ノ平で静養。
＊「来年は大いに働く」『長崎民友新聞』一九五三年一二月二七日

一九五四（昭和二九）年（六四歳）

＊「何をなすべきか 新しい年を迎えて――西岡知事年頭の辞」『長崎民友新聞』一九五四年一月一日
＊「祝辞・挨拶」『政界往来』一九五四年一月号
三月三〇日　オランダ国立工科大学教授P・ヤンセンらの長崎大干拓予定地視察において、現地説明を行う。
＊「私の学生時代」『政界往来』一九五四年四月号
＊「長崎本線廻り、特別急行列車運行促進請願書」（長崎県知事・西岡竹次郎）一九五四年五月一五日
＊「長崎大干拓について」（長崎県知事・西岡竹次郎）一九五四年七月
＊「われ等の警察ここに誕生す」『長崎民友新聞』一九五四年七月二日
＊「海の〝西海〟山の〝雲仙〟――夢はここに実現した」『長崎民友新聞』一九五四年八月二五日
＊「創刊三十周年を祝す――昔の民友にかえれ」『長崎民友新聞』一九五四年一一月二四日
＊座談会「長崎民友の創刊を語る」『長崎民友新聞』一九五四年一一月二四日

＊座談会「闘いの歴史・民友三十年」『長崎民友新聞』一九五四年一一月二四日

一九五五（昭和三〇）年（六五歳）

＊「西岡知事年頭の辞――今年こそ躍進の年」『長崎民友新聞』一九五五年一月一日

＊「長崎物語――税金をとらなかった港」『政界往来』一九五五年一月号

三月　知事選挙を控え、『長崎民友新聞』で「西岡県政四年間の足跡」（全一六回、三月一三日－三一日）が連載される。

四月二三日　長崎県知事選挙で再選。

一〇月一八日　西彼杵半島開発の一環として進められた西海橋が完成。

＊「若かりし頃の一こま」磯矢隆輔編『鹿垣――公務員随筆集』書肆飛龍閣、一九五五年

一九五六（昭和三一）年（六六歳）

＊「西岡知事・年頭の所感」（全四回）『長崎民友新聞』一九五六年一月一日－五日

一月三〇日　李ライン問題で韓国公使と会談。

二月　李ライン問題について、ダレス米国務長官に書簡を送付。

＊「序」『長崎の社会福祉』長崎県、一九五六年四月

＊「県民をまどわす長日の社説――ウソで固めた的はずれの記事」『長崎民友新聞』一九五六年四月一日

＊「水族館建設費に対する起債について、陳情書」（長崎県知事・西岡竹次郎）、一九五六年五月

＊「「忘れ得ぬ慕情」に出て」『政界往来』一九五六年一〇月号

＊「日本港湾協会の総会に当って」『港湾』一九五六年一〇月号

＊「長崎県勢の全貌」『港湾』一九五六年一〇月号

一九五七（昭和三二）年（六七歳）

＊「西岡知事の年頭の辞――積極、また積極　これが私の主義であり県政の旗印である」『長崎民友新聞』一九五七年一月一日

＊「西岡知事新春の抱負」（全九回）『長崎民友新聞』一九五七年一月一一―二〇日

＊「教育行政に関する要望書」（長崎県知事・西岡竹次郎）、一九五七年一月（長崎大学附属図書館所蔵）

三月七日　英首相マクミランに水爆実験中止を求める書簡を送付。

六月一日　副知事・佐藤勝也を突如、罷免する。

七月二五・二六日　諫早大水害が甚大な被害をもたらし、救援・復旧対応に追われる。以後、過労が重なり、慢性肝炎を悪化させる。

近代日本メディア議員列伝

全巻構成

四六判・上製　各巻平均 350 頁
各巻予価：2,970 円（本体 2,700 円）

1 巻◆片山慶隆『大石正巳の奮闘――自由民権から政党政治へ』
【第 13 回配本・2025 年 7 月刊行予定】

2 巻◆井上義和『降旗元太郎の理想――名望家政治から大衆政治へ』
【第 2 回配本・既刊】

3 巻◆河崎吉紀『関和知の出世――政論記者からメディア議員へ』
【第 5 回配本・既刊】

4 巻◆戸松幸一『古島一雄の布石――明治の侠客、昭和の黒幕』
【第 14 回配本・2025 年 9 月刊行予定】

5 巻◆白戸健一郎『中野正剛の民権――狂狷政治家の矜持』
【第 3 回配本・既刊】

6 巻◆佐藤卓己『池崎忠孝の明暗――教養主義者の大衆政治』
【第 1 回配本・既刊】

7 巻◆赤上裕幸『三木武吉の裏表――輿論指導か世論喚起か』
【第 4 回配本・既刊】

8 巻◆佐藤彰宣『石山賢吉の決算――ダイヤモンドの政治はあるか』
【第 9 回配本・2024 年 11 月刊行予定】

9 巻◆福間良明『西岡竹次郎の雄弁――苦学経験と「平等」の逆説』
【第 7 回配本・既刊】

10 巻◆石田あゆう『神近市子の猛進――婦人運動家の隘路』
【第 11 回配本・2025 年 3 月刊行予定】

11 巻◆松尾理也『橋本登美三郎の協同――保守が夢見た情報社会』
【第 6 回配本・既刊】

12 巻◆松永智子『米原昶の革命――不実な政治か貞淑なメディアか』
【第 10 回配本・2025 年 1 月刊行予定】

13 巻◆山口仁『田川誠一の挑戦――保守リベラル再生の道』
【第 8 回配本・2024 年 9 月刊行予定】

14 巻◆長﨑励朗『上田哲の歌声――Why not protest?』
【第 12 回配本・2025 年 5 月刊行予定】

15 巻◆河崎吉紀『近代日本メディア議員人名辞典・付総索引』
【第 15 回配本・2026 年 1 月刊行予定】

福間良明　FUKUMA Yoshiaki

1969年、熊本市生まれ。京都大学大学院人間・環境学研究科博士課程修了。博士（人間・環境学）。出版社勤務、香川大学経済学部准教授を経て、現在、立命館大学産業社会学部教授。専門は歴史社会学、メディア史。著書に『「反戦」のメディア史』（世界思想社、内川芳美記念マス・コミュニケーション学会賞受賞）、『「戦争体験」の戦後史』（中公新書）、『焦土の記憶』（新曜社）、『「働く青年」と教養の戦後史』（筑摩選書、サントリー学芸賞受賞）、『「勤労青年」の教養文化史』（岩波新書）、『司馬遼太郎の時代』（中公新書）など。

近代日本《きんだいにほん》メディア議員列伝《ぎいんれつでん》　9巻

西岡竹次郎《にしおかたけじろう》の雄弁《ゆうべん》——苦学経験《くがくけいけん》と「平等《びょうどう》」の逆説《ぎゃくせつ》

2024年7月10日　第1版第1刷発行

著　者　福間良明
発行者　矢部敬一
発行所　株式会社創元社
https://www.sogensha.co.jp/
〔本　　社〕〒541-0047 大阪市中央区淡路町4-3-6
Tel. 06-6231-9010　Fax. 06-6233-3111
〔東京支店〕〒101-0051 東京都千代田区神田神保町1-2 田辺ビル
Tel. 03-6811-0662

装　丁　森裕昌
印刷所　モリモト印刷株式会社

ISBN978-4-422-30109-9　C0336

＊「原爆より強いショック」（諫早水害談話）『長崎民友新聞』一九五七年七月二九日
八月一六・一七日　県議会で臨時会が開かれ、諫早水害の被害状況や経過、今後の対応について説明を行う。これが最後の県議会出席となる。
八月下旬－九月上旬　雲仙や佐賀県古湯で療養。
九月九日　九州大学附属病院に入院。
＊「西彼杵開拓道路事業の国営化に関する陳情書」（長崎県知事・西岡竹次郎）一九五七年一一月
一一月二九日　退院し、小浜で療養を続ける。
一二月三〇日　約四カ月ぶりに知事公舎に戻る。

一九五八（昭和三三）年（六七歳：死去時）

＊「西岡知事 年頭の辞――新らしい仕事も山積 今年こそ心機一転して努力」『長崎民友新聞』一九五八年一月一日
一月一日　家族とともに新年を祝う。
一月六日　病状が悪化する。
一月九日　昏睡状態に陥る。
一月一四日　一四時五五分、肝性中毒による心臓衰弱のため、死去（享年六七歳）。
一月一九日　県立長崎東高校講堂にて県葬が行われる。